- DIPLOMICA -
BAND 12

Herausgegeben von Björn Bedey

Fürstenopposition gegen die Reichsgewalt im 12. Jahrhundert

von

Lothar Mikulla

Tectum Verlag
Marburg 2003

Die Reihe *diplomica* ist entstanden aus einer Zusammenarbeit der Diplomarbeitenagentur *diplom.de* und dem *Tectum Verlag*. Herausgegeben wird die Reihe von Björn Bedey.

Mikulla, Lothar:
Fürstenopposition gegen die Reichsgewalt im 12. Jahrhundert
diplomica, Band 12
/ von Lothar Mikulla
- Marburg : Tectum Verlag, 2003
ISBN 978-3-8288-8593-6

© Tectum Verlag

Tectum Verlag
Marburg 2003

„El rey rey reina, el rey non rey non reina, más es reinado."

Don Juan Manuel, Infant von Kastilien (1282-1348)

Vorwort

Die vorliegende Studie wurde im Frühjahr 1997 vom Institut für Mittelalterliche Geschichte der Ludwig-Maximilians-Universität München als Magisterarbeit angenommen.

Meinem Lehrer, Prof. Dr. Karl R. Schnith, der die Arbeit betreute, gilt mein besonderer Dank. Ihm verdanke ich tiefe Einblicke in mittelalterliches Denken und Handeln.

Die Studie ist seit Sommer 1997 über diplom.de in seiner ursprünglichen Ausarbeitung beziehbar. Für die vorliegende Druckausgabe wurde sie durchgesehen und sprachlich leicht überarbeitet.

München, im Juli 2003

INHALT

1. EINLEITUNG UND PROBLEMSTELLUNG 9
2. LOTHAR III. UND DIE STAUFER 13
   - 2.1. Konfliktfaktoren vor 1125 14
   - 2.2. Scheitern Friedrichs II. bei der Königswahl von 1125 16
     - 2.2.1. Anspruch gemäß Geblütsrecht? 17
     - 2.2.2. Anspruch gemäß Designation? 23
     - 2.2.3. Handeln Friedrichs II. vor der Wahl 27
     - 2.2.4. Handeln Friedrichs II. während der Wahl 36
     - 2.2.5. Vorgänge während der Wahl 39
     - 2.2.6. Ergebnisse 43
   - 2.3. Territorialkonflikte 44
   - 2.4. Der staufische Königsanspruch 50
     - 2.4.1. Territorialkonflikt als Konflikt um das Königtum? 58
   - 2.5. Ergebnisse 62

3. KONRAD III. UND DIE WELFEN 65
   - 3.1. Konfliktfaktoren vor 1138 67
   - 3.2. Heinrich der Stolze als gescheiterter Thronprätendent...... 69
     - 3.2.1. Anspruch gemäß Erbrecht? 71
     - 3.2.2. Anspruch gemäß Designation? 74
     - 3.2.3. Konrads III. Königtum aus einer illegitimen Wahl? 78
     - 3.2.4. Ergebnisse 82
   - 3.3. Territorialkonflikte mit Heinrich dem Stolzen 83
     - 3.3.1. Sachsen: rechtliche Grundlagen und Motive 84
     - 3.3.2. Bayern: rechtliche Grundlagen und Motive 91
     - 3.3.3. Territorialkonflikt als fortgesetzter Königsanspruch? .. 100
   - 3.4. Territorialkonflikt mit Welf VI. 105
     - 3.4.1. Rechtliche Grundlagen und Motive 108
     - 3.4.2. Fehdeführung 113
   - 3.5. Territorialkonflikt mit Heinrich dem Löwen 121
     - 3.5.1. Rechtliche Grundlagen und Motive 123
     - 3.5.2. Verlauf der Auseinandersetzungen 127
   - 3.6. Ergebnisse 129

4. FRIEDRICH BARBAROSSA UND HEINRICH DER LÖWE 133
   - 4.1. Herzog und Kaiser: Entwicklung der Beziehungen 134
   - 4.2. Königsanspruch Heinrichs des Löwen? 141
   - 4.3. Territorialkonflikte 153

4.4. Friedrich Barbarossa während und nach dem Prozeß 160
4.5. Ergebnisse 167
5. SCHLUßBETRACHTUNGEN 169
6. ABKÜRZUNGEN UND SIGLEN 173
7. LITERATUR 175
   7.1. Quellen 175
   7.2. Regestenwerke und andere Hilfsmittel 180
   7.3. Sekundärliteratur 181

1. EINLEITUNG UND PROBLEMSTELLUNG

Deutschland, das Regnum Teutonicum, im 12. Jahrhundert wird seit langem intensiv von der Geschichtswissenschaft bearbeitet. So fanden natürlich auch und vielleicht an erster Stelle die Konflikte zwischen Königen und Fürsten eine Vielzahl von Würdigungen. Diese Menge der wissenschaftlichen Bearbeitungen erklärt sich nicht zuletzt aus dem relativen Quellenreichtum. Für Geschichtsschreiber waren zu allen Zeiten Konflikte, und damit primär kriegerische Auseinandersetzungen, der Hauptgegenstand der Beschreibung. Dies gilt genauso für die Annalisten und Chronisten des 12. Jahrhunderts.

Neuzeitliche Untersuchungen — hier vor allem Biographien und Überblickswerke — binden die Konflikte zumeist in den chronologischen Ablauf ein. Für Konflikte werden deshalb in der Regel nur ein bis zwei Gründe angeführt, ohne den Kontext vollends auszuleuchten. In den landesgeschichtlichen Arbeiten werden Konflikte unter dem Gesichtspunkt des Territorialkonfliktes behandelt. In solchen Werken bleibt also kein Raum — will man den Rahmen nicht sprengen — sich den Konflikten als Hauptgegenstand der Untersuchung zu nähern. Eine Analyse der Konfliktfaktoren ist deshalb meines Wissens nicht erstellt worden. Eine solche Analyse scheint mir aber ein notwendiger Beitrag der Mittelalterlichen Geschichte für die Konfliktforschung zu sein.

Konfliktforschung anhand 800 Jahre zurückliegender Ereignisse zu betreiben, wirft ganz besondere Schwierigkeiten auf. Obwohl Konflikte in weitaus größerem Umfang Niederschlag in den Quellen fanden als andere Themen, z.B. bäuerliches Leben, geben Annalen und Chroniken selten eine Begründung für Konflikte. Wird dennoch eine geboten, so wird das Geschehen auf einen auslösenden Faktor reduziert. In der Regel findet sich also die Darstellung der Ereignisse, nicht aber die der Hintergründe. Der Bericht eines politischen Akteurs, sei es König oder Fürst, liegt überhaupt nicht vor. Daraus ergibt sich das Problem, vom Geschehen auf Motive und Zielsetzungen der Akteure zu schließen. Aber gerade dies birgt die Gefahr, innere Entwicklungen des Akteurs nicht zu berücksichtigen, da nun einmal die Quellenlage diese nicht widerspiegeln. Dazu kommt noch, daß Konflikte von mittelalterlichen Geschichtsschreibern — genauso wie von heutigen — in der Regel aus der Rückschau beschrieben werden. Der Ausgang des Konflikts steht also im Vordergrund, weshalb es nahe liegt, Ereignisse beiseite zu lassen, die nicht stringent auf das Ende des Konfliktes zuführen, um einen in sich stimmigen Bericht vorzulegen. Solche Handlungen also, die in eine andere Richtung führen und so andere Konfliktfaktoren zeigen könnten, werden eher weniger erwähnt. In der Konsequenz wird also vom Ausgang einer Handlung auf die Motive bei Beginn des Handelns geschlossen. Dabei wird weder bedacht, daß sich Motive verändert haben könnten, noch daß es mehrere gab, die sich aber im Handeln entweder nicht offenbarten oder in den Quellen nicht berücksichtigt wurden. Zu diesem Problemfeld tritt natürlich die Schwierigkeit bezüglich des Wahrheitsgehalts der Quellen hinzu.

Bei der Analyse von Konfliktfaktoren muß also sowohl stets mitgedacht werden, daß das Handeln in der Regel polykausal motiviert war, auch wenn dies die Quellen nicht hergeben, als auch daß das Motiv, das sich beim Lösen des Konflikts — in welcher Form auch immer — als das Ausschlaggebende herausarbeiten läßt, erst während des Konflikts bzw. sogar erst bei konfliktlösenden Verhandlungen entstanden sein könnte. Der Forscher befindet sich insofern auf unsicherem Terrain, sowie er den Boden der Quellen verläßt, wozu er aber notgedrungen gezwungen ist, wenn es keine ereignisgeschichtliche Studie sein soll.

Diese Studie will anhand der Opposition großer Fürsten gegen die Könige Lothar III., Konrad III. und Friedrich I. Barbarossa die zugrundeliegenden Konfliktfaktoren untersuchen und gewichten.

Darauf aufbauend soll die Frage beantwortet werden, welche Konfliktfaktoren zur Anwendung von Waffengewalt geführt haben. Es ist bedauerlich, daß hier eine Untersuchung von Konflikten der Könige mit zweitrangigen Fürsten ebenso wie eine Beleuchtung der Kaiser Heinrich V. und Heinrich VI. unterbleiben muß, um den Rahmen der Arbeit nicht zu sprengen. Die oft kurzlebigen Konfliktphasen mit zweitrangigen Fürsten würden ein genaueres Bild der Konfliktfaktoren im Reich geben. Genauso verhält es sich mit den beiden ausgesparten Kaisern, die es im Gegensatz zu Lothar III., Konrad III. und Friedrich Barbarossa mit — zumindest — zeitweise mächtigen, widerstrebenden Fürsten*koalitionen* zu tun hatten. Die Frage, was gegen diese beiden Kaiser eine so breite Front entstehen ließ, ist überaus interessant, kann in dieser Arbeit aber nicht behandelt werden.

Es scheint geboten zu sein, den Politikbegriff, der der Arbeit zugrunde liegt, zu charakterisieren. Baaken vertritt die These, daß ein König des Hochmittelalters nicht oder nur sehr beschränkt über die Mittel des modernen Staates — Verwaltung, Vollzugsorgane, Gesetzgebung, Staatsfinanzen oder andere sachliche Verwaltungsmittel — verfügte,[1] weshalb erfolgreiches politisches Handeln ausschließlich an Rechtsverfahren (Gerichtsverfahren), an Rechtsgeschäften (Privilegierungen) und an Machtausübung nur zur Durchsetzung von Recht gebunden ist.[2] Weder der Mangel der Herrschaftsmittel, noch die Äußerungen des politischen Handelns, die Baaken aufführt, sollen bestritten werden, sondern lediglich die Relation zueinander. Die These Baakens legt nämlich den Gedanken nahe, daß der König über keinerlei Spielraum verfügte, eigene Vorstellung und Neuerungen einzubringen. Selbstredend war der König daran gehalten, das Recht zu schützen. Diese ethische Norm erwuchs allein aus der Vorstellung vom „Werkzeug Gottes". In sel-

---

[1] Baaken 1975, S. 558f.
[2] Baaken 1975, S. 570

biger Form sind moderne Staaten, sofern es Rechtsstaaten sind, daran gebunden, das Recht zu schützen, da dies ein unverzichtbarer Teil der Verfassung des Rechtsstaates ist. Während der moderne Staat aber durch das Mittel der Gesetzgebung politisch handeln kann, steht dies dem König nicht offen. Allerdings ist das mittelalterliche Rechtssystem auf sich überlappende und teilweise in sich gebrochene Rechtskreise aufgebaut. Der König hatte insofern oftmals die Möglichkeit sich den Rechtskreis herauszusuchen, der ihm am passendsten erschien, und blieb dennoch rex iustus. Darüber hinaus konnte ein König über einen Fürstenspruch bzw. Weistum in beschränkten Umfang Gesetze erlassen. Die Zustimmung der Fürsten, die der König für die Weistümer suchte, darf dabei nicht als Einschränkung des königlichen Handlungsspielraums gesehen werden. Vielmehr ist sie eine notwendige Voraussetzung dafür war, daß das neue Gesetz im Reich Beachtung fand und durchgesetzt werden konnte. Die Zustimmung war integraler Bestandteil des Weistums. Die überwiegend mündliche Form von Rechtsgrundsätzen tat ihr übriges, Spielräume zu eröffnen, da ja ein „Halten an den Buchstaben des Gesetzes" im wörtlichen Sinn von vornherein ausgeschlossen war. Aber auch schriftliche Rechtsgeschäfte weisen ein hohes Maß an Flexibilität auf. Erinnert sei an das Privilegium minus von 1156, das schließlich Österreich aus Bayern herauslöste, ohne daß die territorialen Grenzen beschrieben worden wären.[3] Insofern hatte der König einen großen Spielraum politisch zu handeln, in dem auch eigene Konzeptionen Platz fanden.

Vorbemerkung zur Zitierweise: Es wurde weitgehend vermieden, in Zitaten Auslassungen zu machen, um dem Leser die Möglichkeit zu geben, den inneren Zusammenhang der Zitate zu erschließen. Fettdruck weist auf Stellen in Zitaten hin, auf die sich besonders bezogen wird.

---

[3] vgl. Appelt 1973, S. 45

2. LOTHAR III. UND DIE STAUFER

Das Jahr 1125 gilt in der Forschung allgemein als Einschnitt in der Reichsgeschichte: Mit dem Tod Heinrichs V. und der Wahl Herzog Lothars von Sachsen zum römischen König endete die hundertjährige Herrschaft der Salier. Das Wormser Konkordat von 1122 beendete den Investiturstreit. Mit König Lothar III. begann, unterstützt durch die Welfen, die Auseinandersetzung mit den Staufern, die sich aber 1138 mit König Konrad III. als Dynastie durchsetzen konnten. Dies ist in Kürze gefaßt die allgemeine Sicht der Entwicklung in der ersten Hälfte des 12. Jahrhunderts.

Für eine Analyse der Konfliktfaktoren muß zunächst davon ausgegangen werden, wie die Zeitgenossen den Konflikt wahrnahmen, sowie, wie und auf welchen Ebenen er sich abspielte. Erst auf dieser Basis dürfen in der Rückschau Schlüsse gezogen werden, welche Konfliktfaktoren tatsächlich bestanden, die vielleicht den Zeitgenossen verborgen geblieben waren, bzw. nicht überliefert sind.

Ein erstes Problem bietet der Begriff „Staufer". Er ist das erste Mal 1260 belegt.[4] Lediglich der Begriff „von Staufen" (de Stoupha) ist zeitgenössisch, fand jedoch nur eingeschränkte Verwendung. Nur die Herzöge Friedrich I. von Schwaben, Friedrich II. von Schwaben und Friedrich IV. von Rothenburg wurden mit der Bezeichnung „de Stoupha" im 12. Jahrhundert belegt. Dagegen wurde Friedrich Barbarossa oder Konrad III. niemals so genannt. Auch die Bezeichnung „de Stoupha" ist für obige drei Herzöge nur eine Bezeichnung neben anderen.[5] Vom Selbstverständnis her legt Otto von Freising den Staufern die Bezeichnung der „Heinricorum de

---
[4] Kaiserchronik eines Regensburger Geistlichen. 1. bayerische Fortsetzung, MGH DC 1.1, Anhang 1, v. 23-24, S. 397: „Hie nâch vert aber ain maere/ von ainem **Stoufaere**"; vgl. Hechberger 1996, S. 110
[5] Hechberger 1996, S. 110-112

Gueibelinga" (Heinriche von Waiblingen) zu.[6] Er bezieht damit Herzog Friedrich II. von Schwaben und seinen Bruder Konrad in die Familie der salischen[7] Könige ein, indem er für sie den Leitnamen der Salier, Heinrich, verwendete und stellte sie mit „de Gueibelinga" in die Tradition der Karolinger.[8] Wie zuletzt Hechberger überzeugend darlegte, sahen sich Herzog Friedrich II. von Schwaben und Konrad III. als Mitglieder der salischen Königsfamilie. Nach der von Karl Schmid zuerst formulierten These, war das adelige Selbstverständnis davon geprägt, sich nach dem bedeutendsten Vorfahren auszurichten. Im Falle der Staufer, war dies aber nicht die agnatische Abstammung von Herzog Friedrich I. von Schwaben und dessen Vater Graf Friedrich von Büren, sondern eben das salische Königshaus über die kognatische Linie.[9]

Wenn aber dennoch in der Folge von den „Staufern" die Rede sein wird, so geschieht dies vorrangig aus praktischen Erwägungen. Kein Begriff ist besser für die Familie der Herzöge von Schwaben eingeführt als die Bezeichnung „Staufer". Das Selbstverständnis von Herzog Friedrich II. von Schwaben und König Konrad III. trifft der Begriff jedoch nicht.

2.1. Konfliktfaktoren vor 1125

Bereits lange vor der Königswahl von 1125 sah man Lothar von Süpplingenburg und Friedrich II. von Schwaben in gegnerischen

---

[6] Ottonis et Rahewini gesta Friderici I. imperatoris, MGH SS RG [46], I. 2, c. 2, S. 103

[7] Auch dieser Begriff ist nicht zeitgenössisch.

[8] Die Salier wurden mit Waiblingen nie in Verbindung gebracht. Waiblingen war weder jemals ein Herrschaftszentrum gewesen, noch hatte es eine besondere Rolle für sie gespielt. 1080, kurz vor der Schlacht gegen Rudolf von Rheinfelden, schenkte Heinrich IV. Waiblingen der Speyrer Kirche. Nur in der Symbolik hat Waiblingen einen besonderen Wert: Es war eine alte karolingische Pfalz, die wahrscheinlich von Gisela in Ehe mit Konrad II. eingebracht worden war. Daher wurden die Staufer auch implizit Abkömmlinge des germinis Karoli. Hechberger 1996, S. 140f.

[9] vgl. Hechberger 1996, S. 153-158

Lagern. Beide erhielten fast zur selben Zeit die Herzogsgewalt. Friedrich von Schwaben erlangte sie nach dem Tod seines Vaters am 6.4.1105 als Parteigänger König Heinrichs V., Lothar von Süpplingenburg nach dem Tod des letzten Billungerherzogs, Magnus Billung, 1106, ebenfalls als Parteigänger des jungen Königs. In den Anfangsjahren trat Herzog Lothar von Sachsen kaum hervor[10] und die Tatsache, daß Sachsen und Schwaben nicht aneinandergrenzten, vermied Konfliktstoff beim Landesausbau, den beide Herzöge betrieben. Ab 1112 kam es aber zum Dauerkonflikt des Sachsenherzogs mit König Heinrich V.[11] Da Herzog Friedrich II. von Schwaben sich als Neffe in die salische Tradition — seine Mutter war die Schwester des Königs — stellte und sich als verläßliche Stütze des Königs gerierte, war darin Konfliktpotential zwischen beiden Herzögen gegeben. Die schwere Niederlage Heinrichs V. am 11.2.1115 in der Schlacht bei Welfesholz (bei Mansfeld) gegen die sächsische Opposition mit Lothar von Sachsen an der Spitze war eine schwere Demütigung des königlichen Hauses und damit auch Friedrichs von Schwaben.[12] Direkt gerieten beide Herzöge aneinander, als Heinrich V. im Februar 1116 nach Italien ging, um seine Erbansprüche an den Mathildischen Gütern durchzusetzen und als Reichsverweser Friedrich II. von Schwaben zusammen mit Gottfried von Calw Pfalzgraf bei Rhein einsetzte. Nun oblag es Friedrich von Schwaben, das königliche Ansehen in Deutschland durchzusetzen, wogegen sich gerade Lothar von Sachsen so sehr wendete. Der Sachsenherzog okkupierte das königliche Heimfallrecht in seinem Einflußbereich und vergab selbständig Grafschaften.[13] 1116 standen sich dann die Herzöge mit Heeresmacht vor Worms und Limburg an der Haardt gegenüber. In Worms erlitt Friedrich von Schwaben im

---

[10] Vogt 1959, S. 12
[11] zum Konflikt zwischen Herzog und König 1112 bis 1115 vgl. Vogt 1959, S. 13-19
[12] zu den Teilnehmern an der Schlacht vgl. Fenske 1977, S. 347-351; Speer 1983, S. 73
[13] Servatius 1984, S. 149

August des Jahres eine militärische Schlappe, als sich die königstreue Stadtbesatzung nicht gegen eine Koalition aus dem Sachsenherzog und Erzbischof Adalbert I. von Mainz halten konnte und kapitulierte. In dieser Situation bot Friedrich von Schwaben seinen Gegnern einen Waffenstillstand an, blieb dann aber dem festgelegten Verhandlungstermin Ende September fern.[14] Noch im selben Jahr belagerte die Koalition die Abtei Limburg an der Haardt, brach aber nach drei Wochen die Belagerung ab, als sich Herzog Friedrich II. von Schwaben mit einem Heer zum Entsatz näherte.[15] In den folgenden Kämpfen hatte es Friedrich von Schwaben vor allem mit dem Mainzer Erzbischof zu tun, während sich Lothar von Süpplingenburg mit der Durchsetzung seiner Herzogsgewalt vor allem in Westfalen beschäftigte.[16] Nach der Rückkehr Heinrichs V. ließ sich in Deutschland eine Friedenssehnsucht erkennen, von der allerdings Lothar von Sachsen unberührt blieb. Bis zum Tod Heinrichs V. am 25.5.1125 blieb er hartnäckig in Opposition. Zu Kampfhandlungen direkt mit dem König oder Friedrich von Schwaben kam es allerdings nicht mehr.

Das Verhältnis zwischen den beiden Herzögen war im letzten Jahrzehnt der Herrschaft Heinrichs V. geprägt vom Gegensatz Lothars von Süpplingenburg gegen das salische Königtum. Ein Zusammenwirken läßt sich in dieser Zeit nicht finden.

2.2. Scheitern Friedrichs II. bei der Königswahl von 1125

Nachdem die Herzöge Friedrich II. von Schwaben und Lothar von Sachsen sich bereits ein Jahrzehnt lang in Konfliktstellung befanden, scheint es klar zu sein, daß das Scheitern Friedrichs II. von Schwaben ein weiterer Konfliktpunkt war. Auf welchen Faktoren be-

---

[14] Vogt 1959, S. 21; Speer 1983, S. 76; Petke 1984, S. 158
[15] Vogt 1959, S. 21f.; Speer 1983, S. 77
[16] Friedensverhandlungen 1120 zwischen König und Sachsenherzog scheiterten letztlich. Vogt 1959, S. 23; Speer 1983, S. 78

ruhte dieser? Hatte Friedrich II. von Schwaben einen Rechtsanspruch auf den Thron? Oder perzipierte er einen Anspruch auf die Krone? Fühlte er sich gekränkt durch die Zurücksetzung hinter Lothar von Süpplingenburg?

2.2.1. Anspruch gemäß Geblütsrecht?

Wenn ein Konfliktfaktor auf einem Rechtsanspruch Herzog Friedrichs II. von Schwaben auf den Thron basierte, kann dieser nur durch Erbrecht begründet gewesen sein. In der Forschung wurden dazu bislang zwei Ansätze herausgearbeitet: das Geblütsrecht und die Designation.

Es gilt als allgemein anerkannt, daß Friedrich von Schwaben keinen Anspruch auf den Thron über seine Abstammung geltend machen konnte.[17] Er hatte als Sohn der Tochter Königs Heinrichs IV. kein Erbrecht, da es kein Beispiel dafür gibt, daß der Thron jemals in kognatischer Linie vererbt worden wäre.[18] In den Quellen lassen sich nur wenige und räumlich oder zeitlich entfernte Belege finden, in denen explizit von einem Erbrecht die Rede ist, aber nur eine davon weist dem Anspruch eines Staufers Legitimität zu:

„Anselmus [archiepiscopus Mediolanensis], in castelis habitans, intelexit, quod clerus et populus Mediolanensis nobilem principem **Conradum** cum ecclestica pompa et civili triumpho, **conveniente regi naturali**, suscepit."[19]

Der Erbrechtsgedanke ist durch das „regi naturali" ausgedrückt. „Naturalis" bedeutet stets „ab/von Geburt".[20] Allerdings bezieht sich

---

[17] siehe Schmidt 1987, S. 54-57. Dagegen weist z.B. Faußner (1973, S. 419f.) Friedrich II. von Schwaben ein Erbrecht zu.

[18] am deutlichsten bei Keller 1983, S. 123

[19] Landulphi Junioris sive de S. Paulo historia Mediolanensis, RIS 5.3, c. 53, S. 33

[20] vgl. Niermeyer, Lexicon, S. 715, Stichwort „naturalis": 1. (d'un dépendant) dont la condition est déterminée par la naissance; 2. (d'un prince) né, naturel, dont le droit est fondé sur la naissance; 3. pleinement qualifié; 4. (d'une obligation) due à cause de la naissance; 5. filius, filia naturalis: fils naturel, fille naturelle, bâtard(e)

Landulf von San Paolo auf Konrad, den Bruder Friedrichs II. von Schwaben, und seine Krönung zum Langobardenkönig im Jahre 1127. Für die Anschauungen in Deutschland ist dadurch noch nichts ausgesagt. Andere Quellen, die ein Erbrechtsgedanken ansprechen, ziehen den Anspruch in Zweifel, so Simon von Durham[21], die Chronik des Klosters Chateau-Cambrésis[22] und der Tatenbericht über König Ludwig VII. von Frankreich.[23] Selbst also in Ländern, in denen es die Vorstellung von einem königlichen Erbrecht auch in kognatischer Linie gab, wurde der Erbrechtsanspruch Friedrichs II. von Schwaben zurückgewiesen bzw. in Zweifel gezogen.[24]

Allerdings findet sich in der Narratio de electione Lotharii in regem Romanorum eine Stelle, die in Richtung Geblütsrecht weist. Nachdem Lothar von Süpplingenburg und Leopold von Österreich geschworen hatten, daß sie als Wahlverlierer dem König Gehorsam leisten und die Königserhebung nicht erstreben würden, wendete sich Erzbischof Adalbert von Mainz zuletzt an Friedrich II. von

---

[21] Symeonis monachi historia regum, RS 75.2, S. 275f., a.a. 1125 (zitiert nach: Böhme, Königserhebungen, II, Nr. 24): „Frethericus, cum **se velut regni haeredem ex debito ingereret**, eo magis abjicitur quo ejus avunculus omnibus exosus habebatur." Durch die Verwendung von „velut" wird der Erbanspruch in Zweifel gezogen.

[22] Chronicon S. Andreae castri Cameracesii, MGH SS 7, S. 547: „Cumque cognati eius Conradus et Fredericus **hereditarie regnum sibi vellent usurpare**, congregati principes terrae, relictis illis, quendam ducem Saxonie Lutharium nomine ad imperii dignitatem promovere." Durch „vellent usurpare" weist der Chronist den Erbanspruch zurück.

[23] Gesta Ludovici VII regis filii Ludovici grossi, HFS 4, S. 390: „Talis fuit causa discordiae, quod Fredericus dux Alemanniae nepos praedicti Heinrici imperatoris volebat sibi imperium **quasi iure hereditario vendicare**." Durch die Verwendung von „quasi" wird die Rechtmäßigkeit des Anspruchs in Zweifel gezogen.

[24] Die Thronkämpfe zwischen Mathilde, Tochter von König Heinrich I. von England, und Stephan von Blois lassen sich ohne Erbanspruch Mathildes auf die Krone Englands nicht erklären. Ein ähnliches Auftreten einer deutschen Kaisertochter wäre undenkbar gewesen. Für Frankreich sei hier nur an Eleonore von Aquitanien gedacht, die die Herzogsgewalt aus eigenem Recht ausübte. König Ludwig VII. konnte weder das Herzogtum als erledigtes Lehen einziehen, noch machte ihr Onkel väterlicherseits, Raimund von Antiochia, Ansprüche geltend.

Schwaben und forderte ihn auf, ebenfalls zu schwören, jedoch nicht den selben Eid:

> „Requisitus ergo dux Fridericus, utrum ipse quoque sicut et ceteri [Lotharius et Leopoldus] ad totius ecclesiae regnique honorem et liberae electionis commendacionem perpetuam, idem quod ceteri fecerant, facere vellet, sine consilio suorum in castris relictorum se respondere nec velle nec posse asseruit;"[25]

Bei Friedrich II. von Schwaben wurde somit vorweg der Eid als Sicherung des honor der ganzen Kirche und des Reiches, sowie als Anerkennung der freien Wahl interpretiert. Seine Mitkandidaten aber hatten lediglich zu schwören, dem gewählten König zu gehorchen:

> „Utrum sine contradictione sive tetractione et invidia singuli quique tercio communiter a principibus electo vellent obedire?"[26]

Der Unterschied im Eid besteht darin, daß die Eidesformel des Süpplingenburgers und des Babenbergers zwar den Gehorsam der unterlegenen Kandidaten verlangte, mögliche Rechtsansprüche aber nicht berührte. Dies bedeutete aber nichts anderes, als daß der Schwabenherzog bei Leistung desselben Eides wie seine Konkurrenten, mögliche Erbansprüche im nachhinein geltend hätte machen können und so der Eid selbst hinfällig geworden wäre. Zwar insistiert der Verfasser der Narratio darauf, daß die Eidesformel der beiden ersten Schwurleistenden bereits denselben Sinn gehabt hätte, den auch der Schwabenherzog zu leisten hatte,[27] sinnvoll wird die Interpretation innerhalb der Eidesformel aber erst, wenn die

---

[25] Narratio de electione Lotharii in regem Romanorum, MGH SS 12, c. 3, S. 510f.

[26] Narratio de electione Lotharii in regem Romanorum, MGH SS 12, c. 3, S. 510: Lothar von Sachsen und Leopold von Österreich schworen den geforderten Eid: „Ad quae verba dux Lotharius sicut et pridie, ne ipse ullatenus eligeretur humiliter expetiit, et **eligendo cuicumque se ut domino et imperatori Romano obedire promisit**. Idem de se marchio Luipoldus publice professus, et **regni ambicionem et futuri regis emulationem sacramento a se removêre volebat.**"

[27] Zweimal im selben Satz wird angeführt, daß der Eid des Staufers derselbe sei, wie der seiner Mitkandidaten. Narratio de electione Lotharii in regem Romanorum, MGH SS 12, c. 3, S. 510, z. 46: „[...] sicut et ceteri [...]" und S. 510f., zz. 47, 1: „[...] idem quod ceteri fecerant [...]"

Sinnrichtung sich nicht unmittelbar aus der Formel selbst ergab bzw. angezweifelt werden konnte. Daß dies erst im Bezug auf Herzog Friedrich II. geschah, ist bezeichnend: Für seine Konkurrenten war sie offenbar nicht nötig.[28] Der Herzog von Schwaben gab nur eine ausweichende Antwort, was für die Anwesenden auf eine Weigerung hinauslief.[29]

Auch bei Otto von Freising findet sich eine Äußerung, die auf ein gewisses Erbrecht hindeutet. Diese steht jedoch nicht im Kontext mit der Wahl Lothars III., sondern erst mit derjenigen Konrads III. 1138:

> Igitur Conradus Friderici ducis frater ab omnibus qui aderant exposcitur, ad regnumque levatus in palatio Aquis coronatur. **Quod eo facilius fieri potuit, quod imperatoris Henrici odium in mentibus plurium iam deferbuerat** Albertusque Maguntinus archiepiscopus iam recenter vivendi finem fecerat.[30]

Diese Ansicht Ottos von Freising bietet weiten Raum zur Spekulation. Sicher ist lediglich, daß Konrad III. in salischer Tradition stehend gesehen worden ist. Die Verwandtschaft in kognatischer Linie war also bei der Wahl von 1125 im Umkehrschluß wichtiger als die agnatische Linie. Die Aussage macht nur Sinn, wenn 1125 also der Haß gegen Heinrich V. noch lebendig war. Da sich aber Konrad von Schwaben gar nicht zur Wahl stellte,[31] muß sich der Haß gegen

---

[28] „ad totius ecclesiae regnique honorem" zielt offenbar auf die Anerkennung des Wormser Konkordates.

[29] Als Aufgabe des Geblütsrechts werten diese Stelle auch Haider (1968, S. 55) und Petke (1984, S. 159). Im Wahlausschreiben ist von einer freien Wahl nicht die Rede. Die Versammlung solle sich „[...] de statu et successore regni ac negotiis necessariis [...] ordinare." Constitutiones Lotharii III., MGH CC 1, Nr. 112 (Juni-August 1125), S. 165, z. 23f. Streng genommen findet sich im Wahlausschreiben nirgends eine Erwähnung, daß eine Wahl stattfinden solle. Siehe dazu A. 2.2.3, S. 34

[30] Ottonis et Rahewini gesta Friderici I. imperatoris, MGH SS RG [46], I. 1, c. 23, S. 36

[31] Er befand sich auf einer Pilgerfahrt — wahrscheinlich ab Anfang 1124 — ins Heilige Land und kehrte erst 1126 zurück. Ekkehardi Uraugiensis chronica, MGH SS 6, S. 262. Vgl. auch Schmidt 1987, S. 42f.; Geldner 1977, S. 7

Herzog Friedrich II. von Schwaben gerichtet haben. Eindeutig als Beleg für erbrechtliche Anschauungen kann man diese Stelle jedoch nicht nehmen. Sie könnte sich genauso gut darauf beziehen, daß die Zeitgenossen die staufischen Brüder als Verwandte des Königs auch als Repräsentanten seiner Politik gesehen haben.[32] Der Wert des Quellenbelegs wird noch dadurch abgeschwächt, daß sich in der früher verfaßten Chronik Ottos von Freising diese Einschätzung nicht finden läßt.[33]

Aus den Quellen heraus kann in summa ein Erbanspruch des Schwabenherzogs auf den Thron nicht schlüssig bewiesen, aber auch nicht mit vollständiger Sicherheit ausgeschlossen werden.[34]

Wenn man die Rechtswirklichkeit der Herzogsbestellung in Schwaben und Bayern in die Betrachtung miteinbezieht, können mögliche Einflüße aus dem Rechtsbereich auf die Vorstellung Friedrichs von Schwaben konstatiert werden. Aufbauend auf die Forschungen Faußners an den Erbgängen in den Herzogtümern Bayern und Schwaben, läßt sich feststellen, daß im Hochmittelalter alle Herzöge geblütsrechtlichen Anspruch auf die Herzogswürde hatten. Dabei konnten alle Herzöge, die nicht als Sohn ihres Vorgängers folgten, eine Verwandtschaft in kognatischer Linie auf einen früheren Herzog vorweisen. Dies trifft in Bayern sowohl für Otto von Northeim im 11. Jh., als auch darauffolgend für die Welfen, ebenso wie für die Babenberger zu.[35] Das gleiche Bild zeigt sich in Schwa-

---

[32] siehe dazu A. 2.2.3, S. 28-31

[33] Die Chronik wurde 1146 und die Gesta Friderici, soweit sie von Otto von Freising selbst stammt, 1157/58 verfaßt. Wattenbach/Schmale, Geschichtsquellen, SS. 48, 56

[34] Rahewin dagegen erklärt expressis verbis, daß der König nicht durch Erbrecht, sondern durch Wahl in seine Würde eingesetzt wird. Ottonis et Rahewini gesta Friderici I. imperatoris, MGH SS RG [46], I. 2, c. 1, S. 103, z. 6-9: „ [...] nam id iuris Romani imperii apex, videlicet non per sanguinis propaginem descendere, sed per principum electionem reges creare, sibi tamquam ex singulari vendicat prerogativa [...]" Diese Stelle steht im Zusammenhang mit der Wahl Friedrich Barbarossas zum römischen König.

[35] vgl. Faußner 1984, Tafel III-VI, v.a. VI. Im Zusammenhang mit der Fragestellung der vorliegenden Studie ist es allerdings unerheblich, ob bei jeder einzelnen Herzogsbestellung der König sich der verwandtschaftlichen Be-

ben. Alle Herzöge des Hochmittelalters konnten sich auf Herzog Konrad I. von Schwaben (982-997) in agnatischer oder kognatischer Linie zurückleiten. Selbst die Zähringer, die den Herzogstitel nach dem Verlust Kärntens und Schwabens nach ihrem Stammsitz, der Burg Zähringen, führten und neben den Staufern und Welfen die dritte große Familie in Schwaben waren, leiteten sich auf jenen Konrad I. von Schwaben zurück.[36] Die Rechtswirklichkeit des Erbanspruchs an einem Herzogtum war nicht dieselbe wie auf das Königtum und ist natürlich nicht direkt übertragbar. Sie wirkte aber auf die Rechtsvorstellung ein. Es ist der gewöhnliche Lauf der Dinge, daß Rechtsvorstellungen und Organisationsformen in benachbarte Bereiche einsickern, bis sie Rechtswirklichkeit geworden sind bzw. die alte Organisationsform verdrängt oder fortentwickelt haben.[37] So wie kanonische Rechtsvorstellungen Einfluß auf die Königswahl hatten,[38] läßt sich selbiges auch von den Rechtsanschauungen bezüglich des Erbrechts an einem Herzogtum denken. Allerdings zeigt Faußner ebenfalls auf, daß beim Fehlen eines Sohnes der König zwar bei der Herzogswürde kognatische Erblinien berücksichtigte, die Nähe des Prätendenten zum vorherigen Herzog

---

ziehungen im klaren oder ob nicht auch ein gewisser Zufall beteiligt gewesen war. Es muß auch bedacht werden, daß der Erbrechtsanspruch der jeweiligen schwäbischen und bayerischen Herzöge mitunter nur sehr weitläufig war. Entscheidend ist aber, daß Friedrich II. von Schwaben — ebenso wie die Bayernherzöge Heinrich der Schwarze und Heinrich der Stolze — eine gewisse Tradition erkennen konnten, nämlich daß stets ein Verwandter die Herzogsgewalt innegehabt hatte. Die politischen Ereignisse und die jeweiligen Beweggründe dagegen, die in concreto zur Herzogsbestellung im 9. und 10. Jahrhundert geführt haben mögen, sind gewiß eher in Vergessenheit geraten als die Verwandtschaftsbeziehungen.

[36] Faußner 1981, S. 124-127, vgl. auch ebd. Tafel XII, S. 139
[37] z.B. verbot Friedrich Barbarossa 1182 der Stadt Trient, der südlichsten Stadt des Reiches, das Konsulat einzuführen. Offenbar war Trient durch die Regierungsorganisation im fortschrittlicheren Italien beeinflußt worden. Opll 1994, S. 254. Auch das berühmte Zwölf-Tafel-Gesetz Roms von 451 v. Chr. war durch die Beeinflussung aus Griechenland entstanden. Der Senat hatte eine Kommission nach Griechenland entsandt, der die dortigen Gesetze und Verfassungen studieren sollte, damit Rom schließlich die besten Gesetze gegeben werden konnten.
[38] Reuling 1990, S. 227; vgl. Maleczek 1990

jedoch keine Rolle spielte. Einem Neffen des alten Herzogs wurde also nicht unbedingt ein Geblütsrecht eingeräumt.[39]

Friedrich II. von Schwaben konnte jedoch im Gegensatz zu Lothar von Süpplingenburg eine kognatische Abstammung geltend machen und hätte nach Erbrecht nur Markgraf Leopold III. von Österreich als Konkurrenten zu fürchten gehabt.[40] Daß Herzog Friedrich II. sich jedoch nicht durchsetzen konnte und Lothar von Sachsen in freier Wahl zum König gewählt wurde, muß als wichtiges Indiz dafür genommen werden, daß die Rechtsanschauung bezüglich Herzogtümern hinter der Idee der freien Wahl zurückstand.[41] Ein Erbrecht am Thron konnte also Herzog Friedrich II. von Schwaben offenbar nicht geltend machen, auch wenn er möglicherweise durch lehensrechtliche Erbanschauungen beeinflußt war.

2.2.2. Anspruch gemäß Designation?

Ob sich der Staufer auf eine Designation berufen konnte oder nicht, bietet ebenso Schwierigkeiten. Anhand mehrerer Punkte bewegt sich in der Forschung die Diskussion, ob Heinrich V. seinen Neffen designiert habe oder nicht.

Da sich in den Quellen keine Erwähnung einer förmlichen Designation (designatio de futuro) oder gar einer Mitkönigserhebung finden läßt,[42] muß eine Designation, wenn sie stattfand, auf anderer Basis geschehen sein.

Eine Designation Friedrichs II. von Schwaben zum zukünftigen König ließe sich in seiner Ernennung 1116 zum Reichsverweser sehen. Kaiser Heinrich V. begab sich zwischen Februar 1116 und

---

[39] Faußner 1984, S. 44f.
[40] Leopold III. von Österreich hatte 1106 Agnes, die Tochter Kaiser Heinrichs IV. und zugleich Mutter Herzog Friedrichs II. von Schwaben, geheiratet.
[41] Es muß betont werden, daß sich die mögliche Beeinflussung der Königswahl durch lehensrechtliche Vorstellungen nicht in nahen Quellen niederschlug. Es findet sich nur in solchen Quellen, in deren Entstehungsländern die kognatische Erblichkeit fester verankert war als in Deutschland.
[42] Schmidt 1987, S. 35

September 1118 nach Italien, um seinen Anspruch auf die Mathildischen Güter gegen die Kurie durchzusetzen.[43] Für die Zeit seiner Abwesenheit, sollte Herzog Friedrich II. von Schwaben und Gottfried von Calw, der Pfalzgraf bei Rhein, die Regierungsgeschäfte leiten. Gegen die Annahme, daß damit eine implizite Designation vorgenommen worden war, spricht die Tatsache, daß Heinrich V. königliche Rechte nur auf Zeit delegierte. Nach seiner Rückkehr übernahm der Kaiser wieder vollständig die Regierungsgewalt.[44] Daß Heinrich V. seinem Neffen den rheinischen Pfalzgrafen zur Seite stellte, unterstreicht noch einmal den Charakter, daß es sich lediglich um ein Amt ohne weitere Implikationen handelte. Wenn man nämlich den Gedanken an eine Designation von Friedrich II. von Schwaben konsequent weiterführt, müßte man eine Doppeldesignation, die Gottfried von Calw miteinschloß, annehmen, was sicherlich außerhalb der Realität lag, war doch Gottfried machtpolitisch und abstammungsmäßig nicht königsfähig.[45]

Als Designation könnte auch angenommen werden, daß der sterbende Heinrich V. seine Güter und die Sorge für seine Witwe Mathilde Friedrich II. von Schwaben anvertraute, wie es Geldner angenommen hat.[46] Der Quellenbeleg, auf den sich Geldner stützte, die Universalchronik von Ekkehard von Aura, berichtet jedoch nur in

---

[43] Servatius 1984, S. 151; Speer 1983, S. 76. Gräfin Mathilde von Tuszien hatte 1111 Kaiser Heinrich V. zum Erben eingesetzt. Die Kurie erhob jedoch Anspruch auf ihre Güter aus einem früheren Erbplan. Petke 1984, S. 165

[44] Schmidt 1987, S. 34f.

[45] 1112 war Gottfried von Calw zum Pfalzgrafen gemacht worden, nachdem diese Würde Siegfried von Orlamünde-Ballenstedt im Zuge der Auseinandersetzungen um das Erbe des Grafen Ulrich II. von Weimar abgesprochen worden war. Crone 1982, S. 89. Gottfried von Calw war landfremd und hatte zuvor lediglich Besitzungen an der Nagold im Gebiet von Hirsau. Werle 1962, S. 292; vgl. Kurze 1965, S. 246, Karte 1. Durch seine Ehe mit Luitgard, der Tochter Herzog Bertholds III. von Zähringen erlebte er zwar eine Rangerhöhung, eine Königsfähigkeit läßt sich daraus aber nicht ableiten. Vgl. Stoob 1974, S. 448. Zur Belastung der Regierung Heinrichs V. durch die Ernennung Gottfrieds von Calw zum Pfalzgrafen vgl. Stoob 1982, S. 356f.

[46] Geldner 1977, S. 8

nüchternen Worten von dem Vorgang und erwähnt nicht, daß damit auch eine Thronempfehlung gemeint war:

> „vocatisque qui secum erant, id est regina Mahthilde coniuge sua, consobrino quoque suo Friderico duce Sueviae, caeterisque primatibus, prout potiut, de regni statu consilium dedit, proprietates suas atque reginam eiusdem Friderici, utpote heredis sui, fidei commisit; coronam caeteraque regalia usque ad conventum principum conservanda in castello firmissimo, quod Trifels dicitur, reponi disposuit;"[47]

Für eine indirekte Designation läßt sich aber anführen, daß Friedrich II. von Schwaben als Erbe (heres) bezeichnet wird. Als Erbe konnte er sich Hoffnungen machen, auch in den Würden des Erblassers nachzufolgen, also auch im Königtum. Zwar ist freilich die Krone nicht an den Besitz der Salier gekoppelt gewesen, aber seit 100 Jahren waren es *die* Landschaften auf denen die Königsmacht basierte. Die Vermischung von Königsland und Eigenbesitz Heinrichs V. ging soweit, daß dies in der Folge nur schwer zu trennen war.[48]

Ein weiteres Indiz für eine Designation liest sich aus den Chroniken Alberts von Stade und Burchards von Ursberg. Beide Autoren berichten übereinstimmend, daß Heinrich V. die Reichsinsignien seinem Neffen übergab.[49] Allerdings stehen diese, erst im 13. Jahrhundert abgefaßt, im Widerspruch zu der aus dem 12. Jahrhundert stammenden Gesta Friderici von Otto von Freising und der Kirchengeschichte von Ordericus Vitalis, die beide von einer Übergabe an

---

[47] Ekkehardi Uraugiensis chronica, MGH SS 6, S. 264; vgl. auch Schmidt 1987, S. 36f.
[48] siehe A. 2.3, S. 43
[49] Annales Stadenses auctore Alberto, MGH SS 16, S. 322, a.a. 1126: „Fridericus dux Suevie post mortem Heinrici avunculi sui **regalia accepit**, certissimus quod a principibus eligeretur." Burchardi praepositi Urspergensis chronicon, MGH SS RG [16], S. 8: „Penes hos mortuo avunculo suo H[ainrico] iunore **insignia imperialia** [Fridericus et Conradus] **remanserunt**, ideoque cum quibusdam principibus peregerunt, ut sepe dictus Chunradus in regnum eligeretur in discordia contra Lotarium, pluribus tamen faventibus Lotario."

Kaiserin Mathilde berichten.⁵⁰ Daß Heinrich V. die Reichsinsignien Friedrich II. von Schwaben übergab und ihn so für das Königtum designierte scheint also ausgeschlossen. In diese Linie paßt der Bericht Ekkehards von Aura, der zwar nicht von einer Übergabe an Mathilde spricht, jedoch Heinrich V. die Insignien auf Burg Trifels deponieren läßt und zwar unter der Maßgabe, daß sie bis zum „conventum principum", also der Wahlversammlung dort, verbleiben sollten.⁵¹ Eine Designation gemäß einer Übergabe der Reichsinsignien, läßt sich auf dieser Quellenbasis mit Sicherheit ausschließen.

In der Forschung wurde die Frage nach der Rechtmäßigkeit einer Designation unterschiedlich beantwortet. Sproemberg ist der Ansicht, daß im allgemeinen nur Söhne designiert wurden, die Designation von Friedrich II. von Schwaben aber rechtlich unbedenklich gewesen wäre, sich jedoch die Frage stelle, ob eine Designation politisch überhaupt durchsetzbar war.⁵² Schmidt äußert dagegen Bedenken.⁵³

Eine indirekte Designation Friedrichs II. von Schwaben läßt sich somit ausschließen. Die Einsetzung des Herzogs als Erben kann lediglich als Empfehlung gewertet werden. Einen Rechtsanspruch

---

[50] Ottonis et Rahewini gesta Friderici I. imperatoris, MGH SS RG [46], I. 1, c. 16, S. 30 „**At imperatrix Mahtildis, Heinrici regis Anglorum filia, regalia in potestate sua habebat.** Quam predictus Albertus Maguntinae aecclesiae archiepiscopus ad se vocavit falsisque promissionibus ad sibi tradenda regalia induxit." Ex Orderici Vitalis historia ecclesiastica, MGH SS 20, I. 20, S. 76: „**Imperii vero insignia moriens caesar imperatrici Mathildi dimisit**, quibus postmodum, quia nulla soboles illi superfuit, Lotharius dux Saxonum generali plebis edicto intronizatus successit."

[51] Ekkehardi Uraugiensis chronica, MGH SS 6, S. 264; siehe Zitat S. 25

[52] Sproemberg 1960, S. 51. Mitteis (1944, S. 37) weist darauf hin, daß eine Sohnesdesignation nicht unbedingt notwendig gewesen ist.

[53] Schmidt 1987, S. 35f. In einem Teil der dort zitierten Literatur (Mitteis 1944, S. 37; Hausmann 1968, S. 54; Jordan 1970a, S. 362) wird allerdings der Frage nach Rechtmäßigkeit einer Neffendesignation gar nicht nachgegangen. Hausmann (1968, S. 54) und Jordan (1970a, S. 362) konstatieren lediglich, daß Heinrich V. seinen Neffen zumindest nicht förmlich designierte.

auf die Krone konnte Friedrich von Schwaben demgemäß nicht geltend machen.[54]

2.2.3. Handeln Friedrichs II. vor der Wahl

Wenn ein Konfliktfaktor zwischen Herzog Friedrich II. und König Lothar III. aus der gescheiterten Wahl des Schwabenherzogs unter der Annahme entsprang, daß dieser sich nach dem Tod Heinrichs V. als dessen „Erbe" bzw. sicheren Nachfolger gesehen hat, müßte dies in seinem Handeln vor und während der Wahl deutlich werden.

Das erhalten gebliebene Einladungsschreiben zur Wahl an den Bischof von Bamberg, in dem Friedrich II. von Schwaben neben anderen weltlichen und geistlichen Fürsten als Absender auftritt, scheint aber ein klares Indiz dafür zu sein, daß er so nicht dachte. Dazu kommt, daß er als Absender des Schreibens auch den Inhalt des Schreibens unterstützte, darin eingeschlossen, daß ein König zu wählen war, unter dem die Kirche und das Reich frei wären von der bisherigen Knechtschaft:

> „Quin pocius discretioni vestrae hoc adprime intimatum esse cupimus, quatinus, memor oppressionis, qua ecclesia cum universo regno usque modo laboravit, dispositionis divinae providentiam invocetis: ut **in substitutione alterius personae sic ecclesiae suae et regno provideat**, quod tanto **servitutis iugo** amodo **careat** et suis legibus uti liceat, nosque omnes cum subiecta plebe temporali perfruamur tranquilitate."[55]

---

[54] Es ist viel spekuliert worden, warum Heinrich V. seinen Neffen nicht designiert hatte. Sproemberg (1960, S. 52) glaubt eine Erklärung im „autokratischen" Charakter Heinrichs V. gefunden zu haben, der es ihm unmöglich gemacht habe, einen Mitkönig an seiner Seite zu dulden. Schmidt (1987, S. 36) führt an, daß Heinrich V. ungebrochene Hoffnung auf eigene Kinder gehabt habe. Gegen die Behauptung von Cosmas von Prag, daß Kaiserin Mathilde unfruchtbar gewesen sei: („[...] imperialis genealogia desiit partim **sterilitate feminei sexus**, partim ab ineunte etate omni virili stirpe regali fato conclusa exiciali." Cosmae Pragensis chronica Boemorum, MGH SS RG N.S. 2, l. 3, c. 61, S. 240, z. 7-10), wendet er ein, daß sie beim Tode ihres Mannes erst 23 Jahre alt war und in der zweiten Ehe drei Kindern das Leben schenkte.

[55] Constitutiones Lotharii III., MGH CC 1, Nr. 112 (Juni-August 1125), S. 165f.

Damit wendete er sich gegen die Regierung seines Vorgängers. Trotz dieser Forderung gleichzeitig als Erbe bzw. als designierter Nachfolger desselben auftreten zu wollen, scheint überaus fragwürdig. Zudem weist das Einverständnis mit einer Wahl darauf hin, daß er weder nach Erbrecht noch gemäß einer Designation Ansprüche auf den Thron erhob.[56]

Sproemberg vertritt dazu die Auffassung, daß Friedrich II. von Schwaben wegen der Übermacht der Reichsgeistlichkeit die Kritik an seinem Onkel billigte und dem Wahlausschreiben zustimmte, jedoch nicht seine endgültige Fassung kannte. Dies untermauert Sproemberg damit, daß der Herzog nicht unterschrieben hat.[57] Speer vertritt die These, daß Herzog Friedrich mangels einer Designation zum Anerkenntnis der freien Wahl gezwungen worden sei. Dieses Anerkenntnis beruhte aber lediglich auf politischen Kalkül, um seine Wahl nicht zu gefährden.[58]

Wenn also Friedrich II. von Schwaben ein Erbrecht geltend gemacht haben soll, widersprechen diesem sowohl die Kritik an seinem Onkel, die seine eigene Wahl gefährdete, als auch das Anerkennen einer Wahl überhaupt. Die Kritik an Heinrich V. mußte aber nur dann seiner Wahl im Wege stehen, wenn er die salische Politik fortzusetzen gedachte. Als Erbe von Thron und Gütern ist dies aber keineswegs zwingend vorauszusetzen. So wurde z.B. Heinrich V. zum Führer der Opposition im Reich gegen seinen Vater Heinrich IV., indem er den Fürsten eine seinem Vater entgegengesetzte Politik versprach.[59] Dies löste jedoch nicht einen Verlust seiner Erbansprüche am Gut seines Vaters aus.[60] Wenn in dem An-

---

[56] vgl. Schmidt 1987, SS. 43, 49f.
[57] Sproemberg 1960, S. 54. Dagegen wendete sich insbesondere Crone (1982, S. 24), die der These wenig Glaubwürdigkeit zumaß.
[58] Speer 1983, S. 51. Gegen diese These steht Schmidt (1987, S. 49f.)
[59] Servatius 1984, S. 137-140
[60] Natürlich ist dies nicht direkt auf die Situation von 1125 zu übertragen, da Friedrich II. von Schwaben nur der Neffe des Königs, während Heinrich V.

griff auf die salische Politik durch Herzog Friedrich im Gegenzug ein Indiz zu sehen ist, daß er ebenfalls eine gänzlich andere Politik zu betreiben gedachte, wird dies dadurch kompromittiert, daß er 1116 bis 1118 Reichsverweser Heinrichs V. gewesen war, der treu gegen die rheinische und sächsische Opposition des Kaisers gekämpft hatte. Allerdings hatten sich seit der Rückkehr Heinrichs V. nach Deutschland einige Konfliktpunkte zwischen Kaiser und Staufern ergeben:

1120 entzog Heinrich V. Konrad, dem Bruder Friedrichs II. von Schwaben, die Würde eines Herzogs von Ostfranken im Zuge der Aussöhnung mit Bischof Erlung von Würzburg.[61] Erst 1116 war Konrad mit dem ostfränkischen Herzogstitel ausgezeichnet worden. Ein Entzug kam einer Rangminderung gleich. Allerdings führte Konrad den Herzogstitel weiter, wobei jedoch unklar ist, ob dieser sich auf Ostfranken bezog oder nicht.[62] Konrad gab aber auf jeden Fall nicht seine Interessen in Franken auf. 1122 wurde der Konflikt mit dem Kaiser wiederum offenbar: Konrad mobilisierte seine Anhänger bei der Würzburger Bischofswahl und unterstützte Rugger von Rothenburg-Comburg gegen den kaiserlichen Kandidaten Gebhard von Hennenberg.[63] Zur Durchsetzung Ruggers kam es sogar zur Annäherung der staufischen Brüder an Erzbischof Adalbert I. von Mainz, der neben Herzog Lothar von Sachsen zu den hartnäckigsten Gegnern Heinrichs V. zählte und mit dem sich Friedrich II. von Schwa-

---

1098 auf Wunsch seines Vater zum Mitkönig gewählt und 1099 gekrönt worden war. Servatius 1984, S. 135

[61] Crone 1982, S. 143. Bischof Erlung erhielt jedoch nicht den Herzogstitel von Ostfranken, sondern nur die Rechte eines Herzogs: Im Diplom Heinrichs V. vom 1.5.1120 ist lediglich von der „[...] dignitas iudiciaria in tota orientali Francia [...]" die Rede. Diplomata imperatorum authentica, MB 29.1, Nr. 444 (? 1.5.1120), S. 238; Stumpf-Brentano, Reichskanzler, II, Nr. 3164, S. 268

[62] Crone (1982, S. 149f.) vermutet, daß der Titel sich auf Schwaben bezog. Bereits 1115 erscheint er als „Cunrath dux" ohne Beifügung in einer Urkunde. Stälin 1847/56, II, S. 78 (Regesten Herzog Konrads zu 1115)

[63] Crone 1982, S. 143. Zu den Wahlvorgängen vgl. die Denkschrift von Gebhard von Hennenberg Bischof von Würzburg: Codex Udalrici Babenbergensis, BRG 5, Nr. 233, S. 405-412

ben als Reichsverweser auseinanderzusetzen gehabt hatte.[64] Im Juli 1122 trafen sich der Erzbischof und die beiden Staufer an der Werra: Adalbert I. bestätigte als Metropolit die Wahl Ruggers und weihte ihn zum Bischof.[65] Das Würzburger Schisma löste sich erst nach dem Tod Heinrichs V. mit dem Tod Ruggers.[66] 1124 wurde die Abweichung der staufischen Position von Heinrich V. noch deutlicher: Herzog Friedrich II. von Schwaben beteiligte sich nicht an dem Feldzug des Kaisers gegen König Ludwig VI. von Frankreich, der nicht zuletzt deshalb in einem Fehlschlag endete, weil das kaiserliche Heer zu klein gewesen war.[67] In der Abwesenheit Heinrichs V. führte Friedrich II. von Schwaben Bischof Burckhard II. von Worms in sein Amt gegen den Willen des Kaisers ein.[68]

In der letzten Regierungszeit Heinrichs V. hatte sich also die einvernehmliche Beziehung zwischen Friedrich II. von Schwaben und Kaiser Heinrich V. getrübt und deutlich gemacht, daß der Herzog durchaus seine eigene Politik zu betreiben gewillt war. Allerdings muß eingeschränkt werden, daß dieser Konflikt nicht dazu führte, daß Heinrich V. seinen Neffen enterbte. Es ist natürlich fraglich, ob er dazu überhaupt rechtliche Mittel besaß, bzw. sich dies machtpolitisch durchsetzen ließ.[69] Aber daß Heinrich V. seine Witwe Friedrich II. von Schwaben anvertraute, zeigte doch deutlich, daß er für seinen Neffen nach wie vor Vertrauen hegte. Es bleibt also festzustellen, daß die Kritik an Heinrich V. im Wahlausschreiben nicht unbedingt negativ für die Wahlchancen Friedrichs II. von Schwaben

---

[64] Speer 1983, S. 76-79

[65] Speer 1983, SS. 80, 82

[66] Rugger von Rothenburg-Comburg starb am 26.8.1125, zwei Tage vor der Wahl Lothars III. zu König. Crone 1982, S. 143

[67] Geldner 1977, S. 7; Servatius 1984, S. 154

[68] Ekkehardi Uraugiensis chronica, MGH SS 6, S. 262f. Vgl. auch Geldner 1977, S. 7

[69] Als nächster Erbberechtigter wäre ja auch der Babenberger Leopold III. von Österreich in Frage gekommen. Es ist jedoch klar, daß dem Markgrafen die entsprechenden Machtmittel fehlten, sich gegen den Schwabenherzog durchzusetzen. Zum Erbrecht vgl. Faußner 1973, S. 420; ders. 1984, S. 48

ausfallen mußte, ganz im Gegenteil, weil der Herzog den Wählern als ein Mann erschien, der nicht gänzlich mit der Politik seines Onkels einverstanden und dazu bereit war, seine eigene Politik gegen dessen Willen zu betreiben.[70]

Dahinein läßt sich der Leitsatz der Wahl — einen König zu wählen, unter dem die Kirche und das Reich frei sei von der bisherigen Knechtschaft — mühelos einbauen. Friedrich II. von Schwaben präsentierte sich so als Kandidat, der die Freiheiten bestehen lassen wollte, die die Fürsten dem Kaiser abgerungen hatten. Die Wahl stand immerhin unter dem Eindruck des erst kürzlich zu Ende gegangenen Investiturstreits. Es war für die Vertreter der Reichskirche keineswegs sicher, daß das Wormser Konkordat von 1122 auch unter dem Nachfolger weiterhin Bestand haben sollte.[71] Da der überwiegende Teil der Fürsten Bischöfe war, mußte ein Thronprätendent den jüngst erzielten Ausgleich durch das Wormser Konkordat bestätigen, um sich diese Wähler geneigt zu machen.[72]

Ob also Herzog Friedrich II. von Schwaben von sich aus oder gezwungener Maßen Kritik am Regiment seines Onkels übte oder nicht, steht und fällt mit der Frage nach seiner eigenen Überzeugung, ob sein mögliches Erbrecht am Thron alleine bereits ausreichte, ihm den Thron zu sichern, oder ob er sich als Kandidat in freier Wahl beweisen mußte.

---

[70] Es kann jedoch nicht geleugnet werden, daß dennoch zwischen beiden ein tragfähiges Einverständnis bis zum Ende weiterbestand. Eine Fortführung der salischen Politik darf aber allein aus dem Erbgang nicht geschlossen werden. Das Beispiel Heinrichs V. hatte jedoch auch gezeigt, daß dieser alle Versprechungen aus der Kampfzeit gegen seinen Vater gebrochen und die Politik Heinrichs IV. bald wieder aufgenommen hatte. Servatius 1984, S. 142-145. Dieser Bruch war den Königswählern von 1125 sicher noch gut im Gedächtnis.

[71] Es sei nur darauf hingewiesen, daß das Wormser Konkordat nicht den Charakter eines Vertrages des Reiches mit der Kirche, sondern einer Übereinkunft zwischen Papst Calixt II. und Kaiser Heinrich V. hatte. Auch Lothar III. sollte später versuchen, das Konkordat zu ändern (1131 in Lüttich, 1133 in Rom). Petke 1984, S. 160

[72] Zu Anfang des 12. Jahrhundert gab es 90 geistliche, dagegen nur 16 weltliche Reichsfürsten. Fuhrmann 1983, S. 192

Zunächst bleibt festzuhalten, daß Friedrich II. von Schwaben eine direkte Einsetzung als König nicht erwarten konnte. Alle Könige bis dahin hatten die Herrschaft nur unter Zustimmung der Fürsten erhalten. Auch die Mitkönigserhebung eines Sohnes war letztlich eine Wahl der Fürsten. Daß diese immer ihre Zustimmung bei Königssöhnen gaben, beschneidet nicht den Wahlcharakter, da sie immerhin ablehnen hätten können. Im Falle Friedrichs II. von Schwaben scheidet ja aber eine Mitkönigserhebung aus. Der König mußte also in einer Wahl nach dem Ableben des Königs gefunden werden. Da aber die Autorität eines Königs zum Zeitpunkt der Wahl fehlte, konnten verschiedene Fürsten ihre Vorstellungen vom neuen König einbringen. Die gescheiterten Anstrengungen des Erzbischofs Friedrich von Köln, Graf Karl den Guten von Flandern als Königskandidaten aufzustellen, zeigen dies deutlich.[73]

Bei Bischofswahlen findet sich ein ähnliches Phänomen. Durch das Wormser Konkordat verlor der König zwar die Möglichkeit Bischöfe frei nach seinem Willen einzusetzen, die Übereinkunft aber, daß er selbst bzw. sein Abgesandter am Wahlvorgang beteiligt sein durfte, sicherte ihm die Einflußmöglichkeit auf die Wahl. In der Folge konnte der König in einer großen Zahl von Bischofswahlen, obwohl sie kanonisch waren, seinen Kandidaten durchsetzen.[74] Es gab aber auch eine Reihe von Wahlen, in denen der König offensichtlich nicht intervenierte und deshalb ein Kandidat Bischof wurde, der nicht als Parteigänger des Königs galt, bzw. sogar in Opposition stand.[75] Für

---

[73] Stoob 1974, S. 446; Crone 1982, S. 37f.; Oppermann 1922/51, I, S. 91

[74] Hier nur zwei prägnante Beispiele: Probst Godfried von St. Victor scheiterte in der Wahl von 1131 zum Erzbischof von Köln am Widerstand des Königs. Bruno von Berg, der als Sieger des zweiten Wahlganges hervorging, erreichte die königliche Gnade. Crone 1982, S. 57-59. 1126 wurde die Bischofswahl zu Speyer in presentia regis abgehalten und der königstreue Siegfried ging als Sieger hervor. Lothar III. hatte gesteigertes Interesse an dem Bistum, um die Staufer am Ausbau ihrer Position in der Diözese zu hindern. 1128 mußte Siegfried nach Einnahme der Stadt durch Friedrich II. von Schwaben aus Speyer fliehen. Crone 1982, S. 125f.

[75] Auch hier nur zwei Beispiele aus einer großen Auswahl: Lothar III. konnte sich nachträglich bei der Wahl Alberos von Montreuil im Jahre 1131 zum

die Zeit König Lothars III. gibt es keinen Fall einer Bischofswahl, bei der sein Kandidat trotz königlicher Intervention durchgefallen wäre. Es lag also an dem Willen und der Autorität des Königs, aus einer Bischofswahl einen ihm geeignet erscheinenden Kandidaten hervorgehen zu lassen. In Abwesenheit des Königs ist die Anhänglichkeit des Domkapitels an ihn nur selten zu spüren. Dies läßt sich bedingt auf die Königswahl von 1125 übertragen: Der König war tot und hatte keine Autorität mehr. Die Fürsten waren deswegen freier in ihrer Willensbildung.

Bei der Königswahl von 1125 legt die Aufstellung mehrerer Kandidaten — die Herzöge Friedrich II. von Schwaben und Lothar von Sachsen, sowie Markgraf Leopold III. von Österreich — eine freie Wahl nahe. Das Aufstellen mehrerer Kandidaten muß jedoch keineswegs eine echte Konkurrenzsituation schaffen, wenn die Kandidaten nicht über die Eigenschaften für einen König verfügen. Der Babenberger Leopold III. war zwar mit den Saliern verschwägert, hatte sich aber bislang nicht in salischer Tradition gezeigt. Dazu war seine Machtgrundlage klein. Lothar von Süpplingenburg hatte zwar eine breite Machtgrundlage durch sein Herzogtum Sachsen und Verbindungen zum Rhein und in den Süden des Reiches,[76] aber er entstammte nicht der regiae stirpi. Friedrich II. von Schwaben dagegen verband alle wichtigen Eigenschaften in sich: Seine Machtgrundlage war breit und durch die Güter Heinrichs V. noch gestärkt worden. Er konnte gute Verbindungen im Reich vorweisen[77] und

---

Erzbischof von Trier nicht mehr durchsetzen, nachdem er es versäumt hatte, auf die Wahl einzuwirken. Crone 1982, S. 276, Reg. E 20. 1133 gelang es Friedrich II. von Schwaben seinen Vetter, Walter von Dillingen — ihr gemeinsamer Großvater war Friedrich von Büren, der Vater Herzog Friedrichs I. von Schwaben —, als Bischof von Augsburg wählen zu lassen, als Lothar III. sich gerade in Italien befand. Dennoch investierte ihn Lothar III. nach seiner Rückkehr nach Deutschland auf dem Hoftag zu Würzburg am 8.9.1133, obwohl es auch andere Konfliktpunkte mit diesem Bischof gab. Crone 1982, S. 171; Meyer-Gebel 1992, S. 203

[76] Stoob 1974, S. 445-453
[77] Stoob 1974, SS. 445-449, 453

agierte seit langem als Mitglied der stirpis regiae.[78] Friedrich II. von Schwaben muß also überzeugt gewesen sein, daß, falls auch sein etwaiges Erbrecht nicht alleine ausreichte, König zu werden, er aber in der Wahl der aussichtsreichste Kandidat war. Alle Vorzüge seiner Person mußten jedoch durch positives Einwirken auf die Wähler — wie z.B. die Kritik an seinem Onkel — verstärkt werden, um seine Wahl nicht zu gefährden. Eine einstimmige Wahl war darüber hinaus zu suchen, da das angestrebte Königtum unter einem neuerlichen Konflikt naturgemäß leiden mußte.

Obwohl sich durch die Umstände nach dem Ableben von Heinrich V. eine freie Wahl als einzige Möglichkeit anbot, einen neuen König zu finden, wie sich dies durch die Vorgänge bei der Wahl bestätigte, findet man den Gedanken der freien Wahl in dem sogenannten Wahlausschreiben nicht. Streng genommen ist in der Urkunde von einer Wahl überhaupt nicht die Rede. An beiden Stellen des Schreibens, die von dem Ziel und dem Sinn der Versammlung direkt handeln, heißt es lediglich „Ordnen der" bzw. „Sorgen für die Nachfolgerschaft im Reich".[79] Daß der neue König nur auf dem Wege der Wahl gefunden werden konnte, stand nach dem Herkommen im Reich natürlich fest, brauchte der König doch die Zustimmung der Fürsten. Ob der neue König aber in einer freien Wahl, bei der die Versammlung die Alternative zwischen mehreren Kandidaten hatte, oder durch einfache Zustimmung der Fürsten zu dem Thronprätendent, der erbrechtliche Ansprüche geltend machte oder

---

[78] Der Aspekt der Mitgliedschaft in der stirpe regia kann nicht genug hervorgehoben werden für ein Zeitalter, in dem in verwandtschaftlichen Beziehungen gedacht und dazu dem König nach Auffassung der Zeitgenossen eine besondere Qualität durch Gott verliehen wurde.

[79] Constitutiones Lotharii III., MGH CC 1, Nr. 112 (Juni-August 1125), S. 165, z. 23f.: „[...] convenientibus principibus, de statu et successore regni ac negotiis necessariis [...] ordinare." und ebd. z. 28f. „[...] ut in substitutione alterius personae sic ecclesiae suae et regno provideat, quod tanto servitutis iugo amodo careat [...]" Als Folge des Todes des Kaisers gibt das Einladungsschreiben sogar lediglich an (z. 18f.): „[...] ipse ordo rei et temporis qualitas exigere videbatur, ut de statu et pace regni aliquid conferremus [...]"

die größte Machtgrundlage vorweisen konnte bzw. beides, gefunden werden sollte, ist in dem Einladungsschreiben nicht festgelegt. Deshalb gab Friedrich II. von Schwaben auch keine eventuellen Ansprüche als Mitabsender auf. Ein Anerkenntnis zu einer freien Wahl läßt sich aus dem Schriftstück keinesfalls ableiten. Es läßt sich einwenden, daß, falls Friedrich von Schwaben das Wahlausschreiben als Mitabsender in der Meinung verfaßte, daß er selbst der einzige rechtmäßige Kandidat sei, dies nicht im Text selbst zu finden ist, sondern lediglich die sehr allgemeinen Formulierungen, die alles mögliche beinhalten können.

Es ist zu bemerken, daß das Wahlausschreiben überhaupt das erste erhaltene Schreiben dieser Art ist und sich deshalb keine Vergleiche ziehen lassen. Ebenso gibt es keine Schreiben dieser Art für die Wahl Konrads III. wie auch Friedrich Barbarossas. Ausschreiben für Hoftage, auf denen Söhne zu Mitkönigen erhoben werden sollten, wären von fundamental anderer Qualität, da hier ja ein König kraft seiner Autorität handelte. Aber auch solche liegen weder für Heinrich (VI.) zum Frankfurter Hoftag von 1147, noch für Heinrich VI., zum Bamberger Hoftag 1169 vor. Wegen der Einzigartigkeit des Wahlausschreibens von 1125 lassen sich keine Schlüsse ziehen, wie ein Kandidat angekündigt worden ist.

Darüber hinaus muß bedacht werden, daß das Schreiben schließlich auch die Zustimmung der anderen Absender finden mußte, die sich nicht notgedrungen der Ansicht Friedrichs von Schwaben unterzuordnen hatten.[80] Friedrich von Köln bemühte sich ja z.B. um eine Kandidatur Karls von Flandern. Dieser Unstimmig-

---

[80] Die Unterzeichner waren die Erzbischöfe Adalbert von Mainz und Friedrich von Köln, die Bischöfe Ulrich von Konstanz, Burckhard II. von Worms und Arnold von Speyer, der Abt Ulrich von Fulda, der Pfalzgraf Gottfried bei Rhein und Graf Berengar von Sulzbach. Als treue Parteigänger galten Ulrich von Fulda und Pfalzgraf Gottfried. Speer 1983, S. 49; Stoob 1974, S. 49. Ulrich von Konstanz, Burckhard II. von Worms und Arnold von Speyer waren nur möglicherweise Parteigänger Friedrichs von Schwaben. Stoob 1974, S. 445. Adalbert von Mainz, Friedrich von Köln und Berengar von Sulzbach waren zumindest keine Parteigänger, aber auch nicht unbedingt seine Gegner. Crone 1982, S. 37; Stoob 1974, SS. 446, 449

keit trug das Schreiben mit seiner vagen Formulierung „Sorgen für die Nachfolge" im Reich Rechnung. Deshalb ist es kein Widerspruch, daß in dem Einladungsschreiben von 1125 zwar vom Sorgen für die Nachfolgerschaft im Reich die Rede ist, unter der Maßgabe, daß die Freiheit der Kirche und des Reiches garantiert sein solle, Friedrich von Schwaben als entsprechender Kandidat aber nicht explizit genannt wird, auch wenn er sich als solcher verstand.

2.2.4. Handeln Friedrichs II. während der Wahl

Wie Friedrich II. von Schwaben seine Wahl zum König einschätzte, läßt sich aus einer Analyse seines Handelns während der Wahlversammlung ablesen: Nachdem die Wahlordnung und die drei Kandidaten festgelegt worden waren, war der Schwabenherzog nicht mehr anwesend, als seine beiden Mitkandidaten in dramatischer Geste — sie lagen auf den Knien und weinten bitterlich — das Königtum ablehnten.[81] Daraufhin sah Herzog Friedrich II. die Königswürde als praktisch erreicht an und präsentierte sich der Fürstenversammlung zur Wahl.[82] In dieser Situation forderte aber der Erzbischof von Mainz den oben besprochenen Eid,[83] den der Schwabenherzog verweigerte. Unmittelbar darauf wird in der Narratio berichtet, daß er sich von der Versammlung zurückzog, weil die

---

[81] Narratio de electione Lotharii in regem Romanorum, MGH SS 12, c. 2, S. 511: „Absente autem duce Friderico reliqui duo qui áderant, oblatum sibi regii nomen imperii, profusis lacrimis genibusque terrae defixis, humiliter rennuebant." Die repulsa officii hatte eine lange Tradition. Schon Kaiser Tiberius übte sich nach dem Tod des Augustus 14 n. Chr. darin. Publii Cornelii Taciti annales (Heller), I. 1, cc. 7, 11-13, SS. 24, 30, 32, 34. Während des Principats wurde dies in der Folge praktiziert. Im Mittelalter fand es auch Anwendung bei Bischofswahlen.

[82] Narratio de electione Lotharii in regem Romanorum, MGH SS 12, c. 3, S. 511: „Porro dux Fridericus ambicione cecatus, sperans sibi consequenter reservatum et quasi indubitanter conferendum, quod a duobus vidit humiliter refutatum, iam sine conductu urbem quam prius cum conductu ingredi metuebat, ingressus est, et principum conventui sociatus, in regem eligi paratus astabat."

[83] A. 2.2.1, S. 19

Anwesenden seiner Wahl keineswegs einmütig zustimmten.[84] Auch am nachfolgenden Tag blieb er der Versammlung fern und mit ihm auffälligerweise auch sein Schwiegervater, Heinrich der Schwarze Herzog von Bayern.[85] Bei den folgenden Ereignissen, der tumultuarischen Wahl Lothars, dem Einspruch des Salzburger Erzbischofs, der erneuten Wahl Lothars unter Zustimmung auch des Bayernherzogs, wird der Schwabenherzog nicht mehr erwähnt. Schließlich erkannte er an, daß er sich nicht gegen das göttliche Wirken und so viele Fürsten stellen könne und kehrte zur Versammlung zurück, wo er aber ein Geschenk König Lothars III., ein Gut zu 200 Mark, ablehnte, um nicht in der Schuld des Königs zu stehen.[86]

Bedeutsam für die Selbsteinschätzung Herzog Friedrichs II. ist die Aussage, daß er sich deshalb von der Wahlversammlung zurückzog, weil die Fürsten nicht einmütig seiner Erhöhung zum König zustimmten. Die Formulierung legt nahe, daß der Schwabenherzog nicht mit Widerstand gerechnet hatte, bzw. sein Handeln als probates Mittel erachtete, eine einmütige Wahl zu erreichen. Indem er sich nämlich physisch von der Versammlung zurückzog, wie auch auf die Beratungen von der Ferne nicht mehr Einfluß nahm, war es klar, daß ein König, der aus dieser Situation hervorging, keine Anerkennung vom mächtigen Schwabenherzog erhalten würde. Dies war

---

[84] Narratio de electione Lotharii in regem Romanorum, MGH SS 12, c. 3, S. 511: „et quia ad se exaltandum principum animos nequaquam unanimes usquequaque persensit, **consilium suum et aspectum curiae iam exinde subtraxit**."

[85] Narratio de electione Lotharii in regem Romanorum, MGH SS 12, c. 4, S. 511, z. 6f.: „Postero vero die congregatis in id ipsum principibus, cum **abesset dux Fridericus et cum eo dux Bawaricus**, [...]" Friedrich II. von Schwaben hatte Judith, die Tochter Heinrichs des Schwarzen, 1121 geheiratet. Stoob 1974, S. 448

[86] Narratio de electione Lotharii in regem Romanorum, MGH SS 12, c. 7, S. 512: „Videns itaque dux Fridericus **contra Dominum non esse consilium vel potentiam hominum**, qui tot tantorumque principum animos contra spem omnium collegit in unum, tercia demum die Ratisponensis episcopi ceterorumque principum consilio precibusque correctus ad curiam rediit; et ducentas marcas quibus eum prius inbeneficiare promiserat, satis honeste refútans, **debitam regi iam domino suo referentiam exhibuit**, et cum eo sic in gratiam et amiciciam tanto stabilius quanto liberius rediit."

um so gravierender, als auch der Bayernherzog sich auf die Seite Friedrichs von Schwaben stellte und ebenfalls die Wahlversammlung verließ. Die beiden wohl mächtigsten Fürsten neben Herzog Lothar von Sachsen setzten so die Versammlung schwer unter Druck: Der Konvent hatte zwei Möglichkeiten: Entweder er wählt Herzog Friedrich II., womit ein machtvolles Königtum gestützt auf Schwaben, die salischen Güter und Bayern für Frieden sorgen könnte, oder er wählt einen anderen als diesen zum König, was bedeutete, daß damit entweder ein Schattenkönigtum oder ein schwerer Konflikt um die Anerkennung des Königtums im Reich entstände. Damit verschätzte sich aber Herzog Friedrich II., denn erst hierauf machte er sich so bei den Wahlfürsten unbeliebt, daß seine Kandidatur einmütig bekämpft wurde.[87] Der spektakuläre Übertritt seines Schwiegervaters zu Lothar von Sachsen isolierte den Schwabenherzog, der sich dadurch gezwungen sah, der Wahl zuzustimmen.

Sein Handeln während der Wahl zeigt, daß er den unbedingten Willen hatte, König zu werden. Er machte von Anfang an keinen Hehl daraus, daß er sich zum König berufen sah, indem er sich an der Zurückweisung der Königswürde, wie es seine beiden Konkurrenten taten, nicht beteiligte. Auch verweigerte er die Anerkennung der freien Wahl, woraus sich erschließt, daß er in der Wahlversammlung einen Konvent der Fürsten sah, der seinem Königtum zuzustimmen hatte. Als seine Kandidatur nicht ohne Probleme durchging und nicht erst, als sich heftiger Widerstand gegen ihn regte, setzte er die Versammlung unter starken Druck, um seine Wahl durchzusetzen. Erst als er isoliert worden war, gab er nach und erkannte die Wahl Lothars von Sachsen an.

---

[87] Narratio de electione Lotharii in regem Romanorum, MGH SS 12, c. 4, S. 511: „Videntes ergo principes tantam ducis sublimationem adeo efferri dominarique videbant, ne quando sibi preficeretur unanimiter refellebant."

2.2.5. Vorgänge während der Wahl

Für die späteren Konfliktlinien zwischen dem Schwabenherzog und König Lothar III. ist es auch wichtig, ob sich Konfliktfaktoren aus Vorgängen während der Königswahl ergaben. Im Mittelpunkt der Forschung stand stets das Agieren des Erzbischofs Adalbert I. von Mainz. Fast durchgängig wird er als Königsmacher bezeichnet.[88] Für unsere Fragestellung ist dies nur von geringem Interesse. Wichtiger ist das Handeln des Sachsenherzogs. In der Narratio tritt Herzog Lothar jedoch kaum in Erscheinung. Nach seiner Aufstellung als Kandidat weist er unter Tränen und auf Knien liegend — ebenso wie der Babenberger — die Königswürde zurück.[89] Darauf leistet er den vom Mainzer Erzbischof geforderten Eid, dem zukünftigen König zu gehorchen.[90] Er wird tumultuarisch nach dem Rückzug Herzog Friedrichs II. zum König erhoben.[91] Dagegen erhebt er aber Einspruch.[92] Erzbischof Konrad I. von Salzburg und sein Suffragan Hartwig von Regensburg wollen ohne den Bayernherzog jedoch nicht wählen. Erst nach der Zustimmung Heinrichs des Schwarzen wird Lothar von Süpplingenburg als „rex electus"[93] bezeichnet. Herzog Friedrich II. von Schwaben schlägt dem neugewählten König ein Lehen zu 200 Mark aus, das Lothar III. ihm versprochen hatte.[94]

---

[88] vgl. Speer 1983, SS. 52-59, 70 mit intensiver Quellendiskussion
[89] siehe Anm. 81, S. 36
[90] siehe Anm. 25f., S. 19f.
[91] Narratio de electione Lotharii in regem Romanorum, MGH SS 12, c. 4, S. 511, z. 14-16: „[...] subito a laicis quam pluribus: *Lotharius rex sit!* clamor exoritur. Lotharius repitur. Lotharius humeris imponitur, et regiis laudibus renitens ac reclamans extollitur."
[92] Narratio de electione Lotharii in regem Romanorum, MGH SS 12, c. 5, S. 511, z. 23f.: „[...] Lotharius de sua conprehensione vehementer iratus vindictam peteret [...]"
[93] Narratio de electione Lotharii in regem Romanorum, MGH SS 12, c. 7, S. 511, z. 50: „Denique rex Lotharius electus [...]"
[94] vgl. Anm. 86, S. 37. Es geht aus dem Wortlaut „prius inbeneficiare promiserat" nicht hervor, wann Lothar von Süpplingenburg das Gut dem Schwabenherzog versprochen hatte. Es kann sowohl heißen, daß er das Lehen bereits vor der Wahl, aber auch erst währenddessen dem Schwaben anbot.

Die Narratio zeigt Lothar von Süpplingenburg als zurückhaltenden Kandidaten, der sich an die Regeln hält. Ein Agitieren gegen Friedrich II. von Schwaben läßt sich nicht herauslesen. Ebensowenig finden sich Konfliktfaktoren aus der Zeit der Wahlvorbereitungen. Das Handeln Lothars von Sachsen vor der Wahl wird nur in einer einzigen Quelle erwähnt, wo es lapidar heißt, daß er zusammen mit Erzbischof Adalbert von Mainz die Wahlversammlung vorbereitet habe.[95]

Die Narratio weist Lothar III. jedoch zu, daß er der Kirche zugestanden habe, bei kanonischen Wahlen auf seine Anwesenheit zu verzichten.[96] Auch der um 1240 schreibende Albert von Stade berichtet von Versprechungen, die Herzog Lothar den Wählern gemacht haben soll, aber als König nicht einhielt.[97] In der Forschung wurden derlei Wahlbetreibungen jedoch verworfen.[98] Da zudem in diesen keine Spitze Lothars von Sachsen gegen Friedrich von Schwaben zu entdecken ist, sind sie für unsere Fragestellung ohne Belang.

Wahrscheinlich ist aber, daß Lothar III. die Auslobung unmittelbar vor der persönlichen Zusammenkunft aussprach.

[95] Chronica monasterii Casinensis, MGH SS 34, c. 87, S. 548: „Visum demum omnibus est, ut electionem ipsam in arbitrio archiepiscopi Maguntini et Lotharii ducis Saxonie ponerent, ut, quem illi utilem Romano imperio esse astruerent, hunc procul dubio eligerent universi." Petrus Diaconus war ein Vertrauter Kaiser Lothars III.

[96] Narratio de electione Lotharii in regem Romanorum, MGH SS 12, c. 6, S. 511

[97] Annales Stadenses auctore Alberto, MGH SS 16, S. 322, z. 30f., a.a. 1126: „[...] dicunt etiam quod promisset plura, que non persolvit."

[98] Haider (1968, S. 59) weist darauf hin, daß sich in den Diplomen König Lothars III. kein Hinweis auf Wahlversprechungen finden läßt. Er hält aber im allgemeinen Wahlversprechungen Lothars von Sachsen für nicht gänzlich ausgeschlossen, weil im Gegensatz dazu für Friedrich II. von Schwaben in den Quellen gar keine Hinweise auf Wahlversprechen zu finden sind. Haider 1968, S. 54. Dagegen hält Crone (1982, S. 39) Wahlversprechungen gegenüber der Kirche für höchst unwahrscheinlich, da sie für Lothar III. nur unter Heraufbeschwören einer starken Opposition zu brechen gewesen waren. Petke (1984, S. 160f.) sieht in den Ausführungen der Narratio nur Wunschvorstellungen des Verfassers, die allenfalls auf einen Verzicht des zuvor üblichen Handgangs bei der Investitur hinweisen. Der Handgang wurde nämlich von zeitgenössischen Theoretikern als anstößig empfunden.

Wichtigkeit fällt hingegen dem Verhalten Heinrichs des Schwarzen zu. Die Narratio erblickt hinter dem plötzlichen Parteiwechsel das Wirken des Heiligen Geistes:

„Accito igitur duce Bawarico, iam **sancti Spiritus gratia** ad unum idemque studium animos omnium unire curabat, et unanimi consensu ac peticione principum iam primum Lotharius rex Deo placitus sublimatur in regnum."[99]

Die Forschung, die sich mit solchen Erklärungen schwer tut, suchte in der Ereignisgeschichte eine Erklärung: Am 29.5.1127 fand die Hochzeit zwischen Herzog Heinrich dem Stolzen von Bayern, dem Sohn des 1126 verschiedenen Heinrichs des Schwarzen, und Gertrud, dem einzigen Kind König Lothars III. statt. Alles scheint dafür zu sprechen, daß die Ehe bereits während der Königswahl 1125 abgesprochen worden war. Heinrich der Schwarze soll dadurch zweierlei erreicht haben: Da erstens Gertrud das einzige Kind Lothars III. war, habe sein Sohn, Heinrich der Stolze, die Aussicht auf die Thronfolge im Reich erhalten. Dadurch sei der Anschluß an die Königsfamilie in weiblicher Linie — durch Judith, der Tochter Heinrichs des Schwarzen, die seit 1121 mit Friedrich II. von Schwaben verheiratet war — durch den möglichen Aufstieg in männlicher Linie zur Königsfamilie überboten worden. Zum zweiten habe Heinrich der Schwarze dadurch die Allodialgüter um Lüneburg gesichert, die seine Gattin Wulfhild, eine Billungerin, in die Ehe miteingebracht hatte.[100] Der These widerspricht, daß Heinrich der Schwarze damit die sichere Mitgliedschaft in der regia stirpe durch seine Tochter in der Hoffnung auf ein mögliches Königtum seines Sohnes aufgab. Es ist zu bedenken, daß damit Heinrich der Schwarze auf eine zukünftige Königswahl seines Sohnes baute, die in der selben unsicheren Konstellation stattfinden sollte, wie eben 1125: Der Anspruch auf

---

[99] Narratio de electione Lotharii in regem Romanorum, MGH SS 12, c. 6, S. 511
[100] am deutlichsten formuliert bei Crone 1982, S. 40

das Königtum sollte in kognatischer Linie vererbt werden.[101] Immerhin läßt sich für die These anführen, daß, wenn nicht das Königtum Heinrichs des Stolzen sicher war, so doch das Herzogtum Sachsen. Dieser Besitzstand, den dann erst Heinrich der Löwe unangefochten innehatte, war die Machtstellung, die den Welfen weit über alle anderen Fürsten heben sollte.

Für die Fragestellung der Konfliktfaktoren zwischen Herzog Friedrich II. von Schwaben und Lothar III. ist vor allem der Frontwechsel Heinrichs des Schwarzen wichtig. Auch ohne Einwirken Lothars von Süpplingenburg machte der Beitritt des Bayernherzogs zur Partei des Sachsen das Königtum des Schwaben zunichte. Der erst wenige Jahre zuvor gefundene Ausgleich der drei großen Familien in Schwaben — Staufer, Welfen und Zähringer — wurde stark erschüttert.[102] Heinrich der Schwarze, der mächtigste laienfürstliche Parteigänger des Königs, konnte auf die Unterstützung Lothars III. hoffen und auf dieser Basis neuerliche Territorialbestrebungen in Schwaben anstrengen.[103] So ergab sich automatisch durch ein bereits nach der Wahl Lothars III. zu erwartendes Neuaufkeimen des staufisch-welfischen Konflikts in Schwaben ein Konfliktfaktor zwischen dem Schwabenherzog und dem König. Wenn aber Heinrich der Schwarze auf Betreibungen Lothars von Süpplingenburg die Partei wechselte, was sehr wahrscheinlich ist, kam für Friedrich von Schwaben noch eine emotionelle Komponente als Konfliktfaktor

---

[101] Möglicherweise war zum Zeitpunkt der Wahl bereits ein Sohn aus der Ehe Friedrichs von Schwaben mit Judith entsprungen, bzw. die Herzogin in guter Erwartung: Die Geburt des späteren Kaisers Friedrich Barbarossa läßt sich nicht genau bestimmen. Sie fällt aber in die Jahre 1124 bis 1130, wobei sie mit größter Wahrscheinlichkeit in den Jahren 1125/26 lag. Baaken 1968, S. 47, Anm. 8

[102] Ende der Regierungszeit Heinrichs V. herrschte Eintracht zwischen den drei Familien. Der Ausgleich war durch Eheschließungen besiegelt worden: Judith, die älteste Tochter Heinrichs des Schwarzen war mit Friedrich II. von Schwaben verheiratet worden, ihre jüngere Schwester Sophie mit Herzog Berthold III. von Zähringen. Büttner 1961, S. 29

[103] Wie es dann auch bald geschah z.B. im Zuge der Streitigkeiten um das Calwer Erbe. Feldmann 1973, S. 312f.

hinzu: Lothar von Sachsen hatte Herzog Friedrich *des* Verbündeten beraubt, der ihm die Krone sichern sollte. Mittels der Ehepolitik des Sachsen wurde seine eigene Ehepolitik zunichte gemacht. So beschreibt auch Berthold von Zwiefalten in der 1137/38 entstandenen Chronik die Gemütsbewegung Herzog Friedrichs von Schwaben als „nimis indignans" über die Wahl Lothars von Sachsen.[104]

2.2.6. Ergebnisse

Das Scheitern Friedrichs II. von Schwaben in der Königswahl von 1125 war der erste große Konfliktpunkt, der den Herzog in Opposition zu König Lothar III. brachte. Dieser Konfliktpunkt hatte mehrere Ebenen: Herzog Friedrich II. betrachte sich selbst als der Nachfolger seines Onkels auf dem Thron. Zwar konnte er einen rechtmäßigen Erbanspruch nach dem Herkommen im Reich ebensowenig geltend machen, wie eine Designation; Rechtsanschauungen, die aus dem Bereich der Herzogsbestellung in Schwaben und Bayern stammten, wirkten jedoch gewiß auf seine Sichtweise ein, so daß er sich als nächster König ansah. Dies wird dadurch bestätigt, daß er vor und während der Wahl alles vermied, was nach Aufgabe des Erbanspruches aussah. Eine Entsprechung dieser Anschauung findet sich in den erzählenden Quellen, die explizit von einem Erbanspruch berichten: Sie alle weisen lediglich daraufhin, daß der Schwabenherzog an seinen Erbanspruch glaubte. Seine Machtstellung und seine Verbindungen im Reich hatten ebenso Auswirkungen auf seine Sichtweise wie Rechtsanschauungen aus der Herzogsbestellung in Bayern und Schwaben. Er sah sich selbst als den einzig wählbaren

---

[104] Bertholdi Zwifaltensis chronicon (König/Müller), c. 30, S. 232: „Fridericus de Stoufe, dux Suevorum, **nimis indignans**, quod post Heinrici mortem imperatoris, avunculi sui, factione Adalberti Magontiensis episcopi regnum ab eo ad Lotharium Saxonicum ducem esset translatum [...]." Der Chronist bezieht die Entrüstung Herzog Friedrichs zugleich auf die angeblichen Wahlbetreibungen Erzbischof Adalberts I. von Mainz, die Lothar zum Königtum verholfen hatten. Zur Entstehung der Schrift (1135 bis spätestens 1137 abgefaßt und 1139 bis 1147 erweitert) siehe Wattenbach/Schmale, Geschichtsquellen, S. 312

Kandidaten und glaubte sich in der Position, seine Bestätigung als König durch die Fürsten erzwingen zu können. Der Parteiwechsel seines Schwiegervaters ermöglichte jedoch letztendlich das Königtum des Sachsenherzogs und eröffnete eine neue Konfliktlinie. Herzog Heinrich der Schwarze geriet in Opposition zu seinem Schwiegersohn. Der Ausgleich in Schwaben war höchst gefährdet. Es zeichnete sich ab, daß der Bayernherzog, gestützt auf den König, in konkurrierenden Territorialbestrebungen in Schwaben ein größeres Gewicht in die Waagschale legen konnte. Wenn Lothar III. sein Königtum nicht schwächen wollte, mußte er die Politik Herzog Heinrichs unterstützten und wurde so automatisch in eine verschärfte Gegnerschaft zu Friedrich von Schwaben hineingezogen. Daß der Parteiwechsel Heinrichs des Schwarzen sicher auf das Betreiben Lothars von Süpplingenburg zurückzuführen war, fügte einen emotionalen Konfliktfaktor der Oppositionshaltung Herzog Friedrichs hinzu: Lothar III. zeigte sich als Mann, der sich skrupellos in die Familien-, die ja zugleich Bündnispolitik war, seines Konkurrenten einmischte, um das Königtum zu erringen.

Die gescheiterte Wahl Friedrichs von Schwaben ließ somit drei Konfliktfaktoren entstehen: Erstens die Zurückweisung von Ansprüchen auf den Thron, die zwar nicht von den übrigen Reichsgliedern geteilt wurde, von denen Herzog Friedrich selbst aber überzeugt war. Zweitens das Abzeichnen eines neuerlichen Aufbrechens eines Territorialkonfliktes in Schwaben, bei dem der König parteiisch auf der Seite eines Gegners des Schwabenherzogs mit Recht vermutet werden kann. Drittens eine emotionale Komponente durch den forcierten „Verrat" des Bündnispartners Herzog Friedrichs II. von Schwaben.

2.3. Territorialkonflikte

Schon wenige Monate nach der gescheiterten Königswahl Friedrichs II. von Schwaben spitzte sich die Lage zu. König Lothar forderte Ende des Jahres 1125 von Herzog Friedrich die Herausgabe einiger Besitzungen, die er als Erbe Kaiser Heinrichs V. übernommen hatte, während Lothar III. sie offenbar als Reichsgut unter seiner Verfügungsgewalt wünschte. Nachdem der Schwabenherzog Verhandlungen darüber abgelehnt hatte, wurde er noch im Dezember 1125 auf dem Hoftag zu Straßburg gebannt. Im Januar 1126 beschloß Lothar III. einen Feldzug gegen den Herzog zur Achtvollstreckung. Erste Kämpfe 1126 führten für den König zu einem Fehlschlag und wurden erst 1127 wiederaufgenommen.[105] Mit der Gegenkönigserhebung Konrads, des Bruders Herzog Friedrichs II. am 18.12.1127 erhielten die Auseinandersetzungen schließlich eine andere Qualität.

Welcher Art waren die Auseinandersetzungen zwischen König und Fürst bis zum Gegenkönigtum Konrads? Basierten sie auf widerstreitenden Territorialansprüchen? Mit welcher Begründung wurden die Forderungen gestellt?

Leider sind die Quellen in diesem Punkt nicht so ergiebig wie bei der gescheiterten Königswahl. Allgemein wird in der Forschung angenommen, daß der erste Schritt von Lothar III. ausging, indem er sich durch das sogenannte Regensburger Weistum von den Fürsten das Besitzrecht des Reichsgutes als König zuerkennen ließ:[106]

> „Rege apud Radisponam in conventu principum inquirente, praedia iudicio proscriptorum a rege si iuste forifactoribus abiudicata fuerint, vel pro his quae regno attinent, commutata, utrum cedant [ditioni regiminis] vel proprietati regis: iudicatum, potius regiminis subiacere ditioni quam regis propietati."[107]

Aufgrund dieses auf dem Hoftag zu Regensburg (20. bis 27.11.1125) gefaßten Weistums soll König Lothar III. seine Forderungen nach Herausgabe des Reichsgutes durch strikte Trennung

---

[105] Petke 1984, S. 166f.; Schmidt 1987, S. 60. Die Bannung Friedrichs II. von Schwaben im Dezember 1125 ist nicht völlig gesichert, aber wahrscheinlich.
[106] vgl. Petke 1984, S. 166; Crone 1982, S. 115; Wadle 1969, S. 54-56
[107] Annales S. Disibodi, MGH SS 17, S. 23, a.a. 1125

von Haus- und Reichsgut rechtlich abgestützt und sein Vorgehen gegen Friedrich von Schwaben legitimiert haben.

Mit dem Weistum gibt es aber einige Schwierigkeiten: Zunächst muß geklärt werden, was Reichsgut eigentlich ist. Wadle definiert Reichsgut zur Zeit Lothars III. als Gesamtheit des königlichen Grundbesitzes.[108] Eine Teilung innerhalb des Reichsgutes ist am besten zwischen mittelbarem und unmittelbarem Reichsgut zu ziehen.[109] Zum mittelbaren Reichsgut zählte das Reichskirchengut und das Reichslehngut, zum unmittelbaren Reichsgut die Eigenwirtschaften des Königs (Regiegut, Domänen und Fiskalbesitz),[110] Tafelgüter,[111] Reichsministerialgüter (Lehn- und Allodgüter)[112] und die Güter der niederen Reichskirchen.[113] Aus dieser Definition ergibt sich für die These von der Trennung von Haus- und Reichsgut unter gleichzeitiger Annahme, daß Lothar III. das Reichsgut gänzlich zurückforderte, die Konsequenz, daß er auch das Reichslehngut eingefordert habe und damit letztlich das Herzogtum Schwaben zurückforderte.[114] Davon kann jedoch nicht die Rede sein, da sich

---

[108] Wadle (1969, S. 23) empfiehlt, gerichtliche und finanzielle Hoheitsrechte, die sich ebenfalls in Besitz des Königs befanden, nicht unter dem Begriff „Reichsgut" zu subsumieren.

[109] entgegen der weitverbreiteten Dreiteilung: Reichskirchengut, Reichslehngut und Königsgut; Wadle 1969, S. 24f.

[110] Die Eigenwirtschaften wurden von unfreien Bauern und Gesinde bewirtschaftet. Es ist fraglich, ob im 12. Jahrhundert von dieser Besitzform noch ein nennenswerter Umfang vorhanden war. Wadle 1969, S. 26

[111] An dem Land hing die Verpflichtung zum servitium regis. Dabei ist es gleichgültig, in wessen Hand das Land war, z.B. Ministeriale, Kirche. Wadle 1969, S. 26

[112] Dem Land haftete die Leistungspflicht der „Königsfreien" oder „Königszinser" an. Wadle 1969, S. 26

[113] Wadle (1969, S. 27) unterscheidet sie deshalb vom Reichskirchengut, weil diese Güter, anders als bei Reichsbistümern und reichsunmittelbaren Klöstern, noch zur Zeit von Friedrich Barbarossa an Bischofskirchen übertragen werden konnten.

[114] Faußner (1973, S. 423) weist ebenfalls daraufhin, daß durch das Regensburger Weistum nicht zwischen Reichs- und Hausgut getrennt wurde, da Reichsgut terminologisch der Oberbegriff ist. Er empfiehlt von Scheidung von Haus- und Königsgut zu sprechen. Faußner nimmt ebd. auch an, daß der Chronist von Disibodenberg in Rechtsangelegenheiten wenig bewan-

davon nichts in den Quellen findet. Das Weistum selbst erhebt auch keine solche Forderung. Es regelte lediglich die Frage, ob der König den Eigentumsstatus von konfiszierten Erbgüter von Geächteten unter Entschädigung für das Reich selbst in Besitz nehmen durfte oder nicht. Denkbar ist aus diesem Grund nur, daß, sofern das Weistum auch gegen Herzog Friedrich II. von Schwaben gerichtet war, Lothar III. die Auslieferung von ehemaligen Konfiskationsgütern, die noch zur Zeit Heinrichs V. dem Eigenbesitz des Königs zugeschlagen worden war, forderte.

Aufschluß über den Umfang der Forderungen müssen andere Quellen geben. Der Annalista Saxo schreibt rund 30 Jahre später:

> „Fridericus namque dux Suevorum et frater eius Conradus, Heinrici inperatoris consobrini, ipso adhuc superstite voluntatis sue libertate male potiti, Heinrico inperatore decendente, **plurima castella et multa alia regii iuris sibi vendicantes**, temeraria postestate sub principatus sui conditionem hereditario iure usurpaverunt, [...]"[115]

Der Annalista Saxo schätzte den Streitwert als recht hoch ein. Viele Burgen und Rechte des Königs seien usurpiert worden.[116]

In anderen Quellen wird zwar nicht von Ansprüchen, die Friedrich von Schwaben stellte und von Lothar III. bestritten wurden, gesprochen, der Beginn der Auseinandersetzungen weist aber auf die Ansprüche hin: Berthold von Zwiefalten spricht von einer Besetzung

---

dert war und das Weistum eigentlich aus zwei Fragen bestand: 1. Frage: „Soll über konfiszierten Besitz durch Weitergabe im Tauschwege verfügt werden oder der konfiszierte Besitz in der Gewere des Königs belassen bleiben." 1. Antwort: Der konfiszierte Besitz soll in der Gewere des Königs belassen bleiben. 2. Frage: „Soll der konfiszierte Besitz dem König persönlich zu Nutz und Gewere zur Verfügung stehen oder unter der Verwaltung des Reichsregiments verbleiben." 2. Antwort: „Besser beim Reichsregiment zu belassen."

[115] Annalista Saxo, MGH SS 6, S. 765, z. 27-31, a.a. 1127

[116] Faußner (1973, S. 420, Anm. 89) wendet dagegen ein, daß der Annalista aus dem Abstand von 30 Jahren heraus auf der Basis der Rechtsanschauung der Fünfziger Jahre schrieb, die sich von den Zwanziger Jahre so sehr unterschieden, daß von „usurpare" nicht die Rede sein könne. Zusätzlich sei er als Geistlicher allgemein gegen das Erbrecht und als Sachse gegen die Staufer eingestellt gewesen.

Worms und der Belagerung einiger Burgen durch Herzog Friedrich II. von Schwaben.[117] Zur geographischen Einordnung der umstrittenen Güter ist die Quellenlage noch schlechter. Nirgends findet sich eine Angabe, wo sich die umstrittenen Güter befanden. In der Forschung wird allgemein angenommen, daß es sich um Güter in Schwaben und Franken handelte.[118] In anderen Teilen des Reiches hatte Friedrich von Schwaben keinen entsprechenden Rückhalt, verstreute Königsgüter gegen Lothar III. zu halten. Für Auseinandersetzungen außerhalb des schwäbisch-fränkischen Raumes findet sich auch keine Quelle. Die bedeutendsten Königsgüter beim Tode Heinrichs V. befanden sich auch im elsässischen und rheinfränkischen Raum.[119] Im östlichen Franken war unter den Saliern ein Machtzentrum mit Nürnberg als Gegengewicht zu den Reichsbistümern Würzburg und Bamberg organisiert worden.[120] In anderen Teilen Deutschlands war das Königsgut weitgehend verloren gegangen: So gab es in Althessen nur

---

[117] Bertholdi Zwifaltensis chronicon (König/Müller), c. 30, S. 232: „Fridericus de Stoufe, dux Suevorum, nimis indignans, quod post Heinrici mortem imperatoris, avunculi sui, factione Adalberti Magontiensis episcopi regnum ab eo ad Lotharium Saxonicum ducem esset translatum, totis viribus rebellare disponens, **insurrexit contra eundem Lotharium, Spirensem civitatem dolo obtinuit, nonnulla castella bellando occupavit**, Counradum fratrem suum regem constituit." Vgl., daß Otto von Freising in seiner Chronik von Erbauseinandersetzung nichts zu berichten weiß: „Hic per omnia progeniem imperatoris Heinrici humiliavit, ut plane iusto Dei iudicio, sicut in libro Regnorum habes, ex peccatis ac prevaricatione patrum semen ipsorum affligi videretur. Unde gravis dissensio regni in multos annos protracta plurimos in anima et corpore periclitari fecit. Predicti enim Fridericus et Conradus iuvenes, sororii Heinrici imperatoris, dum se viderent opprimi, in quantum poterant, reniti conabantur." Ottonis episcopi Frisingensis chronica sive historia de duabus civitatibus, MGH SS RG [45], l. 7, c. 17, S. 333f.

[118] Werle 1962, S. 241f; Büttner 1963, S. 6; Wadle 1969, S. 54f.; Giese 1978, S. 203

[119] Ottonis et Rahewini gesta Friderici I. imperatoris, MGH SS RG [46], l. 1, c. 12, S. 28: „ipse [Fridericus] enim de Alemannia in Galliam transmisso Rheno se recipiens **totam provinciam a Basilea usque Maguntiam, ubi maxima vis regni esse noscitur**, paulatim ad suam inclinavit voluntatem." Siehe auch Wadle 1969, S. 32f. Rheinfranken umschließt den nördlichen Teil der oberrheinischen Tiefebene und seine Randgebiete.

[120] Kernpunkte waren Nürnberg, Schwabach, Weißenburg und Neumarkt. Wadle 1969, S. 36

mehr Streugut und kleinere Ansammlungen. Im schwäbisch-alemannischen Raum war das Königsgut nahezu ohne Bedeutung. In Bayern hatten die Salier nur geringes Interesse am Reichsgut gezeigt. Im sächsisch-thüringischen Raum war seit der Ottonenzeit das ehemals reiche Königsgut sehr zusammengeschrumpft. Am Niederrhein und der Mosel waren nur die alten Kaiserpfalzen Aachen, Kaiserswerth und Nimwegen ansehnlich ausgestattet. Der Ausbau der drei Erzstifte Köln, Mainz und Trier hatte keinen Raum mehr für ein starkes Königsland in diesem Gebiet gelassen. In Westfalen waren nur mehr Dortmund und umliegende Höfe in der Hand des Königs.[121] Aber eben Elsaß und Franken, Gebiete, die in Verbindung mit dem staufischen Hausgut standen, hatte mehr der Neffe des Kaisers in den Jahren 1116 bis 1118, als der Kaiser selbst organisiert.[122] Der Ausbau der Königslandschaft war in den Kampfjahren mittels Gewalt und wohl rechtlich abgesichert durch das probate Mittel der Konfiskation nach Ächtung der Besitzer zustande gebracht worden.[123] Aus dieser Zeit stammt der Ausdruck Ottos von Freising, daß Herzog Friedrich an seinem Pferd stets eine Burg hinterherzog.[124] Da die eroberten Gebiete aber in Verbindung mit dem staufischen Machtzentrum standen, hatte Friedrich II. von Schwaben durchaus auch ein Eigeninteresse an den Gebieten: Dienst für den König und Hausinteresse waren vermischt.[125] Aus diesem Grund richtete sich das Regensburger Weistum sehr wohl gegen die Territorialinteressen Friedrichs von Schwaben, da so die als Königsgüter erworbenen Gebiete seiner Macht wieder entzogen

---

[121] zum Königsland insgesamt zum Zeitpunkt des Todes Heinrichs V. siehe Wadle 1969, S. 32-42
[122] Werle 1962, S. 246; Wadle 1969, S. 64
[123] Während der Abwesenheit des Kaisers führte ja Friedrich von Schwaben zusammen mit Gottfried von Calw die Reichsverweserschaft. Der Herzog trat damit mit dem Anspruch auf, die königliche Autorität wiederherzustellen. Gegner ließen sich deshalb leicht ächten.
[124] Ottonis et Rahewini gesta Friderici I. imperatoris, MGH SS RG [46], I. 1, c. 12, S. 28: „Dux Fridericus in cauda equi sui semper trahit castrum."
[125] Heuermann 1939, S. 54; Werle 1962, S. 246; Wadle 1969, S. 64

werden sollten. Dazu kam noch die Schwierigkeit, daß sich Königs- und Hausgüter in Gemengelage befanden, die eine Trennung komplizierte.[126] Für Lothar III. bedeutete die Forderung nach Auslieferung der in staufischer Hand behaltenen Güter sowohl die Stärkung seines eigenen Königtums in der Mitte des Reiches, als auch die rechtlich abgesicherte Schwächung des Schwabenherzogs. Friedrich II. aber hatte den Gebietsausbau für den König und sich selbst als Mitglied der Königsfamilie betrieben. Durch die Wahl Lothars III. zum König wurde aber der weitere Besitz der Königsgüter für ihn rechtlich problematisch. Aus seiner Sicht hatte jedoch *er* und nicht Heinrich V. die Gebiete erobert. Es war *seiner* eigenen Tüchtigkeit zuzurechnen gewesen, daß sie überhaupt Königsgüter geworden waren. Die Anstrengungen von Jahren wollte er nicht einfach aufgeben. Dahinein spielt auch, daß der Besitz der Güter einen Bestandteil der Grundlage für ein mögliches Königtum der Staufer bildete.

2.4. Der staufische Königsanspruch

Am 18.12.1127 wurde Konrad, der Bruder Herzog Friedrichs II. von Schwaben von schwäbischen und fränkischen Anhängern zu Neuenburg (Rothenburg) zum König gegen Lothar III. erhoben.[127] Konrad war erst im Sommer von seiner Pilgerfahrt nach Jerusalem zurückgekehrt.[128] Zur Jahreswende 1127/28 erklärten auf dem Hoftag zu Würzburg die dort versammelten Bischöfe den Kirchenbann über Konrad mit der Begründung, daß er invasor regni sei.[129] Dar-

---

[126] Wadle 1969, S. 54f.; Giese 1978, S. 203; Petke 1984, S. 166
[127] Petke 1984, S. 168; Kaiserchronik eines Regensburger Geistlichen, MGH DC 1.1, v. 17046f., S. 388: „da ze Niwenburch huoben si den werren."
[128] Giese 1978, S. 203
[129] UB Mainz, I, Nr. 555 (1128), S. 468: „Excommunicationem, quam communicato fratrum et principum consilio in **invasorem regni** fecimus, iam dudum fraternitati vestrae per litteras nostras significamus." In dem Schriftstück fordert Erzbischof Adalbert I. von Mainz zum zweiten Mal Bischof Otto von Freising auf, die Exkommunikation Konrads III. zu verkünden.

aufhin wurde er geächtet.[130] Im April 1128 exkommunizierte ihn auch Papst Honorius II.[131] Erst im Juni 1128 kam Lothar III. nach Süddeutschland, aber Konrad war inzwischen nach Italien ausgewichen.[132] Am 29.8.1128 ließ er sich in Monza zum König der Langobarden krönen. Wenige Tage darauf wurde die Zeremonie in Mailand wiederholt.[133] Konrad mißlang es aber, eine feste Machtbasis in Italien aufzubauen: Die Mathildischen Güter konnte er als Erbe Heinrichs V. nicht in Besitz nehmen. Nachdem er anfänglich einige italienische Adelige auf seine Seite bringen konnte, zog er sich 1129 aus Mailand nach Parma zurück, wo er in beschränkten Verhältnissen lebte.[134] Wahrscheinlich im Frühjahr 1130 kehrte er nach Deutschland zurück.[135]

Inzwischen war der Kampf gegen Lothar III. schlecht verlaufen. Der König, unterstützt durch Heinrich den Stolzen, Erzbischof Adalbert I. von Mainz und Herzog Sobeslaw von Böhmen, hatte Speyer nach harten Kämpfen nehmen können.[136] Kurz darauf fiel auch Nürnberg, der zweite wichtige Schauplatz der Auseinandersetzungen, in die Hand des Königs.[137] 1131 schließlich schloß Lothar III. den Feldzug im Elsaß ab, womit die Macht der staufischen Brüder

---

[130] Kaiserchronik eines Regensburger Geistlichen, MGH DC 1.1, v. 17063, S. 389
[131] Giese 1978, S. 203; Petke 1984, S. 168
[132] Giese 1978, S. 203
[133] Landulphi Junioris sive de S. Paulo historia Mediolanensis, RIS 5.3, c. 53, S. 34; vgl. Giese 1978, S. 204
[134] Codex Udalrici Babenbergensis, BRG 5, Nr. 238 (1129), S. 416 (Brief von Bischof Litfred von Novara an König Lothar III.): „Conradus autem Mediolanensium idolum, ab eis tamen relictum, quasi errepta fuga, solum Parmae habet refugium, **ubi tam pauper tamque paucis stipatus viliter moratur**, quod ab uno loco ad alium vix fama eius extenditur."
[135] Giese 1978, S. 206
[136] 1128 hatte Friedrich von Schwaben Speyer genommen, aber im November desselben Jahres wieder verloren. 1129 eroberte der Schwabenherzog die Stadt erneut. Im Januar 1130 fiel die Stadt endgültig in königliche Hand. Petke 1984, S. 166-168
[137] Giese 1978, S. 206

wieder auf die schwäbischen Stammlande beschränkt war.[138] Daraufhin zog Lothar III. zunächst nach Italien zur Kaiserkrönung. Im Spätsommer 1134 unternahm er zusammen mit Heinrich dem Stolzen einen vernichtenden Feldzug gegen Friedrich von Schwaben: Das starkbefestigte Ulm fiel in bayerische Hand.[139] Dies war das Ende des Gegenkönigtums Konrads: Am 17.5.1135 söhnte sich Herzog Friedrich II. von Schwaben mit Kaiser Lothar III. in Bamberg aus. Ende September 1135 unterwarf sich auch Konrad in Mühlhausen/Thüringen und erlangte die Gnade des Kaisers.[140]

In der Fragestellung nach den Konfliktlinien ist von Interesse, womit Konrad sein Königtum begründete. Ist es aus einer Erbrechtsanschauung motiviert gewesen oder spielten machtpolitische Faktoren eine Rolle?

Zunächst scheint es sonderbar, daß Konrad und nicht Friedrich zum König erhoben wurde. Dies hat eine Reihe von Spekulationen ausgelöst. Geldner vertrat die These, daß er bereits in seiner Abwesenheit zum König bestimmt wurde. Er sollte die Kaiserwitwe Mathilde heiraten, um den Anspruch auf den Thron zu sichern. Dementsprechend war die Reichsinsignienübergabe an Mathilde als Designation gedacht. Mathilde verließ aber das Reich nach einem Jahr, nachdem Konrad noch immer nicht zurückgekehrt war. Während seiner Rückreise sandte er aber Boten von Italien und Lothringen aus nach England, um sie zur Rückkehr zu bewegen.[141] Da aber Konrad bereits mit Beatrix (Gertrud), einer Tochter des Grafen von Comburg, verheiratet war,[142] muß eine Anspruchssicherung Konrads auf den Thron auf diesem Weg ausscheiden.

---

[138] Petke 1984, S. 168
[139] Annales Erphesfurtenses Lothariani, MGH SS RG [42], S. 41, a.a. 1134; Annalista Saxo, MGH SS 6, S. 769, a.a. 1134
[140] Giese 1978, S. 207; Petke 1984, S. 169; Crone 1982, S. 61
[141] Geldner 1977, SS. 8f., 14-17 mit Quellenangaben
[142] Beatrix ist als Person kaum greifbar. Schmidt 1987, S. 41f. Konrad III. war mit Gertrud von Sulzbach erst in zweiter Ehe verheiratet.

Der Byzantiner Ioannes Kinnamos weiß zu berichtet, daß Friedrich von Schwaben ein Auge fehlte.[143] Daraus wurde in der Forschung die Erklärung abgeleitet, daß er deshalb seinem Bruder bei der Wahl den Vortritt ließ. Obwohl die Einäugigkeit bei den Vorgängen von 1138 berichtet wird, steht sie in keinem kausalen Zusammenhang mit der Königsfähigkeit Friedrichs von Schwaben. Die Bemerkung steht auch nur in einem eingeschobenen Nebensatz. Daher ist es unerheblich, daß im byzantinischen Raum die Vorstellung der Unversehrtheit als Bedingung zur Königsfähigkeit existierte. Räumlich und zeitlich nahe Quellen sehen nämlich in der Behinderung kein Problem. Die Einäugigkeit wird dort nicht einmal erwähnt.[144]

Bernhardi nimmt an, daß Friedrich II. von Schwaben durch seinen Treueid auf Lothar III. von 1125 gebunden war.[145] Auch wurde das Königtum Konrads als Zugeständnis der Staufer an die anderen Fürsten gesehen. Da nicht der Herzog von Schwaben König wurde, hatte das „staufische" Königtum keine so gefestigte Machtgrundlage.[146] In der neueren Forschung wurde auch betont, daß offenbar lediglich Konrad Neigung zum Gegenkönigtum hatte.[147] Es finden sich jedoch auch einige nahe Quellen, die Friedrich von Schwaben als die treibende Kraft hinter der Königserhebung Konrads beschreiben.[148]

---

[143] Ioannis Cinnami epitome rerum ab Ioanne et Alexio Comnenis gestarum, CSHB 15, I. 2, c. 20, S. 89: „Lothario non multo post extincto, cum sors cecidisset super maiorem natu, patrem nimirum Frederici, **altero orbatum lumine**, pro se Conradum fratrem ipse assumpsit, pollicitum iuramento prius imperium ad Fredericum filium, ubi et ipse vita concessisset, transmissurum." (lateinische Übersetzung des griechischen Originals)

[144] In der Forschung wurde die Äußerung als unrichtig abgetan unter der Annahme, sie stehe kausal damit in Zusammenhang, warum Friedrich von Schwaben seinem jüngeren Bruder den Vortritt ließ; vgl. Schmidt 1987, S. 62 und ebd. Anm. 10

[145] Bernhardi 1879, S. 140

[146] vgl. Schmidt 1987, S. 62 mit älterer Literatur

[147] Reuling 1979, S. 174, Anm. 283

[148] Schmidt 1987, S. 62, Anm. 14. Zu diesen Quellen siehe Anm. 156, S. 57

Auf die Frage nach einem legitimen Anspruch Konrads auf das Königtum findet sich ein fast durchgängig vernichtendes Urteil in den Quellen. Die Königserhebung wird als Tyrannei, Usurpation und Aufstand verurteilt. Dies gilt für sächsische Quellen, die Lothar III. nahe stehen,[149] wie auch für andere.[150] Einzig Landulf von San

---

[149] Annales Magdeburgenses, MGH SS 16, S. 183, a.a. 1127: „Eodem anno 15. Kal. Ianuarii Cuonradus, frater Friderici ducis Suavorum, regium nomen, machinantibus quibusdam principibus, **tirannice sibi imposuit;**" ebd. a.a. 1128: „Conradus **falso nomine rex** [...]." Annales Palidenses auctore Theodoro monacho, MGH SS 16, S. 78, a.a. 1127: „Conradus, frater Friderici ducis **regni repugnat.**" Annales Patherbrunnenses (Scheffer-Boichorst), S. 151, a.a. 1128: „Rex natalem domini Wirciburg celebrat; ibi sinistro rumore percellitur: Cuonradum scilicet, fratrem Fritherici ducis Alsatiae, **regium nomen usurpasse.**" Annales Pegavienses et Bosovienses, MGH SS 16, S. 255, a.a. 1127: „Unde et Cuonradus idem nimium inflatus superbia **contra ius fasque regium sibi nomen usurpat.**" ebd. S. 257, z. 49f., a.a. 1138: „indictione prima, Cuonradus, Friderici ducis Suevorum germanus, qui antea quoque **regium sibi nomen usurpaverat** [...]" Annalista Saxo, MGH SS 6, S. 765, z. 40f., a.a. 1128: „Rex natale Domini Wirceburh celebrat, ibique sinistro rumore percellitur, Conradum, fratrem Friderici ducis Alsacie, **regium nomen usurpasse.**" ebd. z. 44: „Conradus **falso nomine rex** [...]" Annales Erphesfurtenses Lothariani, MGH SS RG [42], S. 42: „Rursum imperator curiam [...] habuit, ubi Cunradus, frater Friderici ducis, qui sibi **nomen regium usurpavit**, gratiam imperatoris acquisivit." Helmoldi presbyteri Bozoviensis chronica Slavorum, MGH SS RG [32], l. 1, c. 41, S. 83: „Indignati autem Francigenae virum Saxonum elevatum in regnum conati sunt **alium suscitare regem**, Conradum videlicet, consobrinum Heinrici caesaris."

[150] Chronicon Elwacense, MGH SS 10, S. 36, a.a. 1128: „Cunradus contra Liutherum **regem insurgit**, et terrae motus magnus factus est." Chronicon S. Andreae castri Cameracesii, MGH SS 7, S. 547: „Cumque cognati eius Conradus et Fredericus **hereditarie regnum sibi vellent usurpare**, congregati principes terrae, relictis illis, quendam ducem Saxonie Lutharium nomine ad imperii dignitatem promovere." Annales S. Pauli Virdunensis, MGH SS 16, S. 501, a.a. 1127: „Cunrardus **regnum invasit**, unde excommunicatus est ipse et frater eius dux Fridericus." Annales Ratisbonenses, MGH SS 17, S. 585, a.a. 1127: „Cuonradus frater Friderici **invadit regnum.**" Annales Spirenses, MGH SS 17, S. 82: „Post hunc successit Lutherus Saxo grandevus quia filiis caruit, et oppressit genealoyam Karoli. **Contra quem erexit** se Conradus dux de Rothinburc, filius filie imperatoris Heinrici." Annales Zwifaltenses minores, MGH SS 10, S. 55, a.a. 1127: „Cuonradus **regnum invasit.**" Annales Zwifaltenses maiores, MGH SS 10, S. 55, a.a. 1127: „Counradus III. **surgit** contra Lotharium regem." Cosmae chronicae Boemorum canonici Wissegradensis continuatio, MGH SS 9, S. 133: „Bawari vero et Swevi **furore et indignatione** accensi, ducem Conradum sibi in regem constituerunt, sicque novissimum errorem priore peiorem, proh dolor! in regem effecerunt." Chronica collecta a Magno Presbytero, MGH SS 17, S. 492: „Illis diebus Chuonradus postmodum rex,

Paolo beurteilt (zumindest anfänglich) das Königtum Konrads positiv.[151] Otto von Freising begründet das Gegenkönigtum Konrads zwar mit dem Versuch Lothars III., die Nachkommen Heinrichs V. zu erniedrigen, rechtfertigt es aber nicht:

„Hic per omnia progeniem imperatoris Heinrici humiliavit [...]. Predicti enim Fredericus et Conradus iuvenes, sororii Heinrici imperatoris, dum se viderent opprimi, in quantum poterant, reniti conabantur. Ob quam causam a summo pontifice Honorio, qui Kalixto successerat, excommunicantur. Porro Conradus a fratre ac quibusdam aliis rex creatus Pyreneum per iugum Septimi montis, qua Rhenus et Enus fluvii oriuntur, transcendit."[152]

Auch die allerdings erst im 13. und 14. Jahrhundert abgefaßten Speyrer Annalen begründen den Aufstand Konrads mit der Verfol-

---

tunc autem **tyrannide assumpta** contra Lotharium regem, quem principes communi decreto sibi regem fecerant, se regem haberi voluit." Chronica regia Coloniensis, MGH SS RG [18], S. 65, a.a. 1128, Rec. 1: „Ibi sinistro rumore percellitur, scilicet Cunradum, fratrem Friderici ducis Alsaciae, **regium nomen usurpasse.**" Rec. 2: „[...] ubi sinistro rumore percellitur, scilicet Cunradum, fratrem Friderici ducis Alsaciae, **regium nomen usurpasse.**" Gestarum Treverorum additamentum et continuatio prima, MGH SS 8, c. 27, S. 199, z. 21-23: „[...] cum ecce Fredericus dux Alamannorum, eiusdem Heinrici imperatoris ex sorore nepos, **facta conspiracione** cum quibusdam iusticiae inimicis, fratrem suum Cuonradum regno substituit [...]"

[151] Landulphi Junioris sive de S. Paulo historia Mediolanensis, RIS 5.3, c. 53, S. 33: „Anselmus [archiepiscopus Mediolanensis], in castelis habitans, intelexit, quod clerus et populus Mediolanensis nobilem principem Conradum cum ecclestica pompa et civili triumpho, conveniente **regi naturali**, suscepit." Siehe auch A. 2.2.1, S. 17. Landulf von San Paolo bezieht sich auf die Erhebung Konrads zum Langobardenkönig. Eine Aussage zur Rechtsanschauung in Deutschland ist deshalb nicht getroffen.

[152] Ottonis episcopi Frisingensis chronica sive historia de duabus civitatibus, MGH SS RG [45], l. 7, c. 17, S. 333f., zz. 17-24, 1-5; vgl. auch ebd. c. 24, S. 347: „Ecce enim Heinrico imperatore mortuo consanguinei eius, qui tunc in regno precipui nominis et quasi regii culminis per hoc securi erant, non solum ad regnum non eliguntur, sed et a posito super se rege plurimum affliguntur et conculcantur." In der Gesta Friderici findet sich die Formulierung: „Nam predictus princeps [Lotharius] consilio eiusdem Alberti Maguntini episcopi, iuxta quod eiusdem: Non missura cutem nisi plena cruoris hirudo, nondum **odio in heredes imperatoris Heinrici** saciati, Fridericum ducem fratremque suum Conradum **persequitur.**" Ottonis et Rahewini gesta Friderici I. imperatoris, MGH SS RG [46], l. 1, c. 17, S. 31. Dazu als Überschrift für Kapitel 17: „Lotharius dux Saxonum eligitur, qui mox **heredes Heinrici persequitur**, et Noricum castrum ab ipso obsidione cingitur." Ottonis et Rahewini gesta Friderici I. imperatoris, MGH SS RG [46], l. 1, c. 17, S. 6

gung durch Lothar III., der gegen das Geschlecht der Karolinger (!) vorging:

„Post hunc successit Lutherus Saxo grandevus quia filiis caruit, et **oppressit genealoyam Karoli**. Contra quem erexit se Conradus dux de Rothinburc, filius filie imperatoris Heinrici."[153]

Aus dem Quellenbefund geht klar hervor, daß Konrad so wenig wie sein Bruder einen Rechtsanspruch auf den Thron geltend machen konnte.[154] Wie begründete aber Konrad sein Königtum vor seinen Wählern?

Über den Kreis der Königswähler ist fast nichts bekannt. Es handelte sich wohl ausschließlich um Adelige aus Schwaben und Franken,[155] also aus Gebieten, in denen Herzog Friedrich II. von Schwaben die Macht ausübte. Aus einigen Quellen geht auch her-

---

[153] Annales Spirenses, MGH SS 17, S. 82. Zu den Speyrern Annalen siehe Wattenbach/Schmale, Geschichtsquellen, S. 128

[154] Allerdings erklärt die Gemblouxenser Fortsetzung der Chronik Sigeberts von Gembloux, die spätestens 1146 niedergeschrieben worden ist, daß Konrad III. 1138 deshalb zum König gewählt worden sei, damit nicht noch einmal jemand aus nichtköniglicher Familie herrsche. Sigeberti Gemblacensis chronicae continuatio Gemblacensis, MGH SS 6, S. 386, a.a. 1138: „Post mortem regis Lotharii, non ferentes principes Teutonici regni, aliquem **extraneum a stirpe regia** sibi dominari, regem constituerunt sibi Cunradum, virum regii generis. Erat quippe ex sorore nepos Heinrici quinti regis, quarti imperatoris huius nominis." Vgl. Schmidt 1987, S. 86; Hechberger 1996, S. 132. Da sich allerdings die Quelle auf die Vorgänge von 1138 bezieht, liegt es nahe, daß, sofern Konrad einen Erbanspruch geltend machen konnte, dieser hinter dem Recht Lothars III. als gewählter König zurückstand.

[155] Der böhmische Kanoniker Vysehrad führt Bayern (!) und Schwaben als Königswähler an: „**Bawari vero et Swevi** furore et indignatione accensi, ducem Conradum sibi in regem constituerunt, sicque novissimum errorem priore peiorem, proh dolor! in regem effecerunt." Cosmae chronicae Boemorum canonici Wissegradensis continuatio, MGH SS 9, S. 133. Der Zeitgenosse Honorius von Autun nennt nur Schwaben als Königswähler: „Counradus frater ducis Friderici **a Swevis** rex elevatur." Ex Honorii Augustodunensis summa totius et imagine mundi cum septem continuationibus, MGH SS 10, S. 131, a.a. 1125. Die Vorgänge bei der Gegenkönigserhebung sind nicht im einzelnen überliefert. Schmidt (1987, S. 60f.) vermutet, daß eine formale Wahl und eine weltliche Erhebung gewiß stattgefunden habe, ebenso wie eine Krönung — von der ebenfalls in den Quellen nichts zu finden ist — um dem Königtum Konrads möglichst viel Legitimität zu verleihen.

vor, daß der Schwabenherzog die treibende Kraft war.[156] Die Partei Konrads scheint deshalb in Abhängigkeit von Friedrich von Schwaben gestanden zu haben. Eine rechtlich einwandfreie Argumentation muß vor einem solchen Kreis nicht unbedingt vorauszusetzen sein. Für die Durchsetzung des Königtums im gesamten Reich ist die Rechtfertigung jedoch entscheidend. Ein Widerstandsrecht im Stile Rudolfs von Rheinfelden von 1077 konnte Konrad nicht anführen, da Lothar III. mit der Kirche nicht zerfallen war.[157] Die Motivation aus einer Bedrückung durch Lothar III., wie es Otto von Freising und die Speyrer Annalen ausdrücken, hätte eine Fehde gegen den König gerechtfertigt, nicht aber eine Gegenkönigserhebung.[158] Als einzige Begründung bleibt, daß die Neffen Heinrichs V. nach wie vor ein Erbrecht geltend machten.

Die Wahl Konrads und nicht Friedrichs fügt sich darin problemlos ein. Friedrich von Schwaben mag sich an seinen Treueid auf Lothar III. gebunden gefühlt haben oder nicht,[159] ausschlaggebender war, daß er 1125 als Kandidat durchgefallen war. Sein Königtum hatte weitaus geringere Chancen darauf, von anderen Fürsten anerkannt zu werden. Da er schließlich bereits einmal von einer großen Anzahl von Fürsten abgelehnt worden war, war deren Parteinahme für ihn zwei Jahre später kaum wahrscheinlich. Die Zustimmung der Fürsten war aber entscheidend zur Durchsetzung

---

[156] Bertholdi Zwifaltensis chronicon (König/Müller), c. 30, S. 232: „Fridericus [...] Cuonradum fratrem suum regem constituit." Gestarum Treverorum additamentum et continuatio prima, MGH SS 8, c. 27, S. 199, z. 21-23: „[...] cum ecce Fredericus dux Alamannorum, eiusdem Heinrici imperatoris ex sorore nepos, facta conspiracione cum quibusdam iusticiae inimicis, fratrem suum Cuonradum regno substituit [...]" Ottonis episcopi Frisingensis chronica sive historia de duabus civitatibus, MGH SS RG [45], I. 7, c. 17, S. 334, z. 3f.: „Porro Conradus a fratre ac quibusdam aliis rex creatus [...]."

[157] Giese 1978, S. 218

[158] Die Fehde galt als legitimes Mittel der politischen Auseinandersetzung auch zwischen Fürsten und König. Die Fürsten beanspruchten zu allen Zeiten ein Widerstandsrecht, das bis zur physischen Beseitigung des rex iniquus reichen konnte. Althoff 1992, S. 331

[159] Wenn er beklagen konnte, daß der König sein ihm zustehendes Recht verweigert habe, war auch der Treueid hinfällig.

des Königtums. Die Geltendmachung eines Erbrechts reichte allein nicht aus. Folgerichtig nahm Konrad den Platz Friedrichs ein. An ihm haftete nicht der Makel, bereits einmal bei einer Königswahl durchgefallen zu sein.[160]

2.4.1. Territorialkonflikt als Konflikt um das Königtum?

Die Königserhebung Konrads war eine wichtige Waffe gegen das Regensburger Weistum: Die Unterscheidung von Königs- und Hausgut wurde sinnlos.[161] Faußner und Wadle vertreten die These, daß die Territorialauseinandersetzungen überhaupt nur die vorgeschobenen Konfliktlinien waren, auf denen der Kampf um das Königtum tobte.[162] Faußner sieht dies darin begründet, auf welche Weise der Ausgleich schließlich 1135 gefunden wurde.[163] Friedrich von Schwaben mußte sich neben der Anerkennung des Königtums Lothars III. offenbar lediglich zur Unterstützung des Kaisers bei der nächsten Italienfahrt verpflichten.[164] Bußleistungen sind keine be-

---

[160] Man muß auch bedenken, daß die Vorstellung bestand, daß bei der Königswahl der Heilige Geist wirkte. Dies bedeutete in Konsequenz, daß Gott den Schwabenherzog 1125 verschmäht hatte. Auch für den Fall, daß Friedrich von Schwaben nicht fromm gewesen ist, mußte die christliche Zivilisation und Tradition einen Einfluß auf ihn ausgeübt haben. Es ist unbedingt notwendig, die geistige und weltanschauliche Prägung durch den Aspekt der religiösen Zivilisation im europäischen Mittelalter auch bei Laien zu berücksichtigen. Die Legitimität des Königs war religiös begründet. Laienfürsten standen beständig in engem Kontakt mit der Kirche und ihren Vertretern. Deren Beschäftigung mit Gott und der daraus gewonnenen Sichtweisen hatten große Wirkung auf die Laienwelt.

[161] Wadle 1969, S. 58f. Die staufischen Brüder waren theoretisch in der Lage, auch die Königsgüter in anderen Landesteilen zu fordern.

[162] Faußner 1973, S. 420. Wadle (1969, SS. 54, 58f.) nimmt an, daß Friedrich II. von Schwaben anfänglich Forderungen nach Erbrecht stellte ohne deutlich zu machen, ob er sich auf das Saliererbe schlechthin oder nur auf das Hausgut bezog. Mit der Königserhebung Konrads wurde der Königsanspruch deutlich.

[163] Faußner 1973, S. 424

[164] Eine Besitzrestitution bei Friedrich von Schwaben ist quellenmäßig zwar nicht zu belegen, es ist aber sehr wahrscheinlich, daß er dieselben Konditionen wie sein Bruder erhielt.

kannt.[165] Bei Konrad ist explizit gesagt, daß er seine Güter, die er zuvor besessen hatte, zurückerhielt. Nach der Unterwerfung wurde Konrad glanzvoll entlassen.[166] Allein Nürnberg wurde nicht zurückgegeben. Auch nach 1135 hielt Heinrich der Stolze die Stadt in seinem Besitz.[167] Dementsprechend scheint gar kein Territorialkonflikt, sondern lediglich ein Konflikt um die Königsherrschaft stattgefunden zu haben. Die Staufer wurden nicht aus Franken abgedrängt und erkannten im Gegenzug das Königtum Lothars III. an.[168]

Dagegen ist zu bedenken, daß der Konflikt bereits ein Jahrzehnt getobt und die gesamte Regierungszeit Lothars III. bis dahin überschattet hatte. Immerhin war es Lothar III. möglich gewesen, 1132/33 nach Italien zu ziehen und die Kaiserkrone zu erringen. Die beständigen Kämpfe im Süden des Reiches banden aber Kräfte, die andere Projekte kaum erlaubten.[169] Zur Beendigung des Papstschismas zwischen Innozenz II. und Anaklet II. war schließlich ein großer Feldzug gegen Roger II. von Sizilien notwendig,[170] der sich

---

[165] Die Erfurter Annalen berichten lediglich, daß Friedrich von Schwaben die Gnade des Kaisers gefunden habe: „Imperator media quadragesima generalem curiam Babenberg habuit, ubi **Fridericus Suevorum dux gratiam imperatoris acquisivit**, et ex sententia imperatoris et unanimi consensu principum pax esse decernitur decem annis per regnum universum, coniurantibus cunctis in id ipsum." Annales Erphesfurtenses Lothariani, MGH SS RG [42], S. 41, a.a. 1135

[166] Annales Erphesfurtenses Lothariani, MGH SS RG [42], S. 42, z. 32-38: „Rursum imperator curiam [...] habuit, ubi Cunradus, frater Friderici ducis, qui sibi nomen regium usurpavit, gratiam imperatoris acquisivit. Quem imperator benigne suscipiens, **omnia quae illius ante fuerant restituit**, regiis donis honoravit, ad propria **cum gloria redire** permisit." Ebenso Chronica S. Petri Erfordensis moderna, MGH SS RG [42], S. 172. Konrad nahm darauf an der Italienfahrt Lothars III. teil. Wadle 1969, S. 97

[167] Wadle 1969, S. 98f., auch ebd. Anm. 15

[168] so auch Werle 1962, S. 250

[169] In der Regierungszeit Heinrichs V. hatte Lothar als Herzog von Sachsen eine expansive Slawenpolitik betrieben. Vgl. Vogt 1959, S. 16; Stoob 1982, S. 355. Als König konnte er dies nicht fortsetzen. Zur Beruhigung der Grenze setzte er abhängige Lehenskönigtümer ein. Petke 1984, S. 171. 1114 hatte er Heinrich V. bei dessen Friesenzug unterstützt, an dem er persönlich Interesse gehabt hatte. Vogt 1959, S. 154, Reg. 25-28. Einen entsprechenden Zug konnte er als König nicht mehr durchführen.

[170] Petke 1984, S. 175

bei einem Weiterbestehen des Konflikts mit den Staufern verbot. Nach dem siegreichen Feldzug von 1134 ins Schwäbische hatte Lothar III. eine vorteilhafte Position erhalten, sein Königtum endlich durchzusetzen.

Bezüglich des Anspruchs Lothars III. auf die salischen Königsgüter im Einflußbereich der Staufer fand hier durch die Auseinandersetzungen eine Wandlung der Lage statt. Wichtigster Verbündeter Kaiser Lothars III. war Herzog Heinrich der Stolze von Bayern. Diesen mußte der Kaiser für seine Hilfe belohnen. Deshalb kam auch Nürnberg in *dessen* und nicht in königlichen Besitz. Lothar III. mußte sich im klaren sein, daß bei erfolgreicher Fortsetzung der Kämpfe lediglich Heinrich der Stolze seine Position ausgebaut hätte, indem weiteres Königsgut an den Bayernherzog gekommen wäre, ohne daß das Königtum selbst in seinem territorialen Bestand gestärkt worden wäre.

Daneben ist zu bedenken, daß das Interesse im Reich an den Auseinandersetzungen nachgelassen hatte. So beteiligte sich Erzbischof Adalbert I. von Mainz nicht mehr an den Kämpfen ab 1130. Bis dahin war er einer der aktivsten Verbündeten gewesen.[171] In den Dreißiger Jahren des 12. Jahrhunderts kam es zu einer Annäherung an Herzog Friedrich II. von Schwaben: Nach dem Tode seiner Gat-

---

[171] vgl. die Teilnahme gegen Friedrich von Schwaben beim ersten Feldzug Lothars III. 1126. Diplomata Lotharii III., MGH DD 8, Nr. 10 (4.11.1126), S. 12, z. 42f.; vgl. Crone 1982, S. 48. Dagegen Speer (1983, S. 90), der eine Teilnahme des Mainzers für nicht belegbar hält. 1128 unterstützte er die Rückeroberung Speyers. Diplomata Lotharii III., MGH DD 8, Nr. 14 (27.12.1128), S. 17, z. 31; Böhmer/Will, Regesten, I, S. 287, Reg. 203; Ottonis et Rahewini gesta Friderici I. imperatoris, MGH SS RG [46], I. 1, c. 18, S. 32; vgl. Crone 1982, S. 48; Petke 1984, S. 168. Dagegen hält Speer (1983, S. 128) die Angabe Ottos von Freising, daß Erzbischof Adalbert bereits bei Beginn der Belagerung Speyers (24.6.1128) anwesend war, für unrichtig, da er noch für den 7.7.1128 in Erfurt und 15.7.1128 in Rusteberg nachgewiesen ist. UB Mainz, I, Nr. 551f. (7.7.1128), S. 458-461. 1129/30 nahm der Mainzer Erzbischof an der zweiten Belagerung Speyers teil und leitete die Übergabeverhandlungen. Historia Welforum (König), c. 17, S. 32; Böhmer/Will, Regesten, I, S. 289, Reg. 216; vgl. Crone 1982, S. 48. Dagegen weist Speer (1983, S. 91) darauf hin, daß lediglich die Verhandlungsführung, nicht aber die Teilnahme an der Belagerung belegt ist.

tin Judith heiratete der Schwabenherzog die Nichte des Mainzer Erzbischofs, Agnes von Saarbrücken.[172] Generell häuften sich Differenzen zwischen Adalbert von Mainz und Lothar III.[173] Bevor sich das Desinteresse einiger Fürsten an den Kämpfen in eine mögliche Parteinahme für die Staufer umwandelte, schien es geraten zu sein, einen Ausgleich herzustellen. Schließlich war an eine völlige Ausschaltung der Staufer nicht zu denken. Dies hätte eine hartnäckige Opposition der Fürsten hervorgerufen, die um den honor ihres Standes gefürchtet hätten, wenn nicht einmal Königsabkömmlinge sicher gewesen wären. Der Ausgleich fand damit zwar gänzlich im Zeichen der Anerkennung des Königtums Lothars III. statt, aber daraus läßt sich nicht zwangsläufig schließen, daß der Konflikt um die Königsgüter nur der Vorwand für die Auseinandersetzung war. Lothar III. kann sehr wohl anfänglich an eine volle Restitution des Königsbesitzes gedacht, nach Jahren des Kampfes aber lieber einen Kompromiß angenommen haben,[174] zumal er der von Herzog Friedrich II. von Schwaben beanspruchten Gebiete nicht zwingend bedurfte. Gestützt auf Sachsen — ungleich der Salier, die über kein Herzogtum verfügten — konnte er ein machtvolles Königtum ausüben. Zudem war die staufische Macht in Franken durch die Einbehaltung Nürnbergs geschwächt worden.

Ein Zeugnis von 1132 weist in dieselbe Richtung: In einem Brief an Heinrich den Stolzen stellt Lothar III. fest, daß Friedrich II. von Schwaben schon mehrere Male Friedensanträge durch die Erzbischöfe von Mainz und Köln gemacht habe. Die Äußerung steht damit im Zusammenhang, daß Lothar III. seinen Schwiegersohn für die Zeit der Abwesenheit in Italien beauftragt hatte, die Feindselig-

---

[172] Judith starb am 22.2.1130 oder 1131. Vgl. Crone 1982, S. 48 und ebd. Anm. 34; Speer 1983, S. 131
[173] vgl. dazu Crone 1982, S. 49f; Speer 1983, S. 129; Petke 1984, S. 167. Es kam allerdings nicht zu einer so starken Opposition des Erzbischofs wie unter Heinrich V.
[174] Lothar III. hatte sich lange allen Ausgleichsversuchen seitens Friedrichs II. von Schwaben widersetzt. Vgl. Wadle 1969, S. 98; Speer 1983, S. 129

keiten Friedrichs von Schwaben abzuwehren.[175] Der Brief weist darauf hin, daß sich Friedrich von Schwaben zumindest schon im Vorjahr um Frieden bemüht hatte und damit indirekt bereit war, das Königtum Lothars III. anzuerkennen. Den Königsanspruch seines Bruders hatte er offenbar längst fahren lassen. Aus der Ereignisgeschichte ist dies auch verständlich, da sich schließlich Konrad weder in Deutschland noch in Reichsitalien durchsetzen konnte. Warum Lothar III. nicht bereit gewesen war, auf diese frühen Versöhnungsversuche einzugehen, ist mit Quellen nicht zu belegen. Es muß aber bedacht werden, daß er erst durch die großen Siege von 1134 in eine sehr vorteilhafte Position kam, weil die Staufer militärisch besiegt waren. Erst nachdem Lothar III. gezeigt hatte, daß er in der Lage war, sich gegen den widerstrebenden Schwabenherzog und seinen Anhang durchzusetzen, konnte er sicher sein, daß ein Ausgleich auch von Bestand war, da ja die Staufer fürchten mußten, völlig verdrängt zu werden, auch wenn damit Lothar III. erhebliche Schwierigkeiten mit anderen Fürsten bekommen hätte.

2.5. Ergebnisse

Der Konflikt zwischen Lothar III. und den Staufern durchlebt zwei Phasen. Daraus läßt sich auf die Gewichtung der Konfliktfaktoren schließen. Vor der Königswahl von 1125 — in der Vorphase des Konflikts — befanden sich die Kontrahenten seit einem Jahrzehnt offen in gegnerischen Lagern und nahmen dort führende Position ein. Die Wahl Lothars von Sachsen zum König löste einen zunächst latenten Konflikt um den Thron selbst aus. Friedrich II. von Schwaben sah sich selbst als König gemäß seiner Abstammung, als auch seiner Macht, die sich auf das Herzogtum Schwaben, die Erwerbungen in Franken und seinen bayerischen Schwiegervater stützte. In der Wahl wurde das Geblütsrecht negiert und Heinrich der Schwarze mit größter Wahrscheinlichkeit durch Betreibungen Lo-

---

[175] Böhmer/Will, Regesten, I, Nr. 252, S. 296

thars von Sachsen von Friedrich von Schwaben abgezogen. Diese erste Phase erlebte ihren ersten Höhepunkt mit dem Ausbruch offener Kampfhandlungen, die aber auf Basis von territorialen Ansprüchen geführt wurden. Lothar III. griff auch die dritte der vier Säulen der Macht des Schwabenherzogs an und sicherte die Legitimität seines Vorgehens durch einen Fürstenspruch ab. Ein zweiter Höhepunkt der ersten Phase stellte die Gegenkönigswahl Konrads dar. Die Territorialkonflikte blieben wichtig, traten aber vor dem Kampf um das gegenseitige Verdrängen in den Hintergrund. Konrad konnte aber sein Königtum nicht durchsetzen.

Der Konflikt leitete in die zweite Phase über, in der der Kampf hauptsächlich nur noch um Güterbesitz geführt wurde, obwohl der Königsanspruch Konrads aufrecht erhalten blieb. Daneben war es aber für Lothar III. genauso wichtig, daß er seine königliche Autorität auch wirklich militärisch bewies, indem er die Staufer niederwarf. Es ist bezeichnend, daß Lothar III. erst in dieser Situation zu einer Aussöhnung bereit war, obwohl er selbst ohne Territorialgewinn blieb. Es ist anzunehmen, daß Lothar III. eine solche Versöhnung bereits zu Anfang der Dreißiger Jahre hätte erreichen können, dann aber wäre er nicht wirklich sicher vor weiteren Aufständen der Staufer gewesen.

Königs- und Territorialansprüche waren die großen Konfliktfaktoren zwischen den Staufern und Lothar III. Sie waren stets vorhanden und traten abwechselnd in den Vordergrund. Was aber jeweils im Vordergrund stand, war bedingt durch die reale politische Lage, also die Frage, was sich durchsetzen ließ und was nicht.

3. KONRAD III. UND DIE WELFEN

Nach dem söhnelosen Tod Lothars III. brach die Königslinie erneut ab. Mit Konrad III. wurde an die salische Tradition wiederangeknüpft. Ebenso wie bei Lothar III. war bei Konrad III. bereits während der Königswahl eine Polarität offensichtlich: Auf der einen Seite stand der ehemalige Gegenkönig und sein Anhang, auf der anderen der Schwiegersohn und engster Verbündeter des vormaligen Kaisers, Heinrich der Stolze, mit den Seinen. Nach dessen Tod übernahm sein Bruder, Welf VI., den Kampf gegen den staufischen König und am Ende der Regierungszeit der Sohn Heinrichs des Stolzen, Heinrich der Löwe. So betrachtet war es wieder der Konflikt einer Familie mit dynastischen Streben. Deshalb tut es Not, zunächst den Begriff der Familie „Welfen" zu beleuchten.

Ebenso wie der Begriff „Staufer"[176] ist auch die Verwendung des Begriffs „Welfen" nicht unproblematisch. Er wird erstmals von Otto von Freising in seiner in den Fünfziger Jahren abgefaßten Gesta Friderici als „Guelfi de Aldorfio" bzw. „familia Guelforum" verwendet. Nach ihm benutzt erst wieder Gottfried von Viterbo im letzten Viertel des 12. Jahrhunderts die Bezeichnung, und darauf Autoren, die die Gesta Friderici kannten.[177] Dies ist an sich noch kein Mangel, wenn der Begriff „Welfen" eine Familie mit eigenem Selbstverständnis bezeichnet, die eine praktische und lebendige Größe darstellte, aber über keine allgemein anerkannte und zeitgemäße Bezeichnung verfügte. Dazu zeigt es sich, daß das Familienselbstverständnis eng gekoppelt war an den Besitz des zentralen Ortes Altdorf.[178] Die Orientierung des jeweiligen Inhabers richtete sich in agnatischer Linie

---

[176] siehe A. 2, S. 13.
[177] Die sogenannte „Historia Welforum" wurde erst von späteren Herausgebern so genannt. Ursprünglich trug sie wohl die Bezeichnung „Chronica Altendorfensium". Hechberger 1996, S. 113-115
[178] Hechberger 1996, S. 116

aus und ließ wegen des ununterbrochenen Besitzes in männlicher Linie seit Welf IV. Raum für die Entwicklung eines dynastischen Denkens. Für Heinrich den Stolzen und Welf VI. ist folglich der Begriff „Welfe" unproblematisch anzuwenden. Für Heinrich den Löwen wirft es allerdings Probleme auf. Zum einen war er nie im Besitz des Ortes Altdorf, zum anderen weist seine Ausrichtung auf die Billunger und Lothar III. hin. In süddeutschen zeitgenössischen Stammbäumen wird er entweder als Ausläufer gezeigt oder tritt in die Hauptlinie in der Zeit ein, als er als Erbe Welfs VI. Mitte der Siebziger Jahre galt.[179] Sächsische Quellen zeigen an seiner süddeutschen Abstammung wenig Interesse. Bereits sein Vater Heinrich der Stolze hatte sich in sächsische Tradition gestellt.[180] Heinrich der Löwe selbst berief sich nur dann auf die süddeutschen Vorfahren, wenn es ihm einen Vorteil einzubringen schien,[181] bzw. rechtlich notwendig war.[182] Für Heinrich den Löwen läßt sich somit feststellen, daß sein Selbstverständnis primär auf seine sächsischen Vorfahren ausgerichtet war und er sich auf seine süddeutschen, welfischen Vorfahren nur bezog, wenn es zur Untermauerung eines Rechtsanspruches herangezogen werden konnte. Wenn dennoch Heinrich der Löwe in dieser Arbeit mit den süddeutschen, als den eigentlichen Welfen, im selben Atemzug genannt wird, so hat dies seine Berechtigung darin, daß er seinen Anspruch — wie noch zu sehen

---

[179] Hechberger 1996, S. 118f.
[180] Hechberger 1996, S. 120-127
[181] Gegen die Urteilsfällung in seinem Prozeß 1180 erhob er Widerspruch mit der Begründung, daß dieses nicht in Schwaben, dem Land seiner Geburt, gefällt worden sei. Arnoldi chronica Slavorum, MGH SS RG [14], I. 2, c. 10, S. 49: „Dux [Henricus] autem iniuste de se iudicatum esse affirmabat, dicens se **de Suevia oriundum**, et nullum proscriptione dampnari posse, nisi convictum in terra nativitatis."
[182] In einer Schenkungsbestätigung für das Kloster Kremsmünster in Bayern ging Heinrich der Löwe auf seine süddeutschen Vorfahren ein. Urkunden Heinrichs des Löwen, MGH LDUK 1, Nr. 100 (17.9.1174), S. 150-152. In der Urkunde bestätigte er Schenkungen seiner Vorfahren. Heinrich der Löwe galt zu dieser Zeit als Erbe Welfs VI. Es blieb die einzige Urkunde, in der sich Heinrich der Löwe auf seine süddeutschen Vorfahren bezog. Hechberger 1996, S. 132

ist —[183] auf seinen aus der welfischen Tradition entstammenden Vater zugrundelegte, wie auch die nahe Verwandtschaft zu Welf VI. als Onkel dies nahelegt. Davon unberührt bleibt natürlich das Selbstverständnis Heinrichs des Löwen.

3.1. Konfliktfaktoren vor 1138

Heinrich der Stolze war der wichtigste Verbündete Lothars III. im Kampf gegen die Staufer. An allen wichtigen militärischen Operationen war der Bayernherzog nach der Heirat mit der Königstochter Gertrud am 29.5.1127 beteiligt. Schon im folgenden Monat unterstützte er Lothar III. bei der Belagerung des staufischen Nürnberg und unternahm im Herbst desselben Jahres einen Versuch in Schwaben einzufallen.[184] 1129 war er an den Kämpfen um Speyer beteiligt[185] und ging persönlich gegen Friedrich II. von Schwaben vor: Er überfiel das Kloster Zwiefalten, dessen Vogt er war, als sich der Schwabenherzog mit kleinem Gefolge zur Nacht dort aufhielt. Der Chronist Berthold von Zwiefalten schildert in seinem Bericht Heinrich den Stolzen, dem er nicht freundlich gesinnt war, als mordlüsternen Mann, der wie rasend versuchte, den Schwabenherzog zu töten.[186] Bezüglich der geschilderten Raserei Heinrichs des

---

[183] siehe A. 3.5.1, S. 123
[184] Schmidt 1987, S. 72
[185] Schmidt 1987, S. 72
[186] Bertholdi Zwifaltensis chronicon (König/Müller), c. 30, S. 234, 236: „Illis annis, quibus vidimus mala, Friderico in diebus Quadragesimae apud nos cum paucis pernoctante, Heinricus dux clanculo illum e vestigio insecutus armata manu **ad necandum insperate irruit, domum, in qua quiescebat, igne supposito vel vivum eum concremare tentavit**. Verum auxilio monachorum de manibus eius vix et vix **ereptum ubique quaeritando, omnia gladiis rimando nonulla coenobii aedificia igne consumpsit**, monasterii fores, in quod ipse confugit, quibusdam machinis alteriusque ecclesiae temeraria manu confregit. **Evaginatis gladiis per totam ecclesiam inter monachos**, qui eo tempore post primam more solito ad letaniam prostrati erant, turba furens discurrit et tamen illum, **cuius sanguinem avide sitivit**, nequaquam invenire potuit. Denique **dum ignem frustra supponere niteretur**, Fridericus, cuius mortem fortuna in aliud tempus differebat, monasterii turrim conscendens manus eius evasit, **quoniam neque gladio, prae**

Stolzen ist zu bedenken, daß Berthold sehr parteiisch schreibt, auch wenn natürlich das Ereignis so stattgefunden haben kann. Friedrich von Schwaben soll sich nach Otto von Freising in Zwiefalten zur Unterredung mit Heinrich dem Stolzen auf dessen Einladung hin befunden haben.[187] Auch er bestätigt den Überfall. 1130 agierte der Bayernherzog an der Ostgrenze Schwabens[188] und führte auch im Folgejahr gegen Friedrich von Schwaben Krieg.[189] 1134 unterstützte er maßgeblich Lothar III. bei dem vernichtenden Feldzug in die staufischen Besitzungen Herzog Friedrichs. Es waren bayerische Truppen, die Ulm für den Kaiser nahmen.[190]

Heinrich der Stolze, der Sohn des Fürsten, an dem das staufische Königtum durch den Wechsel zu Lothar III. zerbrach, gerierte sich vor 1138 als heftiger Gegner der staufischen Brüder. Wenn man dem Chronisten Berthold bezüglich des Zwiefaltener Überfalls von 1129 Glauben schenken will, erkennt man auch einen persönlichen Zug in der Auseinandersetzung: Haß auf Friedrich von Schwaben. Nach dem Tod Lothars III. blieb Heinrich der Stolze als Hauptgegner Konrads III. übrig.

Positive Kontakte zwischen diesen Fürsten lassen sich für die Zeit unter Lothar III. nicht finden, obwohl ja Judith, die Schwester Heinrichs des Stolzen, die Gattin Friedrichs II. von Schwaben war. Immerhin blieb sie unversehrt, als Lothar III. Speyer im Januar 1130

---

firmitate loci, [ipsum interficere] neque igne supposito monasterium laterculis coopertum cremare potuit."

[187] Ottonis et Rahewini gesta Friderici I. imperatoris, MGH SS RG [46], I. 1, c. 20, S. 33: „**Missis itaque** [ab Heinrico] **legatis** ad Fridericum ducem Suevorum eum amice tamquam sororis suae maritum monet, ut ad gratiam principis redeat, durum esse dicens quempiam quantumcumque magnum vel probum principem totius imperii pondus solum sustinere; addit etiam huius negotii se, si monitis eius acquiescere vellet, fidum fore mediatorem. Ubi ergo et qua die simul conveniant oreque ad os de hoc familiarius conferant, monasterium quoddam Zwivelton dictum constituitur. Dux Fridericus nil perperam expectans ad predictum locum cum paucis venit."

[188] Giese 1978, S. 206

[189] Schmidt 1987, S. 72

[190] Petke 1984, S. 168; Schmidt 1987, S. 72

einnahm, während sie sich dort aufhielt: Sie erhielt freien Abzug.[191] Dies kann man sowohl als Indiz dafür sehen, daß Lothar III. ihren Bruder, seinen wichtigsten Verbündeten, nicht reizen, aber auch, daß er allgemein den Kampf nicht eskalieren lassen wollte, und deshalb die Schwabenherzogin nicht als Geisel nahm.

Zwischen Heinrich dem Stolzen, als treuen Gefolgsmann Kaiser Lothars III., und den staufischen Brüdern fand keine Zusammenarbeit in der Regierungszeit des Süpplingenburgers auch nach dem Ausgleich von 1135 statt. Die Kämpfe und das Verhalten Heinrichs des Stolzen belasteten das Verhältnis zwischen dem Herzog und Konrad III. schon vor der Königswahl von 1138 schwer.

3.2. Heinrich der Stolze als gescheiterter Thronprätendent

Nach dem Tod Kaiser Lothars III. am 3. oder 4.12.1137 in Breitenwang/Tirol ging aus verworrenen Vorgängen Konrad, der Bruder Herzog Friedrichs II. von Schwaben, als König hervor. Von unbekannter Seite wurde ein Wahltermin zu Pfingsten (22.5.1138) in Mainz angesetzt.[192] Zu dieser Zeit war der Mainzer Stuhl nach dem Tod Adalberts I. vakant. In Köln war zwar ein Erzbischof, Arnold, bereits gewählt worden, dieser hatte aber noch nicht das Pallium erhalten. Offenbar zur Absprache, wie sich die Sachsen bei der Wahl verhalten wollten, setzte Kaiserwitwe Richenza einem Konvent in Quedlinburg für den 2.2.1138 an. Diesen verhinderte aber der Markgraf der sächsischen Nordmark, Albrecht der Bär.[193] Ohne auf den Pfingstwahltag zu warten, versammelten sich am 7.3.1138 Erzbischof Albero von Trier, Elekt Arnold von Köln, Bischof Burck-

---

[191] Crone 1982, S. 48

[192] Ottonis episcopi Frisingensis chronica sive historia de duabus civitatibus, MGH SS RG [45], I. 7, c. 22, S. 343: „Anno ab incarnatione Domini M°C°XXX°VIII° defuncto in autumpno sine filiis imperatore Lothario **conventus generalis** principum Moguntiae in proximo pentecosten **condicitur**."

[193] Annales Patherbrunnenses (Scheffer-Boichorst), S. 165f., a.a. 1138 Annalista Saxo, MGH SS 6, S. 776, a.a. 1138

hard II. von Worms, Herzog Friedrich II. von Schwaben und einige andere Fürsten[194] in Konstanz und wählten Konrad zum König. Am 13.3.1138 wurde er dann in Aachen mit Ersatzinsignien von Kardinallegat Dietwin von Santa Rufina[195] gekrönt. Konrad setzte für Pfingsten einen Hoftag in Bamberg fest, zu welchem fast alle Fürsten kamen und ihn als König anerkannten. Heinrich der Stolze, der die Reichsinsignien verwahrte, fehlte allerdings.

---

[194] Erzbischof Albero von Trier wird genannt von: Gesta Alberonis archiepiscopi auctore Balderico, MGH SS 8, c. 15, S. 252; Gesta Alberonis archiepiscopi metrica, MGH SS 8, v. 80-89, S. 238; Annales Brunwilarenses, MGH SS 16, S. 726, a.a. 1138; Annalista Saxo, MGH SS 6, S. 776, a.a. 1138. Elekt Arnold von Köln wird genannt von: Gesta Alberonis archiepiscopi auctore Balderico, MGH SS 8, c. 15, S. 252; Annales Brunwilarenses, MGH SS 16, S. 726, a.a. 1138. Bischof Burckhard II. von Worms wird genannt von: Gesta Alberonis archiepiscopi auctore Balderico, MGH SS 8, c. 15, S. 252. Friedrich von Schwaben wird genannt von: Gesta Alberonis archiepiscopi auctore Balderico, MGH SS 8, c. 15, S. 252; Annales Magdeburgenses, MGH SS 16, S. 186, a.a. 1138. Kardinallegat Dietwin von Santa Rufina wird genannt von: Annales Magdeburgenses, MGH SS 16, S. 186, a.a. 1138; Ottonis episcopi Frisingensis chronica sive historia de duabus civitatibus, MGH SS RG [45], l. 7, c. 22, S. 343. Summarisch lothringische Große werden angeführt von: Annales Brunwilarenses, MGH SS 16, S. 726, a.a. 1138. Bischof Heinrich von Regensburg und der Böhmenherzog werden genannt von: Kaiserchronik eines Regensburger Geistlichen, MGH DC 1.1, v. 17182-17188, S. 391. Die summarische Nennung von Schwaben und Bayern erfolgt in: Sächsische Weltchronik, MGH DC 2, c. 273, S. 210. Eine summarische Nennung von Schwaben erfolgt in: Ex Honorii Augustodunensis summa totius et imagine mundi cum septem continuationibus, MGH SS 10, S. 131, a.a. 1125. Eine Reihe von Quellen machen keine näheren Angaben zum Wählerkreis, sondern sprechen nur allgemein von einem Fürstenkreis oder in ähnlicher Weise: Annalium Mellicensium continuatio Mellicensis, MGH SS 9, S. 503, a.a. 1138; Annales Palidenses auctore Theodoro monacho, MGH SS 16, S. 80, a.a. 1138; Annales S. Disibodi, MGH SS 17, S. 25, a.a. 1138; Chronica monasterii Casinensis, MGH SS 34, c. 127, S. 603; Ottonis episcopi Frisingensis chronica sive historia de duabus civitatibus, MGH SS RG [45], l. 7, c. 22, S. 343f.; Ottonis et Rahewini gesta Friderici I. imperatoris, MGH SS RG [46], l. 1, c. 23, S. 36; Cosmae chronicae Boemorum canonici Wissegradensis continuatio, MGH SS 9, S. 144, a.a. 1138

[195] zur Rolle des gebürtigen Schwaben Dietwin vgl. Vones-Liebenstein 1993

3.2.1. Anspruch gemäß Erbrecht?

Heinrich der Stolze war der Gatte der einzigen Kaisertochter Gertrud. Konnte er darauf basierend nach dem Tode Lothars III. Anspruch auf die Krone nach dem Erbrecht stellen?

Heinrich der Stolze befand sich 1138 in derselben Situation wie Herzog Friedrich II. von Schwaben 1125. Er war der nächste Verwandte in kognatischer Linie eines ohne männlichen Nachkommen verstorbenen Königs. Während allerdings Friedrich von Schwaben der Sohn einer Königstochter war, war Heinrich der Stolze lediglich der Schwiegersohn eines Königs. In seinen Adern floß also kein königliches Blut. Insofern glich seine Lage mehr derjenigen des Markgrafen Leopolds III. von Österreich. Als Gatte der einzigen Tochter Lothars III. aber konnte er Anspruch auf das reiche Erbe, allem voran auf das Herzogtum Sachsen stellen.[196]

Die Forschung weist Heinrich dem Stolzen kein Erbrecht zu. Bestenfalls wird ihm ein bedingter Anspruch auf die Königskrone zuerkannt. Dieser beruhe aber nicht direkt auf einem Erbrecht an der Krone, sondern über das Erbrecht an den Gütern Kaiser Lothars III. — als faktische Machtbasis — indirekt auf den Thron.[197]

Auch in den Quellen findet sich kein expliziter Beleg für einen Erbanspruch. Im Gegenteil verwirft die Gemblouxenser Fortsetzung der Chronik Sigeberts von Gembloux eindeutig ein Erbrecht Heinrichs des Stolzen zugunsten König Konrads III.:

„Post mortem regis Lotharii, non ferentes principes Teutonici regni, **aliquem extraneum a stirpe regia sibi dominari**, regem constituerunt sibi Cunradum, virum regii generis. Erat quippe ex

---

[196] zu der Frage, ab wann Heinrich der Stolze Sachsen besaß, bzw. rechtmäßigen Anspruch stellen konnte, siehe A. 3.3.1, S. 84-89

[197] so Treue 1989, S. 152. Petke (1984, S. 176) sieht in Lothar III. den Begründer eines gescheiterten welfischen Königtums — gegen die These von dem Königtum Lothars III. als Zwischenspiel zwischen dem salischen und dem staufischen Königtum — auf der Basis der Herzogtümer Bayern und Sachsen, sowie der Markgrafschaft Tuszien. Zur Neubewertung des Königtums Lothars III. in diese Richtung vgl. auch den Aufsatz von Schmale (1968).

sorore nepos Heinrici quinti regis, quarti imperatoris huius nominis."[198]

Während also Konrad III. aus königlicher Familie stammte, wird dies Heinrich dem Stolzen versagt. Die Gemblouxenser Fortsetzung ist jedoch die einzige Quelle, die eine solche Anschauung vertritt. Andere Quellen gehen zwar nicht auf ein Erbrecht ein, referieren aber über die Sichtweise Heinrichs des Stolzen selbst. Otto von Freising erklärt, daß Heinrich der Stolze beim Tode Kaiser Lothars III. ein hohes Ansehen im Reich genoß.[199] Er blickte aber auf alle herab und bat niemand um Wahlunterstützung.[200] Auch der Zeitgenosse Berthold von Zwiefalten sieht im Hochmut des Herzogs den ausschlaggebenden Grund dafür, daß Heinrich der Stolze nicht gewählt wurde.[201] Der Quellenbefund weist in die Richtung, daß sich Heinrich der Stolze als nächster König sah. Gerade die Aussage, daß er niemanden um Wahlunterstützung anging, macht dies deutlich.

Ein Auslöser dafür liegt gewiß in der Anschauung der Herzogsbestellung in Bayern. Wie bereits oben festgestellt, waren alle Herzöge Bayerns im Hochmittelalter, die nicht als Erbe ihres Vaters die Würde erhielten, mit einem früheren Herzog verwandt. Gleiches gilt für Schwaben.[202] Daraus konnte Heinrich der Stolze einen Erbrechtsanspruch perzipieren, der faktisch nicht vorhanden war.

---

[198] Sigeberti Gemblacensis chronicae continuatio Gemblacensis, MGH SS 6, S. 386. Die Quelle wurde spätestens 1146 — also nur acht Jahre nach der Wahl — niedergeschrieben. Schmidt 1987, S. 86, Anm. 103

[199] Ottonis episcopi Frisingensis chronica sive historia de duabus civitatibus, MGH SS RG [45], l. 7, c. 22, S. 343, z. 17f: „[...] Heinricus dux, qui tunc precipui et nominis et dignitatis in regno fuit [...]"

[200] Ottonis episcopi Frisingensis chronica sive historia de duabus civitatibus, MGH SS RG [45], l. 7, c. 24, S. 348, z. 3f.: „[...] omnes despiciens nulli pro regno supplicare dignaretur [...]"

[201] Bertholdi Zwifaltensis chronicon (König/Müller), c. 30, S. 234: „Heinricus vero dux, inter cunctos regni principes tunc ditissimus, cum regnum inconsulte affectaret, verum **propter superbiam** a cunctis **abominatus**, praefatus Cunradus a fratre Friderico cum paucis denuo in regem elevatus [...]."

[202] siehe A. 2.2.1, S. 21

Allerdings ließen die Ereignisse von 1125 den Erbrechtsgedanken zurückstehen. Lothar III. hatte sich schließlich als Nichtmitglied der stirpis regiae gegen den nächsten Verwandten des verblichenen Königs durchgesetzt. Die staufischen Brüder hatten den Anspruch aber auch nach der Wahl nicht aufgegeben. Erst ihre Unterlegenheit in der kriegerischen Auseinandersetzung, bei der Heinrich der Stolze der führende Verbündete des Königs gewesen war, ließ Friedrich von Schwaben und Konrad das Königtum Lothars anerkennen. Heinrich der Stolze hatte also jahrelang für die Anerkennung des freien Wahlrechtsgedankens gekämpft, weshalb die Anspruchserhebung nach Erbrecht auf den ersten Blick unwahrscheinlich scheint. Wenn man aber bedenkt, daß sich für diese Zeit oft verwirrende politische Kehrtwendungen feststellen lassen und unter anderem solche rechtliche Begründungen als Anspruchsgrundlage überliefert sind,[203] die heutzutage mehr als fraglich erscheinen, bei den Zeitgenossen aber offenbar keinen Anstoß erregten, so läßt sich denken, daß Heinrich der Stolze, sowie er in der Situation war, ein Erbrecht geltend zu machen, dies auch tat. Da sich dafür aber kein Quellenbeleg finden läßt, muß angenommen werden, daß für Heinrich den Stolzen der Erbrechtsgedanke, wenn überhaupt, nur eine untergeordnete Rolle spielte. Dabei ist auch zu bedenken, daß er bis zu seinem frühen Tod am 20.10.1139, also nur etwas über einem Jahr nach der Königserhebung Konrads III., nichts unternahm, was auf Bestrebungen auf eine Gegenkönigser-

---

[203] Als politische Kehrtwende sei hier nur die überraschende Aussöhnung Friedrich Barbarossas mit Papst Alexander III. genannt, nachdem sie sich zwei Jahrzehnte lang mit aller Macht bekämpft hatten. Eine heutzutage rechtlich fragwürdig erscheinende Begründung ist z.B. die Anfechtung des Ächtungsurteils 1180 von Heinrich dem Löwen unter der Begründung, daß das Urteil nicht auf schwäbischen Boden, dem Boden seiner Geburt, gefällt worden sei. Arnoldi chronica Slavorum, MGH SS RG [14], I. 2, c. 10, S. 49: „Dux [Henricus] autem iniuste de se iudicatum esse affirmabat, dicens se de Suevia oriundum, et **nullum proscriptione dampnari posse, nisi convictum in terra nativitatis.**" Dies machte er geltend, obwohl er sich Zeit seines Lebens konsequent in sächsische Tradition gestellt hatte.

hebung schließen läßt. Auch die Reichsinsignien lieferte er — allerdings mit Verzögerung — an Konrad III. aus.[204]

3.2.2. Anspruch gemäß Designation?

Heinrich der Stolze war der nächste Verwandte Lothars III. und hatte nach dem Tod des Kaisers Aussicht darauf, der mächtigste Reichsfürst durch die Verbindung Bayerns mit Sachsen zu werden. War er deshalb auch zum Thronfolger designiert worden?

Die Frage wird in der Forschung durchweg verneint. Schmidt stellt aufgrund der Urkunden König Lothars III. fest, daß sich kein Anhaltspunkt biete, der auf eine Designation hinweist.[205] Eine Designation fand, wenn überhaupt, in Form machtpolitischer Grundlagen statt, wie es Bernhardi vertritt: Lothar III. war bereits 50, seine Gattin 40 Jahre alt, weshalb kein Erbe mehr zu erwarten war. Durch die Ehe mit Gertrud wurde Heinrich der Stolze ein großes Erbe in Aussicht gestellt.[206] Für Haider folgt daraus eine Designation in ideeller Form.[207] Schmidt wendet jedoch ein, daß sich kein Erbrecht durch die Eheschließung andeutete, sondern daß die Ehe lediglich mit dem Ziel geschlossen wurde, die Macht Sachsens und Bayerns zu verbinden.[208]

Von einer Designation Heinrichs des Stolzen oder gar einer Mitkönigserhebung findet sich in den Quellen nichts. Allerdings weisen einige Quellenbelege darauf hin, daß Heinrich der Stolze als nächster König gesehen wurde. Otto von Freising schreibt:

> „Anno ab incarnatione Domini M°C°XXX°VIII° defuncto in autumpno sine filiis imperatore Lothario conventus generalis principum Moguntiae in proximo pentecosten condicitur. Quidam autem es principibus timentes, **ne forte in generali curia Heinricus dux**, qui tunc precipui et nominis et dignitatis in regno fuit,

---

[204] siehe dazu A. 3.3.3, S. 100
[205] Schmidt 1987, S. 76
[206] Bernhardi 1879, S. 123
[207] Haider 1968, S. 55f.
[208] Schmidt 1987, S. 70f.

per potentiam prevaleret, circa mediam quadragesimam consilio habito in oppido Galliae Confluentia conventum celebrant. Ibique Conradum imperatoris Heinrici sororium [...] regem creant."[209]

Daß der zuvor festgesetzte Wahltermin aus der Furcht heraus nicht eingehalten wurde, Heinrich der Stolze könnte gewählt werden, ist ein deutlicher Hinweis, daß zumindest die Partei Konrads III. der Auffassung war, Heinrich der Stolze hätte die größeren Chancen bei einer allgemeinen Wahlversammlung. Allerdings teilt Otto von Freising diese Befürchtungen in den Gesta Friderici nicht mehr mit.[210]

Ein weiterer Beleg für eine Designation könnte in der Übergabe der Reichsinsignien an Heinrich den Stolzen liegen. Allerdings liegen zwar eine Reihe von Quellen vor, die davon berichten, daß Heinrich der Stolze die Reichsinsignien in seinem Besitz hatte,[211] es

---

[209] Ottonis episcopi Frisingensis chronica sive historia de duabus civitatibus, MGH SS RG [45], l. 7, c. 22, S. 343, zz. 13-22, 26

[210] vgl. Ottonis et Rahewini gesta Friderici I. imperatoris, MGH SS RG [46], l. 1, c. 23, S. 36f.

[211] Historia Welforum (König), c. 24, S. 46: „Dux ergo Heinricus, gener eius, in cuius finibus obierat, **regalia reservavit**, ut in generali conventu principum, qui proximo pentecosten Moguntinae condictus fuerat, praesentaret." Ottonis episcopi Frisingensis chronica sive historia de duabus civitatibus, MGH SS RG [45], l. 7, c. 23, S. 344f.: „Solus ex principibus Heinricus dux **regalia servans** [conventu generale] aberat, ad quae reddenda in festivitate apostolorum Petri et Pauli dies ei Ratisponae prefigitur." Vita Chunradi archiepiscopi Salisburgensis, MGH SS 11, c. 5, S. 66: „Lothario quoque mortuo, cum Chuonradus paucorum favore regiae dignitatis honorem rapuisset, considerans archiepiscopus, si ipse ut coeperat exaltationi illius obsistere pertinaciter voluisset, quanta inter illum et ducem Bawariae Heinricum, generum Lotharii, virum tunc potentia et divitiis prestantissimum, qui **coronam ceteraque insignia imperialis dignitatis apud se habebat**, per universum regnum mala fierent, eorumque caput et causa ipse omnibus ipse esse argueretur." Annalista Saxo, MGH SS 6, S. 776, a.a. 1138: „Qui Conradus **regalia**, que Heinricus dux Bawarie, **qui et dux Saxonum, gener Lotharii imperatoris, sub se habuit**, callide adquisivit, et eundem ducatu Saxonum privare voluit, dato eodem Adalberto marchioni." Burchardi praepositi Urspergensis chronicon, MGH SS RG [16], S. 17, a.a. 1137: „Dux vero H[einricus] dux, in cuius finibus [Lotharius] obierat, **regalia reservavit**, ut in generali conventu principum, qui in proximo penthecosten Moguncie condictus fuerat, presentaret." Chronica regia Coloniensis, MGH SS RG [18], S. 75, a.a. 1138, Rec. 1: „Qui Cunradus **regalia, que Heinricus dux Baioariorum, qui et dux Saxonum, gener Liutgeri regis, sub se habuit**, callide acquisivit, et eundem ducatu Saxonie privare voluit, dato eodem Adelberto marchioni." Vgl. ebd. Rec. 2: „Conradus rex effectus **regalia, que**

gibt aber keine, die davon weiß, daß Lothar III. seinem Schwiegersohn die Insignien übergeben habe. Da es aber auch keine Quelle gibt, die aussagt, Heinrich der Stolze hätte die Insignien zu unrecht oder durch List an sich gebracht, muß davon ausgegangen werden, daß Lothar III. sie ihm übergab bzw. Heinrich der Stolze durch die Inbesitznahme kein Unrecht beging.[212]

Dies führt zu der Frage, ob Lothar III. seinen Schwiegersohn als Nachfolger sah oder nicht.

In den Urkunden Lothars III. läßt sich kein Hinweis darauf finden. Schlüsse auf eine solche Anschauung aus der faktischen Politik sind nur mit der größten Vorsicht und unter Vorbehalt zu ziehen. Die Grenze, zwischen dem, was Lothar III. für seinen Schwiegersohn tat und was er zugleich seinem wichtigsten Bündnispartner gegen die Staufer schuldete, gegenüber dem, was er für seinen möglichen Nachfolger tat bzw. tun konnte, läßt sich kaum ziehen. Sie wird in aller Schärfe auch keinem der beiden wirklich bewußt gewesen sein. Es läßt sich immerhin feststellen, daß Heinrich der Stolze der einzige war, der belegbaren territorialen Gewinn aus der Auseinandersetzung mit den Staufern zog. Der Besitz Nürnbergs als Herrschaftszentrum in Franken war ein Garant dafür, daß die Staufer keine geschlossene Herrschaft in Franken aufbauen konnten und insofern sowohl das Königtum Lothars III., als auch ein mögliches zukünftiges Königtum Heinrichs des Stolzen gestärkt wurde. Aber als sich nach zehn Jahren Auseinandersetzung Lothar III. in guter Position befand, die Kämpfe zu beenden, entschied er sich dafür, die Staufer in Franken nicht zu verdrängen. Er errang lieber den Frieden, als z.B. Heinrich dem Stolzen eine Machterweiterung nach Mitteldeutschland hinein zu gewähren. Der Frieden war ihm also wichtiger, als sich oder seinem Schwiegersohn ein neues Herr-

---

penes Heinricum ducem Saxonie et Bawarie, generum Lotharii imperatoris, erant, callide acquisivit, et ipsum ducatu Saxonie privare voluit, dato eodem Adelberto marchioni."

[212] Schmidt (1987, S. 77) sieht in der Regalienübergabe keine Präjudizierung des Königtums Heinrichs des Stolzen.

schaftszentrum zu errichten. Es gab also etwas wichtigeres als die territoriale Machterweiterung.

Dies sagt aber noch nichts darüber aus, ob Lothar III. seinen Schwiegersohn als Nachfolger sah oder nicht. Durch die Unterwerfung der Staufer und ihre Aufgabe des Gegenkönigtums gewann Lothar III. auch das Eingeständnis, daß die Neffen Heinrichs V. keinen Anspruch gemäß Geblütsrecht hätten. Durch die Negierung des Geblütsrechts tat Lothar III. sein möglichstes, daß diese Rechtsgrundlage nach seinem Tode — bei welchem sich ja absehbar neuerlich die gleiche Situation wie 1125 einstellen sollte — de facto verdrängt wurde und damit eine Wahl anstand, bei der das Geblütsrecht wieder nicht in Anspruch genommen werden konnte und somit die territoriale Machtgrundlage der Thronprätendenten entscheiden sollte. Bei der Wahl von 1125 hatte die Verbündung Sachsens mit Bayern das Königtum Lothars III. hervorgebracht. Nach dem Tode Lothars III. sollten beide großen Stammesherzogtümer in einer Hand vereinigt und durch den inzwischen vorangetriebenen Landesausbau gestärkt sein.[213] Dementsprechend kann Lothar III. davon ausgegangen sein, daß Heinrich der Stolze gewählt werden würde. Eine bis dahin noch nie dagewesene Mitkönigserhebung oder Designation eines Mannes, der kein Deszendent war — die ja schließlich auch Gefahren in sich barg —[214] schien deshalb auch gar nicht notwendig gewesen zu sein. Aus diesem Sachverhalt heraus ist die Übergabe der Reichsinsignien zu sehen: Sie war kein gesonderter Punkt, der den anderen Fürsten erst die Wahl Heinrichs des Stolzen nahelegen sollte, sondern die einzig vernünftige Handlung, da davon auszugehen war, daß Heinrich der Stolze ohnehin mit Sicherheit bald König sein würde.

---

[213] Dazu kam die darüberhinausgehende Erweiterung der Machtgrundlage durch den Besitz der Markgrafschaft Tuszien.

[214] Heinrich V. hatte sich schließlich als Mitkönig gegen seinen eigenen Vater erhoben.

3.2.3. Konrads III. Königtum aus einer illegitimen Wahl?

Bei grober Betrachtung der Wahlvorgänge Konrads III. zum König fällt vor allem der überhastete Verlauf und der faktische Ausschluß der Sachsen und Heinrichs des Stolzen aus der Wahl auf. Konnte sich Heinrich der Stolze darauf berufen, daß Konrad III. nicht aus einer rechtlich einwandfreien Wahl hervorgegangen war und aus diesem Grund dessen Königtum ablehnen? Beruhte der sich entspinnende Konflikt auch auf einem illegitimen Königtum Konrads III.?

In der Forschung wird die Wahl stets als irregulär, als staatsstreichartig, als unrechtmäßig bezeichnet.[215] Systematisch faßt Scheibelreiter die scheinbaren Defekte der Wahl zusammen: Erstens fand die Wahl auf oberlothringischen und nicht, wie es üblich war, auf fränkischen Boden statt.[216] Zum zweiten war die Zahl der anwesenden Fürsten zu klein, um als repräsentativ zu gelten. Die in den Quellen vermerkte Einstimmigkeit ist deshalb ohne Bedeutung. Zum dritten fehlten bei der Krönung die echten Reichsinsignien und viertens war die Krönung durch den Kardinallegaten Dietwin ein grober Verstoß gegen das Herkommen im Reich.[217]

Gegen diese Sicht der Dinge wendete sich in jüngster Zeit Pauler, an dessen Ergebnisse ich mich weitgehend anschließe. Auf ein breites Quellenfundament gestützt, weist er nach, daß die vier Punkte Scheibelreiters keine Wahldefekte waren: Daß die Wahl nur auf fränkischen Boden vorgenommen werden durfte, ist erst der Geschichtswissenschaft aufgefallen, aber nicht von Zeitgenossen gefordert worden.[218] In den Quellen wird nirgends ein zu kleiner

---

[215] vgl. die Literaturzusammenstellung bei Schmidt 1987, S. 82f. und Pauler 1996, S. 135-139
[216] Konrad III. wurde in Koblenz, das zur Trierer Erzdiözese gehörte, zum König erhoben wurde.
[217] Scheibelreiter 1973, S. 43f.
[218] Pauler 1996, S. 158

Wahlfürstenkreis zum Vorwurf gemacht.[219] Auch die Krönung mit Ersatzinsignien und durch einen Kardinallegaten ist nach der Quellenaussage problemlos.[220]

Für einen Konfliktfaktor zwischen Heinrich dem Stolzen und Konrad III. ließe sich auch anführen, daß der vorgezogene Wahltermin in Koblenz Zwist zwischen ihnen bringen konnte. Keller führt als Voraussetzung für diese „handstreichartige" Wahl an, daß der Wahlkörper und das Wahlverfahren zu dieser Zeit nicht festgelegt waren.[221] Pauler weist darauf hin, daß es bei dieser Frage entscheidend ist, wer den Wahltermin in Mainz angesagt hat, um ermitteln zu können, ob wegen der Vorwegnahme die Wahl irregulär war.[222] Nach dem Quellenbefund ist es aber nicht klar, wer den ursprünglichen Wahltermin auf Pfingsten festlegte. Nach Otto von Freising

---

[219] Pauler 1996, S. 141-151. Zum Wählerkreis siehe A. 3.2, S. 70 und Anm. 194. Als weiteres Indiz dafür, daß der Wählerkreis gar nicht so klein, wie allgemein angenommen wird, und auch nicht so homogen aus Parteigängern Konrads bestand, ließe sich die merkwürdige Nachricht der Gesta Alberonis heranziehen, die von einem Widerstand fast aller Fürsten bei der Wahl berichtet, den Erzbischof Albero brach: „Idem autem Conradus, tunc superpositus rex, in predicta expedicione Lothario regi reconciliatus est, et domino Alberoni archiepiscopo, quia penes eum regni videbat robur et mentem existere, sese familiaritate magna et servitio adiunxit; et tanta tunc coniuncti sunt amicicia, quod post obitum Lotharii imperatoris omni studio domnus Albero elaborans, **contradicentibus fere omnibus regni principibus, eum in regnum sublimari** ..." Gesta Alberonis archiepiscopi auctore Balderico, MGH SS 8, c. 15, S. 252. Wenn Boshof (1988, S. 318, Anm. 24) annimmt, daß der Chronist gewiß übertrieb, um die Tat Alberos herauszustellen, und Pauler (1996, S. 143f.) feststellt, daß damit kaum der Widerstand der Gegenpartei gemeint sein kann, da Abwesende keinen Widerstand leisten können, so bleibt bestehen, daß bei der Königswahl Konrads Widerstand gegen ihn bestand und deshalb nicht ausschließlich Parteigänger des ehemaligen Gegenkönigs anwesend waren. Nach Otto von Freising aber machten die Sachsen Konrad III. den Vorwurf, nicht legitim zu sein, weil sie bei der Wahl nicht anwesend gewesen waren. Dennoch gaben sie bald darauf ihre Zustimmung zu dessen Königtum. Ottonis episcopi Frisingensis chronica sive historia de duabus civitatibus, MGH SS RG [45], I. 7, c. 22, S. 344: „At Saxones et dux Heinricus aliique, qui **electioni non interfuerant**, regem **non legitime**, sed per surreptionem electum calumpniabantur." Vgl. dazu A. 3.3.3, S. 100

[220] Pauler 1996, S. 158

[221] Keller 1983, S. 160

[222] Pauler 1996, S. 151

war die Einladung zur Wahl ein altes Recht des Mainzer Erzbischofs.[223] Der Mainzer Stuhl war aber zu dieser Zeit vakant.[224] Immerhin ist aber die Beschwerde von Erzbischof Konrad I. von Salzburg bekannt, der sich darüber beklagt, daß der ursprüngliche Wahltermin nicht eingehalten worden war.[225] Dennoch muß die Legitimität des Pfingstwahltermins erheblich in Zweifel gezogen wer-

---

[223] Ottonis et Rahewini gesta Friderici I. imperatoris, MGH SS RG [46], I. 1, c. 17, S. 30f., z. 33f., 1f.: „Igitur Albertus — nam id iuris, dum regnum vacat, Maguntini archiepiscopi ab antiquioribus esse traditur — principes regni in ipsa civitate Maguntina tempore autumpnali convocat [...]." Die Textstelle bezieht sich auf die Wahl von 1125.

[224] 1073 soll der Erzbischof von Mainz die Reichsfürsten zur Wahl einberufen haben, die aber am Widerstand Heinrichs IV. scheiterte. Davor sind keine Wahleinladungen bekannt. Auch 1077 wirkte der Mainzer bedeutend an der Wahl Rudolfs von Rheinfelden mit. Das erste bekannte Wahlausschreiben ist das von 1125. Ob deshalb die Wahleinladung ein altes Recht des Mainzer Stuhles war oder nicht, wie es Pauler (1996, S. 152) in Zweifel zieht, ist Frage der Anschauung. Es sei darauf hingewiesen, daß es für die Sicht Ottos von Freising bei der Abfassung der Gesta Friderici wichtig war, daß der Mainzer Erzbischof seit 80 Jahren bei jeder Vorbereitung einer „freien" Königswahl die bedeutendste Stellung eingenommen hatte.

[225] Erzbischof Albero von Trier rechtfertigt sein Vorgehen in einem Brief an den Salzburger Erzbischof. Epistolae Bambergenses cum aliis monumentis permixtae, BRG 5, Nr. 32 (März 1138), S. 528f.: „Scire tamen sanctitatem vestram volumus — atque coram eo, cui omnia sunt aperta, loquimur —: quod, cum ecclesia Romana et regni principibus haec agentes, nulla nisi quae Dei sunt quaesivimus; sed, intellecta praesentis ibi ecclesiae Romanae [volun]tate et unanimi principum desiderio circa personam regiam, sancti Spiritus invovato nomine, ordinationi divinae consensimus." Vgl. das Verhalten von Erzbischof Konrad: Vita Chunradi archiepiscopi Salisburgensis, MGH SS 11, c. 5, S. 66: „Lothario quoque mortuo, cum Chuonradus paucorum favore regiae dignitatis honorem rapuisset, considerans archiepiscopus, si ipse ut cooperat exaltationi illius obsistere pertinaciter voluisset, quanta inter illum et ducem Bawariae Heinricum, generum Lothari, virum tunc potentia et divitiis prestantissimum, qui coronam ceteraque insignia imperialis dignitatis apud se habebat, per universum regnum mala fierent, eorumque caput et causa ab omnibus ipse esse argueretur: cum Ratisponae occurisset, duci de Zaringen viro clarissimo dicenti sibi coram rege cinctisque principibus, quod hominium domino suo regi facere deberet, intrepide respondit: *Video, domine dux, quia si plaustrum regeretis, boves precurrere non dubitaretis; inter enim dominum nostrum regem sic causa determinabitur, ut nullam vestri in hac causa curam haberi sentiatis.* Unde rex, ne archiepiscopus indignatione motus in verbum asperum amplius erumperet et negotium omne turbaret, aversa manu os ducis compressit, et ab omni responsione compescuit, dicens, se ab archiepiscopo nichil prosus expetere, nisi bonam voluntatem ipsius."

den: Derjenige, gleichgültig wer den Wahltermin auch angesagt haben mag, verfügte nicht über die Autorität des Mainzer Erzbischofs. Zudem war die Wahl überhaupt — wie es sich schließlich zeigte — eine Sache rivalisierender Fürstengruppen, die keine für sich das bessere Recht in Anspruch nehmen konnten. Es besteht die Möglichkeit, daß Kaiserwitwe Richenza selbst mit einer sächsischen Fürstengruppe die Wahl angesagt hatte, woran sich aber die staufische Gruppe nicht gebunden fühlte. Daß die führenden Köpfe der Königswahl — Albero von Trier, Arnold von Köln und Friedrich II. von Schwaben — zuerst den Wahltermin auf Pfingsten festlegten, dann aber hinterlistig die Wahl vorverlegten, ist ausgesprochen unwahrscheinlich, da dies einen Rechtsbruch dargestellt hätte, der gewiß einen Niederschlag in den Quellen gefunden hätte. Die Vorwegnahme der Wahl wird aber in keiner Quelle als Defekt angesehen.[226] Da für die Wahl Konrads III. leider weder eine Quelle wie die Narratio de electione Lotharii in regem Romanorum oder ein Wahlausschreiben existiert, wird sich nicht mit letzter Sicherheit die Regularität der Wahl beweisen lassen, allerdings legen die Quellenbefunde nahe, daß die Wahl keineswegs irregulär war.

Die Umkehrfrage allerdings, was eine reguläre Wahl beinhalten mußte, ist schwirig zu beantworten. Das Problem liegt offenbar an der modernen Betrachtungsweise: Heutzutage gewöhnt an den modernen Verwaltungsstaat mit einem dichten System der Regelungen, wird übersehen, daß in der betrachteten Zeit keine solchen vorlagen, die Zeitgenossen also auch kaum in Rechtskategorien denken konnten. Der Normalfall war die Sohnesfolge. Ein Sohn wurde vom König zum Mitkönig erhoben und trat nach dem Tod des Vaters die Nachfolge an. War eine Sohnesfolge nicht möglich, gab es kein Reglement, wie rechtlich zu verfahren war. Es blieb letztlich dem freien Spiel der Kräfte überlassen, d.h. der Macht und dem Einfluß der einzelnen Fürsten, ein neues Reichsoberhaupt zu fin-

---

[226] Pauler 1996, S. 154f.

den. Natürlich wurden Rechtsgründe vorgetragen, um die jeweilige Position zu untermauern. Sie hatten jedoch nicht den Rang von Prinzipien, die durchgesetzt werden mußten, um einen Systemzusammenbruch zu vermeiden. Es waren lediglich Ansprüche, die fallengelassen wurden, sowie die Zielsetzung, die hinter der Formulierung gestanden hatte, aufgegeben worden war. Konrad III. wurde nicht deshalb legitimer König, weil seine Wahl keine Defekte beinhaltete, sondern weil er schnell allgemeine Anerkennung gewann. Heinrich der Stolze hätte ihm nach dem Bamberger Hoftag nicht überzeugend vorwerfen können, daß er die Macht an sich gerissen habe, indem die Wahl nicht ordentlich verlaufen war. Er konnte nur, mangels Anhängerschaft, das Königtum Konrads III. — wie dann auch geschah — für sich selbst nicht anerkennen. Konrad III. war nicht sein König. Dies hat aber mit Irregularitäten bei der Wahl nichts zu tun.

3.2.4. Ergebnisse

Keine der beiden Konkurrenten um den Thron hatte ein fundiertes Recht auf die Krone. Heinrich der Stolze konnte sich weder überzeugend darauf berufen, daß er Anspruch auf das Königtum nach Erbrecht oder aus einer Designation habe, noch daß die Wahl Konrads III. irregulär abgelaufen sei und deshalb wiederholt werden müsse. Heinrich der Stolze sah sich aber aus faktischen Gründen als nächster König. Seine Machtgrundlage war die größte eines Fürsten im Reich. Er baute darauf, daß seine Macht so groß wäre, daß er sich als König beim allgemeinen Fürstentag durchsetzen würde. Eben selbiges fürchteten auch seine Gegner und erhoben Konrad III. zum König. Die faktisch schnelle Durchsetzung Konrads III. machte das mögliche Königtum Heinrichs des Stolzen zunichte. Konfliktfaktoren zwischen dem König und dem mächtigen Herzog erwuchsen nicht aus Rechtsbrüchen, sondern aus der Enttäuschung des Bayernherzogs darüber, durch die Initiative der Gegenpartei um die Krone gebracht worden zu sein, während er es selbst nicht verstanden hatte, eine eigene Partei aufzubauen.

3.3. Territorialkonflikte mit Heinrich dem Stolzen

Als sich das Königtum Konrads III. im Reich allgemein auf dem Pfingsthoftag in Bamberg durchsetzte, war Heinrich der Stolze nicht anwesend.[227] Einen Monat später, am 29.6.1138, kam es zu einer ersten Zusammenkunft Konrads III. mit Heinrich dem Stolzen. Der Herzog lieferte die Reichsinsignien an Konrad III. aus, huldigte ihm aber nicht. Offenbar verhandelten beide nur über Vermittler.[228] Eine neuerliche Zusammenkunft fand Anfang Juli 1138 in Augsburg statt, die ebenfalls ergebnislos verlief. Konrad III. forderte die Herausgabe einiger Güter, die der Herzog von Lothar III. erhalten hatte, was aber Heinrich der Stolze verweigerte. Konrad III. floh aus der Stadt, da er Anschläge gegen sich fürchtete.[229] Schon Ende des Monats wurde Heinrich der Stolze darauf in Würzburg geächtet und Albrecht der Bär, der das Herzogtum für sich forderte, in der Folge in Sachsen eingesetzt. Zu Weihnachten sprach der König in Goslar Heinrich dem Stolzen auch Bayern ab, das er an Markgraf Leopold IV. von Österreich, seinen Halbbruder, ausgab.[230] Heinrich der Stolze seinerseits übergab Bayern seinem Bruder, Welf VI., um den Kampf gegen den Markgrafen zu führen, und organisierte den Widerstand

---

[227] zur Chronologie der Ereignisse vgl. Niederkorn 1991, S. 69f.
[228] Ottonis episcopi Frisingensis chronica sive historia de duabus civitatibus, MGH SS RG [45], I. 7, c. 23, S. 345, z. 4f.: „[...] tamen **ante conspectum regis non admissus** interfecto pacis negotio sine gratia eius recessit."
[229] Historia Welforum (König), c. 24, S. 48: „Rex ergo **metuens aliquid in se machinari**, dum peracta cena cubitum se ire simularet, adductis clam equitaturis, cum paucis, nulli de principibus valedicens, exivit ac militem suum reliquum in magno discrimine reliquens Herbipolim pervenit."
[230] Zu diesem Zeitpunkt wurde Heinrich dem Stolzen wahrscheinlich auch die Markgrafschaft Tuszien entzogen. Ende Juli 1139 urkundete Ulrich von Attems als Markgraf von Tuszien. Feldmann 1971, S. 35. Dagegen setzt Boshof (1988, S. 322) die Absetzung auf den Hoftag zu Würzburg Ende Juli 1138 an.

in Sachsen. Ende Juli 1139 begann die Reichsexekution gegen Heinrich den Stolzen, die allerdings so schlecht verlief, daß Konrad III. mit seinem Widersacher schon Mitte August Waffenstillstand schloß. Nach diesem Teilerfolg, aber während die Sache noch gänzlich in der Schwebe hing, starb Heinrich der Stolze überraschend in Quedlinburg am 20.10.1139 im Alter von 40 Jahren.

3.3.1. Sachsen: rechtliche Grundlagen und Motive

Die Entwicklung der Auseinandersetzungen zwischen König und Herzog bietet einige Merkwürdigkeiten: Sachsen wurde unmittelbar oder bald nach der Ächtung ausgegeben, während Bayern erst später entzogen wurde. Heinrich der Stolze benützte Sachsen als Widerstandsbasis und nicht Bayern, das ja schließlich sein patrominium paternam war. Sachsen war also der primäre Streitpunkt zwischen König und Herzog. Welche Faktoren lösten den Konflikt um Sachsen aus? Auf welcher Rechtsgrundlage fand der Konflikt statt?

Die Forschung sah vor allem in der Besitzkumulanz Heinrichs des Stolzen als Problem für das Königtum Konrads III.: Appelt nennt die Zerschlagung der überragenden Machtposition des Herzogs notwendig für Konrad III., sein Königtum im Reich durchzusetzen.[231] Treue erklärte es als puren Selbsterhaltungstrieb Konrads III., Heinrich dem Stolzen eine so große Machtfülle nicht zuzugestehen.[232] Dies führt zu der Frage, inwieweit König Konrad III. den Besitz Sachsens in Frage stellen konnte.

Zu welchem Zeitpunkt Heinrich der Stolze in den Besitz Sachsens kam ist umstritten. In erzählenden Quellen variiert die Übertragung vom Zeitpunkt der Heirat Herzog Heinrichs mit Gertrud 1127 bis zum Sterbelager Lothars III. in Breitenwang 1137.[233] Obwohl die

---

[231] Appelt 1973, S. 32
[232] Treue 1989, S. 152
[233] Eine Übertragung Sachsens 1127 melden: Historia Welforum (König), c. 16, SS. 28, 30: „Interea missis legatis in Saxoniam ad deducendam sponsam suam, Gerdrudem scilicet, filiam Lotharii imperatoris, optimates quosque Bawarie ac Sweviae **ad nuptias invitat**. Quibus laute in plano

erzählenden Quellen einen eher frühen Zeitpunkt nahelegen, scheint nach dem Urkundenbefund eher Petrus Diaconus in der Chronik von Monte Casino mit seiner Nachricht von einer Übergabe kurz vor dem Tod des Kaisers richtig zu liegen. In keiner Urkunde unter Lothar III. trägt Heinrich der Stolze den Herzogstitel für Sachsen.[234] Auch auf dem Pfingsthoftag von Bamberg 1138 wird ihm von anderen Fürsten der Herzogstitel für Sachsen nicht zugestanden: Er

---

iuxta Licum fluvium ultra Augustam, in loco qui dicitur Conciolegum, in octava pentecostes celebratis, eandem in partes istas adduxit et in castro Ravensburch usque in autumpnum stare constituit. Ipse vero ad imperatorem reversus **ducatum Saxoniae**, Norimberch, Gredingen et omnia beneficia, quae imperator ab episcopis et abbatibus habuit, suscepit ac rebellionem in Fridericum ducem, sororis suae maritum, pollicetur." Sächsische Weltchronik, MGH DC 2, c. 270, S. 209, Recc. A, B: „De [Ghertrude] **gaf de koning** [Luder] **deme hertoghen van Beieren**, des hertoghen Welpes broder, unde let eme darto dat **hertochdom to Sassen**." Die Disibodenberger Annalen wissen lediglich von der Übertragung umfangreicher Rechte (und damit Güter) an Heinrich den Stolzen zum Zeitpunkt der Hochzeit, nicht aber von einer Übertragung des ganzen Herzogtums: „Rex in penthecosten apud Merseburg duci Bavariorum filiam suam iuxta **regalem magnificentiam** coniugo sociavit." Annales S. Disibodi, MGH SS 17, S. 23, a.a. 1127. Von einer Übertragung Sachsens zum Zeitpunkt des Aufbruches Lothars III. nach Italien 1136 berichtet: Helmoldi presbyteri Bozoviensis chronica Slavorum, MGH SS RG [32], I. 1, c. 54, S. 105: „His ita peractis imperator, ordinatis rebus tam Slavorum quam Saxonum, dedit **ducatum Saxoniae** Heinrico, genero suo, duci Bawariae, quem etiam secum assumens **paravit secundam profectionem in Italiam.**" Eine Übertragung erst kurz vor dem Tod wird beschrieben in: Chronica monasterii Casinensis, MGH SS 34, c. 126, S. 603: „Nam idem imperator [Lotharius] morbo simul et senio fessus, **videns sibi iam iam finem vite imminere** apud Clusam Ligurie se contulerat ibique Henricum ducem Baioarie generum suum de ducatu Saxonie sibi **heredem instituens** gemmea celi palatia cum Christo sine fine regnaturus intravit, corpusque eius Maguntie relatum et honorifice reconditum est." Problematisch an der Quelle ist, daß der Verfasser, Petrus Diaconus, sowohl den Sterbeort — die ligurischen Klausen statt Breitenwang —, als auch den Bestattungsort des Kaisers — Mainz statt Königslutter — falsch angibt. Petrus Diaconus war insofern schlecht über die Einzelheiten der Vorgänge informiert. Vgl. Niederkorn 1991, S. 76, Anm. 36.

[234] In Diplomen des zweiten Italienzuges Lothars III. wird Heinrich dem Stolzen neben dem Herzogtitel von Bayern nur italienische Titel beigelegt: Diplomata Lotharii III., MGH DD 8, Nr. 97 (3.10.1136), S. 155, z. 34: „[...] Heinrici ducis Bawarie et marchionis Ueronensium [...]"; ebd. Nr. 119 (22.7.1137), S. 193, z. 31: „[...] Heinricvs dux Baioarie et marchio Tuscie [...]"; vgl. auch ebd. Nr. 120 (22.9.1137), S. 202, z. 17: „[...] Heinricus dux Baioarie gener imperatoris [...]"

wird lediglich als Herzog von Bayern bezeichnet.[235] Aus diesem Quellenbefund ist es zweifelhaft, ob Heinrich der Stolze das Herzogtum Sachsen in rechtsgültiger Form erhielt.[236] Daß er aber in irgendeiner Form das Herzogtum bekam, läßt sich aufgrund der erzählenden Quellen nicht beiseite schieben.

Wenn aber die mangelhafte Form der Übertragung dem König den Spielraum bot, über das Herzogtum zu verfügen, konnte Heinrich der Stolze nach einem Erbrecht Ansprüche auf Sachsen stellen? Waren seine Ansprüche gewichtiger, als diejenigen von Albrecht dem Bären?

Heinrich der Stolze und Albrecht der Bär waren Vettern. Ihr gemeinsamer Großvater, Magnus Billung, war der letzte Billungerherzog gewesen. Wulfhild, die Mutter Heinrichs des Stolzen, und Eilika, die Mutter Albrechts des Bären, waren Schwestern. Nach kognatischem Grad waren also beide gleichberechtigt.[237] In den sächsischen Quellen spielt dies aber keine Rolle. In diesen wird vielmehr der Anspruch Heinrichs des Stolzen aus der Ehe mit Gertrud abgeleitet.[238] Beide Kontrahenten erhoben also gemäß Frauenerbrecht Ansprüche auf das Herzogtum.[239]

---

[235] Epistolae Bambergenses cum aliis monumentis permixtae, BRG 5, Nr. 33 (Mai 1138), S. 530: „[...] duce [Bava]riorum [...]"

[236] ebenso auch Boshof 1988, S. 324; Niederkorn 1991, S. 76

[237] Historia Welforum (König), c. 24, S. 48: „At rex ducatum Saxoniae Alberto marchioni, **consobrino eiusdem** [Heinrici] **ducis** [...] tradidit."

[238] Daß beide Vettern auf verschiedener Basis den Anspruch auf Sachsen stellten, wird formuliert in: Annalista Saxo, MGH SS 6, S. 776, a.a. 1139: „Ita crescente odio propinquorum Heinrici et Adalberti, quorum unus dux in **Bawaria, pro desponsatione filie Lotharii imperatoris**, etiam Saxonie ab eo ducatum acceperat, alter eum avito beneficii iure vendicans aput Conradum regem optinuerat, Saxonia alterno est sedata litigio;" Annales Palidenses auctore Theodoro monacho, MGH SS 16, S. 80: „Crescente odio ducis Heinrici et marchionis Adelberti, quorum unus dux in Bawaria **pro desponsatione filie Lotharii regis** etiam Saxonie ducatum ab eodem rege acceperat, alter eum avito beneficio iure sibi vendicans apud Conradum regem obtinuerat." Sächsische Weltchronik, MGH DC 2, c. 275, S. 211: „Hertoge Heinric sprak, dat hertochdom to Sassen were sin, **it hedde ime geven keiser Luder mit siner dochter**, unde hadd'it van ime untfangen. De marcgreve [Albrechte] sprach, it were sin van sineme aldervadere, unde hadd'it van koning Conrade untfangen." Die Rolle Gertruds vermerken:

Interessanterweise erwähnt keine Quelle den Entzug Sachsens. Die Ausgabe an Albrecht den Bären findet sich zwar in den erzählenden Quellen, aber lediglich der Entzug des bayerischen Herzogtums wird erwähnt.[240] Einzig der Annalista Saxo und von ihm

---

Braunschweigische Reimchronik, MGH DC 2, c. 27, v. 2520-2530, S. 491: „dhir vurste, so men jach,/ gewan zo **erben vil herliche**/ eyne Juttam und herzogen Heynriche,/ dhes zu Begeren was dhe um **gaph/ dher keyser**, dher sin herre was,/ dher werdhe Luther, als ich las,/ **mit Gertrude sinen kinde**./ von dhissem vursten ich ouch vinde,/ daz her besaz algelich/ dhe herscaph in Brunswich;" Chronica ducum de Brunswick, MGH DC 2, c. 11, S. 581: „**Gertrudem filiam** suam ex Rikiza Hinrico duci Bavarie [Lotharius] **dedit**, cui et **ducatum Saxonie** contulit tunc vacantem." Aufgrund der Textstellen beim Annalista Saxo und in den Pöhlder Annalen nimmt Niederkorn (1991, S. 76, Anm. 37) an, daß die Übertragung Sachsens mit der Begründung auf die Ehe zwischen Heinrich dem Stolzen und Gertrud, nicht aber auf einen damit verbundenen Rechtsgrund erfolgte.

[239] Als weitere mögliche Anspruchsgründe, die aber keine Rolle in dem Rechtsfall spielten, wurde in der Forschung erwogen, daß Albrecht der Bär auch Ansprüche von seinem Vater herleiten konnte, der 1112 wenige Wochen lang Herzog von Sachsen gewesen war, bis sich Lothar von Süpplingenburg wieder mit Heinrich V. ausgesöhnt hatte. Bernhardi 1883, S. 42, Anm. 30; Boshof 1988, S. 325; Niederkorn 1991, S. 77. Darüber hinaus war Albrecht der Bär stärker in Sachsen als Markgraf der Nordmark verwurzelt. Heinrich der Stolze ist kaum in Sachsen bezeugt, obwohl er dort über seine Mutter Wulfhild bedeutende Güter besaß. Ebensowenig ist auch sein Vater, Heinrich der Schwarze, in Sachsen bezeugt. Oexle 1968, S. 487. Aufgrund des unsicheren Frauenerbrechts nimmt Niederkorn (1991, S. 76) an, daß die Partei Heinrichs des Stolzen Sachsen aufgrund der Übertragung durch Lothar III. forderte.

[240] Die Historia Welforum gibt an, daß Heinrich dem Stolzen bei der Ächtung in Würzburg ein Herzogtum entzogen wurde, nennt aber den Namen nicht: „Rex [...] Herbipolim pervenit. Ubi iudicio quorundam principum dux proscribitur, ducatusque ei abiudicatur." Historia Welforum (König), c. 24, S. 48. Wegen der Abhängigkeit des Textes von der Chronik Ottos von Freising und dem Problem, daß, wenn sich die Stelle auf Sachsen bezöge, die Historia Welforum den Entzug Bayerns nicht erwähnt, gilt es als gesichert, daß mit dem Herzogtum Bayern gemeint ist. Otto von Freising nennt Bayern zwar ebenfalls nicht beim Namen, aber durch den Zeitpunkt (Weihnachten 1138 in Goslar) ist klar, welches Herzogtum gemeint ist. Darüber hinaus legt Otto von Freising Heinrich dem Stolzen den Titel eines Herzogs von Sachsen auch nicht zu: Ottonis episcopi Frisingensis chronica sive historia de duabus civitatibus, MGH SS RG [45], l. 7, c. 23, S. 345, z. 8-10: „[...] tandem iudicio principum apud Herbipolim proscribitur, ac proxima nativitate Domini in palatio Goslariensi ducatus [Bawariae] ei abiudicatur." Der Annalista Saxo, der Konrad III. zuschreibt, er wollte Heinrich den Stolzen Sachsens berauben (vgl. Anm. 241, S. 241), berichtet vom Goslarer Hoftag lediglich, daß dort nicht nützliches für das Reich betrieben worden sei: „Rex Conradus natale Domini Goslarie celebravit, ubi et publicum conventum

abhängige Quellen, die Heinrich dem Stolzen den Titel „Herzog der Sachsen" zulegen, berichten davon, daß Konrad III. Heinrich den Stolzen des Herzogtums Sachsen berauben wollte:

> „Qui Conradus regalia, que Heinricus dux Bawarie, **qui et dux Saxonum**, gener Lotharii imperatoris, sub se habuit, callide adquisivit, et **eundem ducatu Saxonum privare voluit**, dato eodem Adalberto marchioni."[241]

Obwohl also der Annalista Saxo den Anspruch Heinrichs des Stolzen auf Sachsen als rechtmäßig intendiert, drückt er nicht aus, daß Konrad III. dem Welfen das Herzogtum entzog. Damit weist der Annalista lediglich dem Anspruch, nicht aber dem Besitz Rechtmäßigkeit zu. Konsequent daraus gefolgert bedeutet dies aber nichts anderes, als daß Heinrich der Stolze noch nicht rechtmäßig im Besitz Sachsens war. Es ist hierbei zu bedenken, daß der Annalista Heinrich dem Stolzen gegenüber positiv eingestellt war. Da aber, wie gesehen, die Ansprüche beider Kontrahenten etwa gleichwertig waren, war es nicht illegitim für den Annalista, dem Bayernherzog auch den Titel eines Herzogs von Sachsen beizulegen.

---

habuit, sed **nichil de rei publice utilitate tractatum est**;" Annalista Saxo, MGH SS 6, S. 776, a.a. 1139

[241] Annalista Saxo, MGH SS 6, S. 776, a.a. 1138; vgl. die vom Annalista Saxo abhängigen Quellen: Kölner Königschronik und Paderborner Annalen. Chronica regia Coloniensis, MGH SS RG [18], S. 75, a.a. 1138, Rec. 1: „Qui Cunradus regalia, que Heinricus dux Baioariorum, **qui et dux Saxonum**, gener Liutgeri regis, sub se habuit, callide acquisivit, et **eundem ducatu Saxonie privare voluit**, dato eodem Adelberto marchioni." Vgl. ebd. Rec. 2: „Conradus rex effectus regalia, que penes **Heinricum ducem Saxonie et Bawarie**, generum Lotharii imperatoris, erant, callide acquisivit, et ipsum ducatu Saxonie privare voluit, dato eodem Adelberto marchioni." Annales Patherbrunnenses (Scheffer-Boichorst), S. 167, a.a. 1138: „Qui Cuonradus regalia, quae Heinricus dux Baioariorum, **qui et dux Saxonum**, gener Lotharii imperatoris, sub se habuit callide acquisivit et eundem **ducatu Saxoniae privare voluit**, dato eodem Athelberto marchioni." Vgl. auch Annales Palidenses auctore Theodoro monacho, MGH SS 16, S. 80, a.a. 1138: „Cuius [Conradi III.] a nonnullis, presertim Saxonie principibus, contradictur. Siquidem animis accensis Conradus marchio, Fridericus palatinus comes, Sifridus comes de Boumeneburh, Rodulfus comes de Stadhen, instigante eos inperatrice Richeza, condixerunt, ut pariter venientes adversus Adalbertum marchionem dimicarent."

Allerdings eröffnete der nicht unumstrittene Anspruch Heinrichs des Stolzen dem König den Spielraum, einen ihm genehmen Mann in Sachsen einzusetzen. So erfolgte die Übertragung an Albrecht den Bären Ende Juli/Anfang August 1138.[242] Aufgrund der Ereignisse wird Albrecht der Bär als Parteigänger des Königs gesehen. Offenbar wurde der Markgraf mit der Aussicht auf das Herzogtum für Konrad III. gewonnen.[243] Eine Wahlunterstützung bzw. Anwesenheit des Bären bei der Wahl ist zwar nirgends bezeugt, jedoch nimmt er eine wichtige Rolle bei der Durchsetzung des Königtums Konrads III. ein, wenn dem Bericht des Annalista Saxo gefolgt wird:

> „Inperatrix Richenza indixit conventum principum in festo purificationis sancte Marie apud Quidelingeburh. **Qui conventus inpeditus est ab Adelberto marchioni** et suis conmanipularibus, tollentibus omne servicium inperatricis rapinis quam incendiis et inferentibus. [...] Principes conmunicato consilio decreverunt generalem conventum in pentecoste Mogontie fieri, ut communiter regno preficerent, quemcumque Deus ad id preordinasset."[244]

Durch sein Handeln verhinderte Albrecht der Bär den sächsischen Fürstenkonvent und so eine Absprache der Sachsen, wie sie beim allgemeinen Wahltermin in Mainz stimmen würden. Da der Fürstentag von der Schwiegermutter Heinrichs des Stolzen einberufen

---

[242] Albrecht der Bär wird erstmals in einem Diplom vom 13.8.1138 sicher als Herzog von Sachsen genannt. Diplomata Conradi III., MGH DD 9, Nr. 14 (13.8.1138), S. 24, z. 6: „[...] Otto filius ducis Saxonie [...]." In der Urkunde ist von Otto, einem Sohn Albrechts des Bären, die Rede. Die Nennung in einem Diplom vom 26.7.1138 gilt als problematisch, da die Urkunde offenbar gefälscht oder verunechtet wurde. Diplomata Conradi III., MGH DD 9, Nr. 13 (26.7.1138), S. 21f. Dagegen zeigt Niederkorn (1991, S. 70, Anm. 8), daß die Urkunde auch echt sein könnte.

[243] Dies nehmen an: Bernhardi 1883, S. 42; Haider 1968, S. 59f.; Schmidt 1987, S. 79

[244] Annalista Saxo, MGH SS 6, S. 776, zz. 3-7, 15f., a.a. 1138. Bericht ähnlich in: Annales Patherbrunnenses (Scheffer-Boichorst), S. 165f., a.a. 1138: „Imperatrix Richeza indixit conventum principum in festo purificationis sanctae Mariae Quidilingaburg. **Qui conventus impeditus est ab Athelberto marchione** et suis commanipularibus, tollentibus omne servitium imperatricis, quod ibi habere debuit, et introitum in urbem ei prohibentibus et plurima dampna tam rapinis, quam incendiis ei inferentibus."

worden war, ist davon auszugehen, daß sie eine Festlegung der Sachsen auf den Herzog als Königskandidat betreiben wollte. Zum Zeitpunkt der Wahl Konrads III. waren also die sächsischen Großen noch nicht auf Linie gebracht, was die Anerkennung Konrads III. erleichterte.[245] Aufgrund dieses Befundes muß in Albrecht den Bären ein wichtiger Parteigänger des Staufers gesehen werden, mit dem Konrad III. sein Königtum auch auf Sachsen sicher zu stellen beabsichtigte. Der Erbrechtsanspruch machte darüber hinaus den Bären zu *dem* Kandidaten, der Konrad III. die Möglichkeit eröffnete, rechtlich unbedenklich Heinrich den Stolzen als Herzog von Sachsen nicht anerkennen zu müssen und es an einen Fürsten auszugeben, der dasselbe Recht vorweisen konnte. Daher war auch für Konrad III. kein Prozeß gegen Heinrich den Stolzen notwendig, um die Verfügung über Sachsen zu erhalten. Sachsen konnte aufgrund der mangelhaften Ansprüche Heinrichs des Stolzen als erledigtes Reichslehen angesehen werden. Die Huldigung Albrechts des Bären genügte demnach, um es an diesen auszugeben.[246]

Der sogenannte „Rechtsgrundsatz", daß kein Fürst zwei Herzogtümer zum Lehen haben durfte, kann in diesem Zusammenhang nur als verstärkendes Argument Konrads III. gesehen werden, das die Ausgabe an Albrecht den Bären rechtfertigte. Von der neueren Forschung ist überhaupt widerlegt worden, daß Konrad III. einen solchen Rechtsgrundsatz aufstellte.[247]

---

[245] zur Frage der Anerkennung siehe A. 3.3.3, S. 100-102

[246] Niederkorn 1991, S. 74-77; ebd. wird auch die These vertreten, daß Heinrich der Stolze nicht Ende Juli in Würzburg, sondern erst im Herbst geächtet worden ist. Dies ändert aber nichts an der rechtlichen Unbedenklichkeit der Neuausgabe Sachsens an Albrecht den Bären.

[247] Boshof 1988, S. 323; Niederkorn 1991, S. 75. Die einzige Quelle, die diesen „Rechtsgrundsatz" anführt ist: Helmoldi presbyteri Bozoviensis chronica Slavorum, MGH SS RG [32], l. 1, c. 54, S. 106: „Statim enim, ut corpus defuncti cesaris perlatum est in Saxoniam et Lutture tumulatum, ortae sunt sediciones inter Heinricum regis generum et Adelbertum marchionem, contendentium propter ducatum Saxoniae. Conradus autem rex in solio regni levatus Adelbertum in ducatu firmare nisus est, **iniustum esse** perhibens quemquam principum duos tenere ducatus. Nam Heinricus duplicem sibi vendicabat principatum, Bawarie atque Saxoniae." ebd. l. 1, c. 72,

Neben diesem Konflikt um den Träger der Herzogsgewalt insgesamt, weist Wadle auf die Problematik der Unterscheidung von Königs- und Hausgut Lothars III. in Sachsen hin.[248] Da der König offenbar Sachsen bis zu seinem Tod in Besitz gehalten hatte, verwischte sich die Kompetenz beim Landesausbau; z.B. gründete er in den Dreißiger Jahren die Burg Alberg (heute Segeberg) als castrum regale in Nordelbingen. Die Burg blieb direkt unter der Herrschaft des Königs. Vor 1125 aber hatte er als Herzog bereits mit dem Ausbau des Umlandes begonnen.[249] Es gab also auch dieselben Schwierigkeiten in Sachsen nach der Wahl von 1138, wie in Franken nach 1125.

3.3.2. Bayern: rechtliche Grundlagen und Motive

Während sich der Konflikt um Sachsen auf der Basis keines eindeutigen Anspruches Heinrichs des Stolzen entspann, hatte die Auseinandersetzung um Bayern andere Grundlagen. Der Anspruch auf den Besitz Bayerns konnte Heinrich dem Stolzen nicht angefochten werden. Als ältester Sohn Heinrichs des Schwarzen hatte er das Herzogtum 1126 in Besitz genommen. Der Entzug konnte also lediglich mit seiner Ächtung gerechtfertigt werden. Das führt zu der Frage, ob Heinrich der Stolze rechtlich begründbar geächtet worden ist.

S. 137: „Ille [Heinricus marchio Austriae et duci Bawariae] adiuvabatur a rege fratre, **iniustum esse** perhibente quemquam principum duos habere ducatus." Von der Aufstellung eines Rechtsgrundsatzes ist darin nichts zu finden. Es ist lediglich ausgesagt, daß Konrad III. und Heinrich Jasomirgott der Meinung waren, daß es ungerecht sei, wenn ein Fürst zwei Herzogtümer besäße. Als Präzedenzfall für einen Doppelherzog kann der Liudolfinger Otto herangezogen werden, der in der Regierungszeit Kaiser Ottos II. gleichzeitig Herzog von Schwaben (973-982) und von Bayern (976-982) gewesen war. Bernhardi 1883, S. 55, Anm. 13; Boshof 1988, S. 323. Dagegen vertreten Feldmann (1971, S. 13), die eine Fürstensentenz annimmt, und Fuhrmann (1983, S. 143) die These vom „Rechtsgrundsatz".

[248] Wadle 1969, S. 139
[249] Diplomata Lotharii III., MGH DD 8, Nr. 114 (17.3.1137), S. 182-184; Wadle 1969, S. 247-249

Bereits der Rechtsgrund für die Ächtung bietet Schwierigkeiten. In den Quellen ist er nicht vermerkt. Bernhardi und Jordan nehmen an, daß die Ächtung aufgrund der Huldigungsverweigerung erfolgte.[250] Dem widerspricht aber, daß Heinrich der Stolze offenbar nicht zu Konrad III. vorgelassen worden war und sich vielfach um Aussöhnung bemüht hatte.[251] Niederkorn vertritt deshalb die These, daß Konrad III. die Ächtung aufgrund der befürchteten Anschläge von Heinrich dem Stolzen in Regensburg betrieb.[252]

In diesem Zusammenhang ist es aber entscheidend, wozu eine Achtverhängung überhaupt diente und ob sie bereits eine Form der Strafe darstellte. Heinemeyer legt dar, daß die Acht als prozessuales Mittel gebraucht wurde, um Säumige zum Gericht zu zwingen. In der Mitte des 12. Jahrhunderts bedeutete dann die Acht noch nicht die völlige Friedlosigkeit; dies bewirkte erst die Oberacht. Sowohl Acht, als auch Oberacht waren aber lösbar. Die Acht war also an sich noch keine Strafe, sondern ein Machtmittel des Königs.[253] Wie Althoff feststellt, ist es auffällig, daß in vielen Prozessen dieser Zeit ein Beklagter lieber ein Kontumazialurteil — was ja fast immer eine Ächtung nach sich zog — über sich ergehen ließ, als vor Gericht zu erscheinen. Auch hatten Ächtungen oftmals wenig Auswirkung auf das Verhalten von Familienangehörigen, Freunden und Vasallen.[254] Auf Heinrich den Stolzen angewendet, bedeutet dies, daß in der

---

[250] Bernhardi 1883, S. 55; Jordan 1970a, S. 376
[251] Ottonis episcopi Frisingensis chronica sive historia de duabus civitatibus, MGH SS RG [45], l. 7, c. 23, S. 345, z. 3-8: „Quo [Herbipoli] veniens regalia quidem reddidit, sed tamen **ante conspectum regis non admissus** interfecto pacis negotio sine gratia eius recessit. Cumque multis modo homo prius animosus et elatus, sed nutu Dei humiliatus misericordiam peteret nec inpetraret [...]"
[252] Niederkorn 1991, S. 74. Historia Welforum (König), c. 24, S. 48: „Rex ergo **metuens aliquid in se machinari**, dum peracta cena cubitum se ire simularet, adductis clam equitaturis, cum paucis, nulli de principibus valedicens, exivit ac militem suum reliquum in magno discrimine reliquens Herbipolim pervenit."
[253] Heinemeyer 1981, S. 39f. Die Oberacht entwickelte sich offenbar erst in der zweiten Hälfte des 12. Jahrhunderts. Niederkorn 1991, S. 71
[254] Althoff 1992, S. 334

Acht — so hart sie in den Rechtsstatus des Herzogs eingriff und so vorschnell sie verhängt worden sein mag — vorrangig das Mittel gesehen werden muß, den Herzog zur Anerkennung des königlichen Willens zu zwingen. In Regensburg war deutlich geworden, daß Konrad III. auf Abtretung einiger Güter bestand, die von Heinrich dem Stolzen beansprucht wurden.[255] Die schnellen königlichen Verfügungen über Sachsen, legen aber nahe, daß es dem König offenbar nicht nur um einige Güter, sondern um das Herzogtum selbst ging.[256]

Die „formaljuristische" Rechtmäßigkeit der Ächtung ist in der Forschung umstritten. Die Ächtung eines Fürsten bedurfte der Aburteilung durch Stammesgenossen. Namentlich werden allerdings keine Fürsten erwähnt.[257] Auch sind vom Würzburger Hoftag keine Diplome erhalten. Boshof weist aber eine Reihe schwäbischer Große — die Herzöge Friedrich II. von Schwaben und Konrad III. von Zähringen, den Grafen Ulrich von Lenzburg und der Edelfreie Walther von Lobenhausen — zeitlich und räumlich nahe in der Umgebung des Königs nach. Diese könnten an dem Urteil mitgewirkt haben.[258] Boshof erklärt auch, daß die Frage nach der dreimalig versäumten Ladung, wie sie die Forschung im Zusammenhang mit dem Prozeß gegen Heinrich den Löwen 1179/80 herausgearbeitet hat, für den Fall Heinrichs des Stolzen nicht maßgeblich ist, da sich

---

[255] Historia Welforum (König), c. 24, S. 46: „Rex enim non aliter compositionem fieri voluit, nisi dux quaedam de his, quae a Lothario imperatore susceperat ac possederat, resignaret."

[256] Niederkorn (1991, S. 73) nimmt an, daß die Ächtung erst im Herbst 1138 und nicht schon Ende Juli in Würzburg erfolgte. Sollte dies dem Hergang entsprechen, so ist dies ein klarer Hinweis darauf, daß Konrad III. den Herzog zur Anerkennung der königlichen Verfügungen bezüglich Sachsens zwingen wollte.

[257] Ottonis episcopi Frisingensis chronica sive historia de duabus civitatibus, MGH SS RG [45], l. 7, c. 23, S. 345, z. 8f.: „[...] tandem iudicio principum apud Herbipolim proscribitur [...]." Historia Welforum (König), c. 24, S. 48: „Rex [...] Herbipolim pervenit. Ubi iudicio quorundam principum dux proscribitur [...]." Die Historia Welforum steht in dieser Passage in Abhängigkeit von Otto von Freising.

[258] Boshof 1988, S. 327

dieser Rechtssatz offenbar erst in der zweiten Hälfte des 13. Jahrhunderts entwickelte.[259]

Der letzte Punkt eines korrekten Ächtungsverfahrens war die Forderung nach der Achterlassung auf Stammesboden. Würzburg gehörte aber nicht zu Schwaben, der terrae natali des Herzogs. Mitteis sieht darin einen schweren Rechtsbruch.[260] Dagegen vertreten Boshof und Niederkorn die These, daß der König offenbar „frei von Formstrenge" war, da ja auch später Heinrich der Löwe nicht auf schwäbischem Boden geächtet wurde.[261]

Boshof kommt zu dem Schluß, daß die Ächtung „formaljuristisch" korrekt durchgeführt worden sei. Dagegen wendet sich Althoff, der in Zweifel zieht, daß „formaljuristisch" sich überhaupt für das 12. Jahrhundert definieren lasse.[262] Auch für Feldmann ist die

---

[259] Boshof 1988, S. 327
[260] Mitteis 1927, S. 44f.
[261] Boshof 1988, S. 328; Niederkorn 1991, S. 72
[262] Boshof 1988, S. 328; Althoff 1992, S. 346. Er begründet dies auch damit, daß es zu keinem Abfall von Heinrich dem Stolzen gekommen ist und eine Reichsheerfahrt, die darüber hinaus schlecht verlief, nötig war. Allerdings berichten sowohl Otto von Freising, als auch indirekt die Historia Welforum davon, daß Heinrich der Stolze in Bayern die Unterstützung verlor. Ottonis episcopi Frisingensis chronica sive historia de duabus civitatibus, MGH SS RG [45], l. 7, c. 23, S. 345: „Et mirum dictu, princeps ante potentissimus et cuius auctoritatis, ut ipse gloriabatur, a mari usque ad mare, id est a Dania usque in Siciliam, extendebatur, in tantam in brevi humilitatem venit, ut **pene omnibus fidelibus et amicis suis in Baioaria a se deficientibus clam inde egresses, III**^{or} **tantum comitatus sociis**, in Saxoniam veniret." Die Konzeption von der großen Macht des Herzogs, die innerhalb weniger Zeit zu Staub zerfällt, läßt annehmen, daß Otto von Freising hier bewußt übertrieb, um sein Geschichtsbild — der hochmütige Fürst wird bestraft — nahezubringen. Insofern ist die Angabe, daß nur vier Gefährten Herzog Heinrich begleiteten, gewiß falsch. Historia Welforum (König), c. 24, S. 48: „Dux ergo in subsequenti die post egressum regis de Augusta, suis prout poterat propere dispositis, **non multis comitatus** in Saxoniam properat." Die Historia Welforum bietet die Schwierigkeit, daß sie den Zug des Herzogs nach Sachsen kurz nach der Zusammenkunft in Regensburg ansetzt. Dagegen legen andere Quellen offen, daß Heinrich der Stolze erst Ende 1138 in Sachsen ankam: vgl. Ottonis episcopi Frisingensis chronica sive historia de duabus civitatibus, MGH SS RG [45], l. 7, c. 23, S. 345; Annalista Saxo, MGH SS 6, S. 776, a.a. 1139; Annales Palidenses auctore Theodoro monacho, MGH SS 16, S. 80; Sächsische Weltchronik, MGH DC 2, c. 291, S. 216. Bei Otto von Freising ergibt es sich aus der Stellung nach dem Goslarer Hoftag zu Weihnachten 1138. Der Annalista Saxo gibt an, daß

Frage der Rechtmäßigkeit aufgrund der Quellenlage kaum lösbar. Viel wichtiger ist für sie die Frage: „Welche rechtlichen Mittel glaubten Welfen und Staufer in ihrer Auseinandersetzung jeweils in der Hand zu haben, auf welche Rechtstitel haben sie sich berufen, wie hat die Gegenseite reagiert?"[263] Die Frage nach „formaljuristischer" Korrektheit soll demnach gar nicht gestellt werden.

Entscheidend ist meines Erachtens, daß in keiner Quelle, auch nicht in der Heinrich dem Stolzen nahen Historia Welforum, Kritik geübt wird, daß die Ächtung unrechtmäßig erfolgte bzw. durchgeführt wurde. Die Zeitgenossen, auch die Heinrich dem Stolzen gegenüber positiv eingestellten Chronisten, sahen darin keine unrechte Handlung des Königs.[264] Für Althoff ist die Ächtung Heinrichs des Stolzen überhaupt nur ein Mittel zur zusätzlichen Legitimation des königlichen Vorgehens: Davon ausgehend, daß im 12. Jahrhundert die gütliche, außergerichtliche Einigung (compositio) dem Gerichtsprozeß vorgezogen wurde, wäre nach dem Fehlschlag der Regensburger Verhandlungen eigentlich die Fehde gefolgt. Konrad III. schob aber einen Prozeß dazwischen.[265]

Heinrich der Stolze zur Zeit des Goslarer Hoftages zu Weihnachten 1138 nach Sachsen kam. Ebenso vermerken es die Pöhlder Annalen. Die Weltchronik stellt die Ankunft Heinrichs des Stolzen inhaltlich nach dem Goslarer Hoftag.

[263] Feldmann 1973, S. 314

[264] Boshof (1988, S. 317) führt an, daß Konrad III. 1138/39 kaum in der Lage war, einen gravierenden Willkürakt zu begehen bzw. Heinrich den Stolzen nach fadenscheinigen Gründen abzuurteilen, da er auf die Unterstützung der Fürsten angewiesen war. Heinrich der Stolze mag zwar unbeliebt gewesen sein, dennoch begründet dies keine Fürstenkoalition gegen ihn bzw. den Herzog, die sich als Werkzeug Konrads III. zum Sturz eines Standesgenossen einsetzen ließ. Vgl., daß die Fürstenkoalition gegen Heinrich den Löwen erst nach langen schweren Kämpfen dessen Sturz betrieb; dazu A. 4.4, S. 160

[265] Althoff 1995, S. 84. Bestätigung seiner These sieht er auch darin, daß die Reichsexekution nicht zuletzt deshalb schlecht verlief, weil Bischöfe den Waffengang zwischen beiden Heeren verhinderten. Annalista Saxo, MGH SS 6, S. 776f., a.a. 1139: „Appropinquante festo assumptionis sancte Marie, Conradus archiepiscopus cum Heinrico duce et predictis principibus aput Cruceburh contra regem convenit, qui Saxoniam devastare summis viribus conabatur. Sed **episcopi**, qui perplures illo cum rege convenerant, **pugnaturis impedimento fuerunt**; factaque compositione inter utramque

Der Verlauf der Auseinandersetzungen um Bayern weist einige Merkwürdigkeiten auf. Heinrich der Stolze begab sich Ende 1138 nach Sachsen um sich dort dem König zu widersetzen und überließ es seinem Bruder Welf VI., das patrimonium paternam zu verteidigen. Konrad III. entzog zu Weihnachten 1138 auch Bayern, was nur konsequent nach der Ächtung war, gab es aber sofort wieder aus, nämlich an Markgraf Leopold IV. von Österreich, seinen Halbbruder.

Obwohl Bayern nicht originär den Hauptkonflikt darstellte, läßt sich zum Ende des Jahres 1138 eine erhebliche Verhärtung der Fronten feststellen.[266] Dies zeigt sich darin, daß Konrad III. Bayern als beneficium wieder ausgab. Er wählte so die einschneidenste Form des Verfahrens mit Konfiskationsgütern. Wenn er noch auf eine Vermittlung gehofft hätte, wäre es vernünftiger gewesen, Bayern als Krongut zu verwalten. Das Herzogtum in ditioni regiminis zu

    partem usque ad condictum tempus, singuli cum pace redierunt." Obwohl also ein Urteil bereits ergangen war, waren dennoch weitere Verhandlungen möglich. Althoff 1992, S. 346

[266] Die Chronologie der Ereignisse von 1138 ist aus den Quellen nicht einfach zu erschließen. Die Historia Welforum teilt mit, das Heinrich der Stolze in Würzburg geächtet worden ist und ihm gleichzeitig Bayern entzogen wurde: „Rex [...] Herbipolim pervenit. Ubi iudicio quorundam principum dux proscribitur, ducatusque ei abiudicatur." Historia Welforum (König), c. 24, S. 48. Die Historia ist aber zum einen in der Chronologie dieser Ereignisse allgemein nicht sicher — vgl. Anm. 262, S. 94 — und zum anderen von Otto von Freising abhängig. Dieser berichtet aber, daß Heinrich der Stolze zwar in Würzburg geächtet wurde, aber erst zum Weihnachtsfest in Goslar das Herzogtum Bayern verlor: „[...] iudicio principum apud Herbipolim proscribitur, ac proxima nativitate Domini in palatio Goslariensi ducatus ei abiudicatur." Ottonis episcopi Frisingensis chronica sive historia de duabus civitatibus, MGH SS RG [45], l. 7, c. 23, S. 345, z. 8-10. Aufgrund der sichereren Chronologie ist die Darstellung Ottos von Freising vorzuziehen. Vgl. auch Niederkorn 1991, S. 69f. Zur Ausgabe Bayerns erklärt die Historia aber, daß Leopold IV. erst zu der Zeit mit dem Herzogtum belehnt wurde, als Konrad III. sich wieder dort befand: „At rex ducatum Saxoniae Alberto marchioni, consobrino eiusdem ducis, **Noricum vero post in Bawariam veniens** Leopoldo, filio Leopaldi marchionis, fratri suo ex parte matris, tradidit." Historia Welforum (König), c. 24, S. 48. Otto von Freising läßt den genauen Zeitpunkt der Belehnung offen. Konrad III. ist nach Goslar das ersten Mal Anfang Juni 1139 nahe Bayern bezeugt: Er urkundet in Würzburg. Diplomata Conradi III., MGH DD 9, Nr. 28 (3.6.1139), S. 45f. Allerdings befand er sich kurz vor Goslar noch 1138 in Nürnberg. Diplomata Conradi III., MGH DD 9, Nr. 15 (Dezember 1138), S. 24f.; ebd. Nr. 16 (Dezember 1138, verunechtet), S. 26-28

halten wäre ein klares Zeichen dafür gewesen, daß Heinrich der Stolze bei seiner Unterwerfung das Herzogtum zurückerhalten hätte. Die Belehnung eines anderen aber, vor allem eines Blutsverwandten, wies deutlich darauf hin, daß der Entzug Bayerns endgültig sein sollte.[267] Damit hatte der König Heinrich den Stolzen in die Lage gebracht, um alles oder nichts kämpfen zu müssen. Durch was aber wurde die Vorgehensweise des Königs motiviert und worauf lief sie hinaus?

Ob das Vorgehen politisch klug war oder nicht, ist nicht entscheidend. Vielmehr ist es wichtig, wodurch Konrad III. sich überhaupt in die Lage gesetzt sah, dem vormals mächtigsten Fürsten auch sein patrimonium paternam zu nehmen. In den Quellen findet sich übereinstimmend, daß Heinrich der Stolze nach der Ächtung seinen Rückhalt in Bayern verlor und mit nur wenigen Begleitern nach Sachsen aufbrach.[268] Erst aufgrund dieser Entwicklung hatte Konrad III. scheinbar die Position errungen, mit aller Härte gegen Heinrich den Stolzen auch in Bayern vorgehen zu können und dabei gute Aussichten auf Erfolg zu haben. Es stellte den Ansatz zu einer Politik dar, die zu einem mächtigen Königtum führen sollte: Alle Reichsglieder stehen hinter dem König.[269] Der König selbst kann

---

[267] vgl. zu den rechtlichen Möglichkeiten dazu Faußner 1973, S. 412. Dieser zeigt ebd. auch die Möglichkeit auf, das Konfiskationsgut in proprietate regis zu stellen. Damit wäre das Konfiskationsgut Hausgut des Königs geworden. Diese Option scheint mir aber nach dem Regensburger Weistum von 1125 gar nicht möglich zu sein. Siehe A. 2.3, S. 45f.

[268] Ottonis episcopi Frisingensis chronica sive historia de duabus civitatibus, MGH SS RG [45], l. 7, c. 23, S. 345: „Et mirum dictu, princeps ante potentissimus et cuius auctoritatis, ut ipse gloriabatur, a mari usque ad mare, id est a Dania usque in Siciliam, extendebatur, in tantam in brevi humilitatem venit, ut **pene omnibus fidelibus et amicis suis in Baioaria a se deficientibus clam inde egresses, IIII^{or} tantum comitatus sociis**, in Saxoniam veniret." Historia Welforum (König), c. 24, S. 48: „Dux ergo in subsequenti die egressum regis de Augusta, suis prout poterat propere dispositis, **non multis comitatus** in Saxoniam properat." Zu diesen Textstellen siehe Anm. 262, S. 262

[269] zur Politik Konrads III., Verwandte in wichtige Positionen zu bringen vgl. Hausmann 1968, S. 62-64. Die wichtigsten darunter waren: 1139 wurde das Herzogtum Niederlothringen an Gottfried II. von Löwen, der mit Konrad III. verschwägert war, ausgegeben. 1139 bis 1141 war Heinrich Jaso-

sich fest durch Familienbande auf Schwaben, Franken und Bayern stützen. In Sachsen hält ein treuer Mann die Herzogsgewalt, der seine Macht dem König selbst verdankt und ihm deshalb verbunden ist.

Die Ausgabe Bayerns an Leopold IV. von Österreich hatte mehrere Vorteile: Als bayerischer Markgraf war er kein Landfremder und als Inhaber einer Markgrafschaft verfügte er über einen geschlossenen Machtblock. Er konnte verwandtschaftlich ebenso herzogliche Vorfahren vorweisen wie die Welfen,[270] auch wenn sein Anspruch auf Bayern natürlich nicht dem Heinrichs des Stolzen gleichkam. Schließlich war er eng mit dem König selbst verwandt war: Agnes, die Tochter Kaiser Heinrichs IV., war ihre gemeinsame Mutter.

Heinrich der Stolze hatte in dieser Konzeption keinen Platz. Die verwandtschaftlichen Beziehungen zwischen ihm und dem König waren nur weitläufig: Judith, die Schwester Heinrichs des Stolzen, war die erste Gattin Herzog Friedrichs II. von Schwaben gewesen. Ihr Tod 1130/1 hatte diese Bande letztlich aufgelöst. Mit der Einsetzung Leopolds IV. von Österreich wurde es unmißverständlich klar, daß eine völlige Verdrängung der Welfen geplant war. In dieser Lage überließ es Heinrich der Stolze, der in Bayern seinen Rückhalt verloren hatte, seinem Bruder Welf VI., Bayern zu halten.[271] Heinrich der Stolze hatte kaum andere Möglichkeiten. In Sachsen bestand

---

mirgott, Halbbruder Konrads III., Pfalzgraf bei Rhein. Vgl. dazu auch Werle 1959, S. 139; ders. 1962, S. 294. 1142 ging die Pfalzgrafschaft an Hermann von Stahleck, den Gatten der einzigen leiblichen Schwester Konrads III. vgl. dazu Werle 1959, S. 139-141; ders. 1962, S. 294f. 1146 bekam Graf Gebhard III. von Sulzbach, ein Schwager Konrads III., die nordbayerische Markgrafschaft.

[270] Die Könige Heinrich III. (1027 bis 1042 und 1055 bis 1056 als Herzog Heinrich VI. von Bayern) und Heinrich IV. (1053 bis 1054 und 1077 bis 1096 als Herzog Heinrich VIII. von Bayern) waren zeitweise auch Herzöge von Bayern gewesen. Dieser Anspruch ging durch Agnes, die Tochter Heinrichs IV., auf Leopold IV. von Österreich über. Vgl. Faußner 1984, S. 71, Tafel 5

[271] Welf VI. hatte Ende der Zwanziger Jahre einen Großteil der gutorganisierten Allodien in Schwaben in Besitz genommen. Diese stellten eine nicht unerhebliche Machtgrundlage dar. Feldmann 1971, S. 2-4; dies. 1973, S. 312f.

wenigstens die Aussicht, über seine Gattin Gertrud und seine Schwiegermutter Richenza Rückhalt zu finden. In Bayern wäre er letztlich, trotz des legitimen Herzogstitels, nur das „Anhängsel" seines jüngeren Bruders gewesen. Die Markgrafschaft Tuszien, in der die welfische Herrschaft nicht greifbar ist — Heinrich der Stolze betrat sie jedenfalls nie —, mußte aufgegeben werden, da in der Situation der Ächtung bestenfalls noch durch einen Bruder Heinrichs des Stolzen die Herrschaft gehalten werden konnte. Außer Welf VI., der aber schon mit Bayern ausgelastet war, hatte er aber keinen weiteren.[272]

Der Konflikt um die Güter Heinrichs des Stolzen zeigt in seinem Verlauf eine Zunahme der Intensität. Zudem häuften sich die Konfliktfaktoren. Am Beginn stand der Streit um das Herzogtum Sachsen. In dieser Phase war der Konflikt beschränkt auf die Auseinandersetzung um den rechtmäßigen Besitz des Herzogtums, in die sich auch Probleme der Unterscheidung zwischen Königs- und Hausgut Lothars III. mischten. Zur Absicherung seiner Politik wendete Konrad III. ein prozessuales Mittel an: die Ächtung. Sie raubte dem Herzog die Machtgrundlage in Bayern und setzte König Konrad III. in die Lage, den widerstrebenden Fürsten ganz auszuschalten. So trat mit der Ausgabe Bayerns an Leopold IV. von Österreich der Konflikt in eine neue Phase: Heinrich der Stolze sollte gänzlich verdrängt werden. Der Konflikt weitete sich zu einem Kampf um die Stellung Heinrichs des Stolzen und seiner Verwandten aus. Als Konfliktfaktor kam die Konzeption Konrads III. hinzu, im ganzen Reich an wichtigen Positionen Verwandte bzw. treue Gefolgsleute zu haben. Diese Politik war natürlich nicht neu. Der persönliche Zug Konrads III. darin aber war, daß er sehr schnell jede Möglichkeit für eine Aussöhnung vernichtete. Lothar III. hatte hinge-

---

[272] Tuszien ist spätestens ab Juli 1139 an Ulrich von Attems ausgegeben worden. Feldmann 1971, S. 35. Konrad, der zweitgeborene Sohn Herzog Heinrichs des Schwarzen, war Zisterziensermönch geworden und bereits 1126 verstorben. Vgl. Jordan 1980a, S. [296f.], Tafel [2] (Stammtafel der jüngeren Welfen)

gen in seiner Auseinandersetzung mit den Staufern das Herzogtum Schwaben Friedrich II. nicht entzogen und schon gar nicht erneut ausgegeben. Die Politik Konrads III. erinnert vielmehr an die salische Politik, die schnell bereit gewesen war, Herzogtümer zu entziehen und neu auszugeben.[273] Das militärische Scheitern Konrads III. in Sachsen und die Ablehnung Albrechts des Bären durch die sächsischen Großen ließ die Hoffnung auf eine schnelle Verwirklichung der Konzeption schwinden. Der überraschende Tod Heinrichs des Stolzen veränderte die Lage gravierend.

3.3.3. Territorialkonflikt als fortgesetzter Königsanspruch?

Die Auseinandersetzungen zwischen Herzog und König, die schnell eine Intensität erreichten, die unter Lothar III. nicht gesehen worden war, läßt die Frage aufkommen, ob Heinrich der Stolze auch nach der Wahl Konrads III. einen Anspruch auf das Königtum erhob, bzw. ob er an ein Gegenkönigtum dachte. Die Frage ist in der Forschung niemals gestellt worden. Dies liegt nicht zuletzt daran, daß in den Quellen von solchen Bestrebungen Heinrichs des Stolzen explizit nirgends die Rede ist. Keine Chronik erwähnt, daß Heinrich der Stolze Anspruch auf den Thron erhob. Die Frage ist deshalb nur aufgrund der Ausdeutung der Ereignisgeschichte mit allen damit verbundenen Mängeln zu klären.

Ein Indiz für einen fortgesetzten Königsanspruch Heinrichs des Stolzen könnte in der Verschleppung der Herausgabe der Reichsinsignien zu sehen sein: Auf dem großen Pfingsthoftag (22. Mai) in Bamberg, auf dem Konrad III. die Anerkennung der sächsischen Großen erhielt, war Heinrich der Stolze nicht anwesend und hielt die Reichsinsignien weiterhin in Besitz. Zu deren Auslieferung setzte

---

[273] z.B. entzog Heinrich V. 1112 in einem sekundären Konflikt Lothar von Süpplingenburg das Herzogtum Sachsen (26.3.1112) und gab es an Otto von Ballenstedt aus. Nach wenigen Wochen (16.6.1112) wurden diese Verfügungen rückgängig gemacht. Glaeske 1962, S. 152; Vogt 1959, S. 12-14; ebd. S. 151f., Regg. 14f., 17; Fenske 1977, S. 342. Vgl. zur salischen Politik gegenüber Herzogtümern allgemein den Aufsatz von Goetz (1991)

Konrad III. einen Hoftag für den 29.6.1138 in Regensburg an. Heinrich der Stolze hatte kaum Möglichkeiten einem Hoftag in seinem eigenen Herzogtum auszuweichen. Er kam auch dorthin und lieferte die Insignien aus. Er huldigte Konrad III. aber nicht.[274] Mit der Herausgabe der königlichen Zeichen erkannte er indirekt das Königtum Konrads III. an.[275] Auch wenn er ihm nicht huldigte, so zeigt sein Verhalten, daß er zu diesem Zeitpunkt keine Königsbestrebungen mehr hatte. Daß er sich aber vor der Wahl Konrads III. als König sah, ist kaum zu bestreiten. Weshalb ließ er spätestens dreieinhalb Monate nach der Wahl Konrads III., bei der er ebensowenig beteiligt gewesen war wie sein Anhang, alle Ansprüche fahren?

Hier muß der Frage nachgegangen werden, inwieweit ein Königtum Heinrichs des Stolzen nach der Wahl Konrads III. überhaupt noch möglich gewesen war. Gemäß mehreren Quellen erhob sich gegen Konrad III. nach der Wahl einiger Widerstand. Dieser läßt sich in zwei Gruppen trennen, die unterschiedliche Punkte beklagten:

---

[274] Ottonis episcopi Frisingensis chronica sive historia de duabus civitatibus, MGH SS RG [45], I. 7, c. 23, S. 344f.: „Itaque Conradus rex in pentecosten curiam in prefata civitate [Babenberg], ut condictum erat, cum maximo regni fastigio, maximo conventu principum habuit, ubi omnes Saxones simul cum viduata imperatrice Richiza venientes ultro se suae ditioni subdidere. Solus ex principibus Heinricus dux regalia servans aberat, ad quae reddenda in festivitate apostolorum Petri et Pauli dies ei Ratisponae prefigitur. Quo veniens regalia quidem reddidit, sed tamen **ante conspectum regis non admissus** interfecto pacis negotio **sine gratia eius recessit.**" Die Historia Welforum ändert an der Darstellung wenig (Übernahmen in kursiv): „*Heinricus dux regalia servans aberat, ad quae reddenda in festivitate apostolorum Petri et Pauli dies ei Ratisponae prefigitur. Quo veniens regalia quidem* multis illectus promissis *reddidit*, sed ad ea, quae ulterius inter eos tractanda erant, dies ei in brevi post Augustae praescribitur." Historia Welforum (König), c. 24, S. 46

[275] Es ist in diesem Zusammenhang gleichgültig, ob Heinrich der Stolze von Konrad III. dabei getäuscht worden war oder nicht. Auf jeden Fall gab er damit letztlich den Königsanspruch auf. Vgl. Historia Welforum (König), c. 24, S. 46: „Quo veniens regalia quidem **multis illectus promissis** reddidit, sed ad ea, quae ulterius inter eos tractanda erant, dies ei in brevi post Augustae praescribitur." Annalista Saxo, MGH SS 6, S. 776, a.a. 1138: „**Qui Conradus regalia**, que Heinricus dux Bawarie, qui et dux Saxonum, gener Lotharii imperatoris, sub se habuit, **callide adquisivit**, et eundem ducatu Saxonum privare voluit, dato eodem Adalberto marchioni."

Erzbischof Konrad von Salzburg beklagte, daß der Wahltermin zu Pfingsten nicht eingehalten worden war.[276] Die Legitimität Konrads III. wird aber nicht in Frage gestellt.

Sächsische Große beklagten, daß das Herzogtum an Albrecht den Bären ohne ihre Zustimmung ausgegeben worden war:

„Cui [Conrado III.] a nonnullis contradicitur, precipue Saxonie principibus, **quia ducatum regionis ipsius absque consilio eorum** Adelberto marchioni concesserat volens eo privare ducem Heinricum sibi contrarium."[277]

Beim Annalista Saxo steht der anfängliche Widerstand einiger sächsischer Fürsten gegen Konrad III. im engen Zusammenhang mit der Erhebung Albrechts des Bären zum Herzog von Sachsen, den sie bekämpften:

„Cuius [Conradi III.] a nonnullis, presertim Saxonie principibus, contradictur. Siquidem animis accensis Conradus marchio, Fridericus palatinus comes, Sifridus comes de Boumeneburh, Rodolfus comes de Stadhen, instigante eos inperatrice Richeza, condixerunt, ut pariter venientes adversus Adalbertum marchionem dimicarent."[278]

Nach Otto von Freising wird sogar die Legitimät der Wahl in Zweifel gezogen. Dieser Vorwurf steht in Verbindung damit, daß sie bei der Wahl nicht anwesend waren.[279]

Der Widerstand gegen Konrad III. brach aber bald zusammen. Die Sachsen unterwarfen sich ihm schließlich auf dem Hoftag zu

---

[276] Erzbischof Albero von Trier rechtfertigt sein Vorgehen in einem Brief an den Salzburger Erzbischof. Epistolae Bambergenses cum aliis monumentis permixtae, BRG 5, Nr. 32 (März 1138), S. 528f.; vgl. auch Vita Chunradi archiepiscopi Salisburgensis, MGH SS 11, c. 5, S. 66. siehe Quellenzitate in Anm. 225, S. 105

[277] Annales Palidenses auctore Theodoro monacho, MGH SS 16, S. 80, a.a. 1138

[278] Annalista Saxo, MGH SS 6, S. 776, a.a. 1138

[279] Ottonis episcopi Frisingensis chronica sive historia de duabus civitatibus, MGH SS RG [45], I. 7, c. 22, S. 344: „At Saxones et dux Heinricus alique, qui **electioni non interfuerant**, regem **non legitime**, sed per surreptionem electum calumpniabantur."

Pfingsten in Bamberg.²⁸⁰ Erzbischof Konrad von Salzburg lenkte schließlich auf dem Hoftag in Regensburg Ende Juni ein.²⁸¹ Spätestens ab dem Regensburger Hoftag, auf dem Heinrich der Stolze ja die Reichsinsignien aushändigte, läßt sich nirgends im Reich außer von Heinrich dem Stolzen noch Widerstand belegen.²⁸² Der Herzog hatte daher in dieser Phase gar nicht die Möglichkeit gehabt, eine Gegenkönigswahl zu organisieren. Vielmehr mußte er sich um die Anerkennung als Herzog von Sachsen bemühen. Wie aus dem Bericht der Pegauer Annalen hervorgeht, widerstrebten die sächsischen Großen dem König nicht deshalb, weil er das Herzogtum

---

[280] Ottonis episcopi Frisingensis chronica sive historia de duabus civitatibus, MGH SS RG [45], I. 7, c. 23, S. 344: „Itaque Conradus rex in pentecosten curiam in prefata civitate [Babenberg], ut condictum erat, cum maximo regni fastigio, maximo conventu principum habuit, ubi **omnes Saxones** simul cum viduata imperatrice Richiza venientes **ultro se suae ditioni subdidere.**" Vgl. Anwesenheit auf Hoftag gemäß Zeugenliste in Diplomata Conradi III., MGH DD 9, Nr. 10 (17/23.4.1138), S. 17; Gotifredi Viterbiensis Pantheon, MGH SS 22, S. 260: „Ad quam [curiam apud Babinberc **Saxones] venientes simul cum imperatrice** vidua Lotharii, in gratiam et pacem regis sunt omnes recepti, excepto solo duce Bawarorum Heinrico, qui cognominabatur Superbus." Annales S. Disibodi, MGH SS 17, S. 25, a.a. 1139: „Rex curiam apud Babinberc in penthecosten habuit; **ubi principes totius regni convenerant, Saxones quoque omnes,** excepto duce Bavarie Henrico, defuncti imperatoris Lotharii genero." Cosmae chronicae Boemorum canonici Wissegradensis continuatio, MGH SS 9, S. 144, a.a. 1138: „Electo itaque rege Conrado **omnes principes et quique primates** ac familiares regni sui statuerunt, quatenus in sancta sollemnitate penthecostes, quod erat 11. Kal. Iunii, curiam et concilium Bamberk in civitate facerent, et ut omnes ad regnum suum spectantes ibidem in praedicto tempore conveniant, et ut electio sua pariter corroboretur ab omnibus, et insignia regalia coram cunctis principibus a Ratisponense duce reciperentur."

[281] Boshof 1988, S. 319; vgl. Vita Chunradi archiepiscopi Salisburgensis, MGH SS 11, c. 5, S. 66; siehe Quellenzitat in Anm. 225, S. 80

[282] weitere Quellenbelege für die allgemeine Anerkennung Konrads III.: Annales Pegavienses et Bosovienses, MGH SS 16, S. 257: „Anno 1138. indictione prima, Cuonradus, Friderici ducis Suevorum germanus, qui antea quoque regium sibi nomen usurpaverat, apud Confluentiam media quadragesima in regem eligitur, et ad proximum pentecosten ad curiam in Babenberg habitam a **quamplurimis a regni principibus confirmatur.**" Bertholdi Zwifaltensis chronicon (König/Müller), c. 30, S. 234: „Heinricus vero dux, inter cunctos regni principes tunc ditissimus, cum regnum inconsulte affectaret, verum propter superbiam a cunctis abominatus, praefatus Cunradus a fratre Friderico cum denuo in regem elevatus, paucis interpositis diebus **ab universis** imperator est acclamatus [...]."

Heinrich dem Stolzen nicht zuerkennen wollte, sondern weil er darüber verfügte hatte, ohne ihren Rat einzuholen. Nach dem Tod Lothars III. konnte sich also Heinrich der Stolze keineswegs auf Sachsen stützen.[283] Erst als sich Heinrich der Stolze gegen Konrad III. Mitte August 1139 durchgesetzt hatte, hätte die Möglichkeit bestanden, eine Gegenkönigswahl zu organisieren. Die Sachsen waren ja derart verbittert gegen Konrad III. und lehnten dessen Parteigänger Albrecht den Bären ab, daß sie auch nach dem Tode Heinrichs des Stolzen, geführt von Kaiserwitwe Richenza und Herzogswitwe Gertrud, im Aufstand verharrten und auf dem Würzburger Hoftag zu Pfingsten (18. Mai) 1141 geächtet wurden.[284]

Wenn also Heinrich der Stolze beabsichtigt haben mag, Gegenkönig gegen Konrad III. zu werden, so war er lange Strecken nach der Königserhebung Konrads nicht dazu in der Lage. Sein Tod fiel in eine Zeit, in der sich die Möglichkeiten für ihn besserten. Ob sich der Konflikt aber auch deshalb verschärfte, da Konrad III. ein Gegenkönigtum Heinrichs des Stolzen fürchtete, läßt sich nicht belegen. Die Entwicklung des Konflikts weist eher in die Richtung, daß Konrad III. ein Gegenkönigtum nicht zu befürchten hatte. Heinrich der Stolze mußte vielmehr nach der Ausgabe Bayerns an Leopold IV. und den Verlust eines Großteils seines Anhangs um den Erhalt seiner fürstlichen Stellung im Reich an sich kämpfen.

---

[283] Dagegen nehmen Niederkorn (1991, S. 78) und Pauler (1996, S. 150) an, daß die sächsischen Großen zwar für Heinrich den Stolzen als Herzog von Sachsen, nicht aber als Königskandidaten parteinahmen. Sie ließen sich von Konrad III. auf dem Bamberger Hoftag bezüglich der sächsischen Herzogsfrage hinhalten. Auf diese Weise habe Konrad III. ihre Zustimmung erhalten. In Bezug auf den sächsischen Widerstand vertritt Boshof (1988, S. 318) die These, daß die sächsischen Fürsten v.a. gegen den Wechsel der Königslandschaft eingestellt waren, da sie damit an Einfluß auf den König verloren, nicht aber Heinrich dem Stolzen anhingen. Meines Erachtens läßt sich dies voneinander nicht trennen, da die einzige realistische Möglichkeit zum Erhalt Sachsens als Königslandschaft darin bestand, Heinrich den Stolzen zum König zu machen, da sonst kein sächsischer Fürst königsfähig war. Deshalb muß eine Opposition gegen Konrad III. zum Erhalt Sachsens als Königslandschaft auch zugleich die Absicht beinhaltet haben, Heinrich den Stolzen zum König zu machen.

[284] Bernhardi 1883, S. 219f.

3.4. Territorialkonflikt mit Welf VI.

Nach dem Tod Heinrichs des Stolzen kam es zu keiner Beruhigung der Lage im Reich. In Sachsen und Bayern blieben die Auseinandersetzungen bestehen. Während in Sachsen die Damen Richenza und Gertrud das Herzogtum für den jungen Sohn Heinrichs des Stolzen, Heinrich den Löwen, forderten, erhob in Bayern Welf VI. Anspruch.[285] Konrad III. hielt aber an seinen Verfügungen — Albrecht der Bär in Sachsen und Leopold IV. von Österreich in Bayern — fest. In Bayern und Schwaben begann Welf VI. daraufhin den Kampf: Am 13.8.1140 schlug er bei der Burg Valley im Mangfalltal Leopold IV. von Österreich in die Flucht.[286] Am 21.12.1140 aber siegte Konrad III. über Welf VI. bei der Burg Weinsberg und setzte damit seinen Halbbruder in Bayern durch.[287] Aber schon am 18.11.1141 starb der Babenberger und Welf VI. behielt den Anspruch bei.

In dieser Situation bemühte sich Konrad III. um einen Ausgleich: Der noch minderjährige Heinrich der Löwe sollte auf Bayern verzichten, wofür er das Herzogtum Sachsen, in dem sich Albrecht der Bär nicht durchsetzen konnte, erhielt. So wurde es auch gemacht: Auf dem Hoftag zu Frankfurt im Mai 1142 resignierte Albrecht der Bär und Heinrich der Löwe wurde als Herzog von Sachsen anerkannt. Daraufhin heiratete die Mutter des Löwen, Gertrud, den Bruder des kinderlos verstorbenen Leopolds IV. von Österreich,

---

[285] zur Chronologie der einzelnen Ereignisse im Territorialkonflikt siehe v.a. Feldmann 1971, S. 14-28.

[286] zur Schlacht vgl. Historia Welforum (König), c. 25, S. 50; Ottonis episcopi Frisingensis chronica sive historia de duabus civitatibus, MGH SS RG [45], l. 7, c. 25, S. 349

[287] zur Schlacht vgl. Historia Welforum (König), c. 25, S. 50; Sächsische Weltchronik, MGH DC 2, c. 276, S. 211; Annales Palidenses auctore Theodoro monacho, MGH SS 16, S. 80; Ottonis episcopi Frisingensis chronica sive historia de duabus civitatibus, MGH SS RG [45], l. 7, c. 25, S. 350; Annales S. Disibodi, MGH SS 17, S. 26, a.a. 1140; Annales Patherbrunnenses (Scheffer-Boichorst), S. 168f., a.a. 1140. Zu der Episode „Die Weiber von Weinsberg" siehe neben den Paderborner Annalen auch Chronica regia Coloniensis, MGH SS RG [18], S. 77, Recc. 1, 2

Heinrich Jasomirgott, der nach dem förmlichen Verzicht Heinrichs des Löwen zu Goslar 1143 mit Bayern belehnt wurde. Damit war ohne Beachtung der Ansprüche Welfs VI. der Ausgleich mit Heinrich dem Löwen hergestellt worden. Er blieb aber in der Folge brüchig, da einerseits Gertrud am 18.4.1143 verstarb und andererseits Welf VI. seine Ansprüche aufrechterhielt. Noch 1143 erneuerte Welf VI. den Kampf, diesmal unterstützt vom jungen Friedrich Barbarossa, der sowohl Neffe Konrads III., als auch Welfs VI. war. In den folgenden Jahren schwelte der Konflikt weiter, bis er durch die Kreuznahme Konrads III. und Welfs VI. fast am selben Tag in der Weihnachtswoche von 1146 unterbrochen wurde. Es herrschte lediglich ein Waffenstillstand für die Zeit des Kreuzzugs. Die Fehde wurde nicht beendet.[288]

Auf dem Frankfurter Hoftag im März 1147 erneuerte aber Heinrich der Löwe, inzwischen volljährig, seine Ansprüche auf Bayern als patrimonium paternam. Seinen fünf Jahre zuvor geleisteten Verzicht erkannte er offenbar nicht mehr an. Konrad III. lehnte aber eine Neuordnung ab. Auf dem Kreuzzug bemühte sich zwar der König darum, Welf VI. „bei Laune" zu halten,[289] der Zwist blieb aber beste-

---

[288] Historia Welforum (König), c. 27, S. 54: „Quod et Gwelfonem ducem, **licet nondum sedata gwerra**, ire compulit." Die Annäherung beider war durch die Vermittlung Bernhards von Clairvaux ermöglicht worden. Welf VI. nahm auf der Burg Peiting, Konrad III. im Dom zu Speyer das Kreuz. Ottonis et Rahewini gesta Friderici I. imperatoris, MGH SS RG [46], l. 1, c. 42, S. 60

[289] Als beim Zug durch Kleinasien das Heer sehr am Durst litt und nachdem eine Wasserstelle gefunden worden war, war die Reihenfolge beim Trinken wie folgt: Konrad III., Welf VI., Heinrich Jasomirgott und Friedrich Barbarossa: „Et eo moram fatiente, primus post eum [Conradum] dux Welpho, deinde dux Austrie Heinricus, postremo dux Fridericus qui postea regni suscepit gubernacula [...]" Annales Herbipolenses, MGH SS 16, S. 6, z. 10f. Die Historia Welforum weiß gar zu berichten, daß der König Welf VI. oftmals bevorzugte und ihm einen Teil der Geschenke von Basileus Manuel I. von Byzanz zukommen ließ. Historia Welforum (König), c. 27, S. 54: „In hoc ergo laborioso itinere Chuonradus rex commilitoni suo Guelfoni sic enim eum nominare solebat, **saepissime in necessitate subveniebat**, ac de omnibus quae a regio fisco Constantinopolitani imperatoris sibi offerebatur, **partim illi tradebat**." Vgl. auch den Brief Konrads III. an Kaiserin Irene von Byzanz: Diplomata Conradi III., MGH DD 9, Nr. 229 (16/20.4.1150), S. 405: „Siquidem, ut tua sapientia perfecte novit, dominus ille Welpho [qui] vir magne nobilitatis et potentie in regno nostro habetur, neque fide, qua **eum in**

hen. Auf der Rückreise 1148 gingen beide konträre Bündnisse ein: Welf VI. verbündete sich mit Roger II. von Sizilien gegen Byzanz und damit auch gegen Konrad III., der sich seinerseits mit dem Basileus Manuel I. gegen Sizilien zusammenschloß. Welf VI., der als erster vom Kreuzzug zurückkehrte,[290] erneuerte im Jahr 1149 die Kämpfe gegen Konrad III., der, sowie er wieder in Deutschland war, von den Auseinandersetzungen davon abgehalten wurde, Manuel I. in Sizilien zu unterstützen.[291] Friedrich Barbarossa bezog diesmal für Konrad III. Partei. Am 8.2.1150 erlitt Welf VI. eine schwere Niederlage gegen den jungen Thronfolger, Heinrici (VI.), bei Flochberg bei Nördlingen.[292] Auf die Vermittlung Friedrich Barbarossas und Herzog Konrads III. von Zähringen gelang zu Ende des Jahres 1151 oder Anfang 1152 schließlich der Ausgleich: Welf VI. unterwarf sich dem König, wofür ihm die Gefangenen von Flochberg ausgehändigt und die Einnahmen des Königsgutes Mertingen zugesprochen wurden.

---

extrema necessitate adiuvimus, neque beneficiis, quibus eum commode auximus, aliqua ratione commonitus per Sicylie tyrannum a Hierosolimis reditum habuit et accepta non parva ipsius infami pecunia per sacramenta et per obsides ei firmavit, quod nos et nostros et nostrum imperium perturbare et infestare modis omnibus laboraret." Vgl. auch den Brief König Heinrichs (VI.) an Irene: Diplomata Heinrici (VI.), MGH DD 9, Nr. 11 (16/20.4.1150), S. 531: „Siquidem ocatava die mensis februarii suberbus ille et perfidus Welpho tot **beneficiorum patris** mei immemor hostiliter invasit terram nostram, patre meo in rebus publicis longe agente me autem cum parte milicie in quodam castro nostro relicto." Ebenso an Basileus Manuel I.: Diplomata Heinrici (VI.), MGH DD 9, Nr. 10 (16/20.4.1150), S. 530. An entsprechender Stelle identisch mit Zitat von Nr. 11

[290] Einer Gefangennahme in Italien durch Konrad III. konnte er sich durch Flucht entziehen. Feldmann 1971, S. 26.

[291] Feldmann (1971, S. 26) setzt die Rückkehr Welfs VI. nach Deutschland Mitte März 1149 an. Manuel I. rückte bereits 1149 gegen Sizilien vor, die deutschen Kontingente blieben aber aus. Konrad III. plante nach der Verzögerung 1150 nach Italien zu ziehen, erkrankte aber vor dem Abmarsch schwer und mußte den Feldzug erneut verschieben. Konrad III. kam schließlich bis zu seinem Tod nicht mehr nach Italien. Rassow 1961, S. 32

[292] Der Kampf bei Flochberg forderte offenbar kein Todesopfer. Das Gefecht wurde durch die Gefangennahme von 300 Reitern Welfs VI. entschieden. Vgl. Diplomata Heinrici (VI.), MGH DD 9, Nr. 10 (16/20.4.1150), S. 530f. ebd. Nr. 11 (16/20.4.1150), S. 531f.

Ab 1150 hatte aber auch Heinrich der Löwe den Konflikt verschärft. Ende des Jahres 1150 begab er sich nach Bayern, um das Land in Besitz zu nehmen. Ein Vorstoß Konrad III. gegen Braunschweig im Dezember 1151, um Heinrich den Löwen im Herz seiner Machtbasis zu treffen, scheiterte. Ohne den Konflikt gelöst zu haben, verstarb Konrad III. am 15.2.1152 in Bamberg.

3.4.1. Rechtliche Grundlagen und Motive

Dieser mehrphasige Konflikt zwischen Welf VI. und Konrad III. um Bayern wirft zunächst die Frage auf, nach welchem Recht und mit welcher Absicht der jüngere Bruder Heinrichs des Stolzen das Herzogtum für sich forderte. Dazu wurden in der Forschung zwei unterschiedliche Thesen entwickelt: Die eine nimmt an, daß Welf VI. Bayern im Namen seines Neffen Heinrichs des Löwen, die andere, daß er es für sich selbst gefordert habe.

Beide Thesen wurden bereits im 18. Jahrhundert formuliert.[293] Nach der ersten Argumentationslinie hätte Welf VI. als Vormund seines Neffen gehandelt, da er auch der nächste Schwertmagen war.[294] Hauptstütze für erstere Argumentationslinie ist hierbei eine Urkunde für das Kloster St. Ulrich und Afra zu Augsburg von 1147 von Welf VI. und Heinrich dem Löwen, in der dieser mit dem Titel „Herzog von Bayern und Sachsen" erscheint.[295] Problematisch daran ist, daß die Urkunde nur in Abschrift von 1175 vorliegt und sie wahrscheinlich aus der Sicht dieses Jahres angeglichen wurde, das heißt, Heinrich der Löwe erscheint mit den Titeln, die er zur Zeit von

---

[293] vgl. Literaturzusammenstellung bei Hechberger 1996, S. 21-32
[294] letzte ausführliche Darlegung der These bei Feldmann (1971, S. 14f.); gegen die Vormundschaftsthese insbesondere Hechberger (1996, S. 26f.) mit reichen Quellenbelegen
[295] Traditionen, QEBG N.F. 35, Nr. 98 (Januar-Mitte März 1147), S. 94: „Notum sit omnibus Christi fidelibus tam futuris quam presentibus, qualiter dux W[elfo] nomine cum filio fratris sui **H[einrico] duce Noricorum et Saxonum** divina gratia inspirante [...]"

1175 innehatte.[296] Aber auch allgemein ist es unwahrscheinlich, daß Welf VI. Vormund seines Neffen war. Sie trafen sich offenbar erstmalig 1147 vor dem Hoftag zu Frankfurt, auf dem Heinrich der Löwe Bayern für sich beanspruchte.[297]

Nach der zweiten Argumentationslinie forderte Welf VI. als Sohn Herzog Heinrichs des Schwarzen Bayern nach Erbrecht für sich selbst. Dies führt zu der Frage, nach welchem Recht Welf VI. auf Bayern Anspruch erheben konnte.

In dieser Zeit gab es zwei konkurrierende Rechtssätze. Der strenge gewährte nur dem Deszendenten einen Erbanspruch, der milde aber auch dem Bruder.[298] Das letzte Ereignis dieser Art lag in Bayern nicht weit zurück: Nach dem kinderlosen Tod Herzog Welfs V. 1120 hatte sein Bruder, Heinrich der Schwarze, das Herzogtum übernommen. Aus dieser Anschauung heraus war also die Anspruchsstellung für Welf VI. legitim. Es erklärt aber noch nicht, wie der Anspruch des Sohnes Heinrichs des Stolzen beiseite geschoben werden konnte. Dazu läßt sich eine Rechtsanschauung

---

[296] vgl. Traditionen, QEBG N.F. 35, Nr. 98, S. 93. Im Wortlaut der Urkunde glaubt Hechberger (1996, S. 25f.) zu finden, daß, auch falls die Urkunde nicht verunechtet/gefälscht worden ist, der Anspruch Heinrichs des Löwen dennoch damit nicht demonstriert sei und auch der Wortlaut gegen eine Unterstützung Welfs VI. spreche. Meines Erachtens läßt sich dies in der Urkunde jedoch nicht finden. Wenn sie echt wäre, dann müßte Welf VI. — zumindest für das Jahr 1147 — als Sachwalter seines Neffen gelten.

[297] Bis zum Tod seiner Mutter 1143 stand er unter deren Vormundschaft. Vgl. Helmoldi presbyteri Bozoviensis chronica Slavorum, MGH SS RG [32], I. 1, c. 56, S. 110f: „Bello itaque per inducias protracto dux rediit in Saxoniam et post non multos dies mortuus est. Obtinuitque filius eius Heinricus Leo ducatum Saxoniae, puer adhuc infantulus. Tunc domna Ghertrudis, mater pueri, dedit Heinrico de Badewid Wairensium provinciam, accepta ab eo pecunia, volens suscitare pressuras Adolfo comiti, eo quod non diligeret eum." Gemäß diesem Beleg gab Gertrud — eigenständig handelnd — nach dem Tod Heinrichs des Stolzen Wagrien an Heinrich von Badwide. Nach ihrem Hinscheiden hatte Heinrich der Löwe offenbar mehrere sächsische Vormünder, zu denen Welf VI. nicht zählte. Vgl. Annales Stadenses auctore Alberto, MGH SS 16, S. 324f.: „Dux autem Heinricus, adhuc puer, per tutores suos conquestus est regi et omnibus principus, quod archiepiscopus Albero matri suae promisisset, quod si moreretur Rodolfus, filio suo duci conferret comitatum."

[298] Hechberger 1996, S. 208

aus dem langobardischen Bereich, einem dem bayerischen Stammesherzogtum also unmittelbar benachbarten Gebiet, heranziehen, nämlich daß nach einer Verurteilung der Bruder des Geächteten die Güter fordern konnte, die vom gemeinsamen Vorfahren stammten.[299] Aus diesem Grund forderte Welf VI. auch nicht Sachsen oder Tuszien.[300] Dieser Vorstellung folgend, könnte Welf VI. bei Übergehen der Ansprüche Heinrichs des Löwen Bayern für sich gefordert haben. Daß er diesen Anspruch hatte, wird auch dadurch belegt, daß ihm wohlgesonnene Quellen bereits für die Zeit vor dem Ausgleich zwischen Heinrich dem Löwen und Konrad III. von 1142, bei dem ja der unmündige Sohn Heinrichs des Stolzen auf sein patrimonium paternam verzichtet hatte, den bayerischen Herzogstitel beigelegen.[301] Dagegen erkennt Otto von Freising, der natürlich ge-

---

[299] Hechberger 1996, S. 209

[300] Die beiden Urkunden, die Welf VI. mit italienischen Titeln vor 1152 auszeichnen, gelten entweder als gefälscht oder falsch datiert. Vgl. Feldmann 1971, Regg. 8, 13. Dagegen hält Schwarzmeier (1993, S. 301f.) die Urkunde von 1140, in der Welf VI. die Titel eines Herzogs von Spoleto, Markgrafen von Tuszien und Fürsten von Sardinien führt (Feldmann 1971, Reg. 8) für echt und richtig datiert. Welf VI. würde so die Besitzungen seines Bruders in Gänze gefordert und auch den Anspruch auf Tuszien aus der kurzen Ehe zwischen Welf V. und Markgräfin Mathilde von Tuszien aufrechterhalten haben. Der Anspruch sei nach Schwarzmeier im Welfenhaus nie aufgegeben worden, auch wenn Heinrich der Schwarze sich in die Kämpfe um die Mathildischen Güter nicht eingemischt hatte.

[301] Annales Patherbrunnenses (Scheffer-Boichorst), S. 168, a.a. 1140: „Rex urbem **Welphonis, ducis Baioariorum**, Winesberg dictam, obsedit." Annales Palidenses auctore Theodoro monacho, MGH SS 16, S. 80: „Rex castrum **Welfi ducis Bawariorum** Winesberg dictum obsedit." Sächsische Weltchronik, MGH DC 2, c. 276, S. 211: „In tiden orlogede hertoge **Welp van Beieren** wider den koning; do besat de koning sine burch Winesberch." Die Weltchronik nennt Welf VI. bereits für das Jahr 1127 Herzog: „De [Ghertrude] gaf de koning [Luder] deme hertoghen van Beieren, des **hertoghen Welpes** broder, unde let eme darto dat hertochdom to Sassen." ebd. c. 270, S. 209, Recc. A, B. Aber auch die in Bezug auf Welf VI. relativ neutrale Kölner Königschronik legt ihm den Titel bereits für 1140 bei: „[...] Welponis ducis Baioariorum [...]" Chronica regia Coloniensis, MGH SS RG [18], S. 77, a.a. 1140, Rec. 1; vgl. ebd. Rec. 2: „[...] Welphonis ducis Baioariorum [...]"; vgl. Gotifredi Viterbiensis Pantheon, MGH SS 22, S. 260f.: „Rogerius extunc autoritate apostolica rex exaltatus, cum iam nullum preter Conradum regem haberet obstaculum, **Welfonem ducem**, fratrem scilicet Henrici Superbi supra memorati, pecunia sua conductum, contra Conradum in Alamannia concitavit. Quem rex in uno prelio iuxta ca-

gen Welf VI. eingestellt ist, diesem den Titel nicht zu.[302] Daraus ergibt sich, daß Welf VI. für sich selbst Anspruch erheben konnte, auch wenn seine rechtliche Grundlage dünn war.

Natürlich darf man nicht annehmen, daß die langobardische Rechtsvorstellung in Bayern als vollgültig anerkannt war. Vielmehr hatte sie wohl eher lediglich Einfluß auf die Rechtsvorstellungen Welfs VI. Neben der Nachbarschaft Bayerns mit der Lombardei sind vor allem verwandtschaftliche Beziehungen nach Norditalien wichtig: 1055 war mit Welf III. die männliche Linie der Welfen ausgestorben. Sie war an Welf IV., den Sohn des Markgrafen Azzo II. von Este, einem Otbertiner, und der Tochter Welfs III., Cuniza (Kunigunde), übergegangen.[303] Der Kontakt zu den norditalienischen Verwandten war nicht abgebrochen und spielte noch unter Friedrich Barbarossa eine Rolle.[304] In der Anspruchsstellung nach langobardischen Recht darf deshalb bestenfalls eine Argumentationsgrundlage für Welf VI. gesehen werden, die, wie es auch geschah, vom König abgelehnt wurde. Das Handeln Welfs VI. und welche Bedeutung für ihn der Konflikt hatte, lassen sich lediglich aus dem Faktischen schließen: Welf VI. agierte nicht motiviert durch mögliche und dazu

---

strum Winisberc eleganter vicit, suosque grandi occisione prostravit." Daß Gottfried von Viterbo Welf VI. vor 1142 mit dem Herzogstitel belegt, ergibt sich aus der Stellung des Namens vor dem Ereignis bei Weinsberg. Gottfried steht im übrigen den Welfen — Welf VI. und Heinrich dem Löwen — sehr kritisch gegenüber. Vgl., daß die Historia Welforum dagegen Welf VI. erst nach dem Ausgleich von 1142 den Herzogstitel beilegt. Der erste Beleg steht im Zusammenhang mit seiner Kreuznahme, also für 1146: Historia Welforum (König), c. 27, S. 54

[302] Ein einziges Mal nennt er Welf VI. „princeps". Ottonis episcopi Frisingensis chronica sive historia de duabus civitatibus, MGH SS RG [45], l. 7, c. 26, S. 352. Ansonsten wird er in dem Werk schlicht Welf oder mit dem Zusatz „Bruder des Herzogs Heinrich des Stolzen" versehen.

[303] Die Otbertiner hatten Besitzungen in der östlichen Lombardei, Emilia, Romagna und der nördlichen Toskana. Jordan 1980a, S. 4f.

[304] Heinrich der Löwe und Welf VI. stellten Erbrechtsforderungen auf Grundlage der Abkunft von Welf IV. Zum Ausgleich mit den in Italien gebliebenen Nachfahren Azzos II., den Markgrafen Albert und Opizo von Este, kam es mit Heinrich dem Löwen erst 1154 und Welf VI. sogar erst 1160. Jordan 1980a, S. 54

weit hergeholte Rechtsansprüche, sondern er suchte nach solchen, um sein Handeln zu legitimieren.

Nach dem Tod seines Bruders, der legitim den Herzogstitel von Bayern geführt hatte, war Welf VI. in der mißlichen Situation, daß er als Herr eines reichen und gutorganisierten Allodialgutes zwar ein mächtiger Reichsfürst war und de facto Herzogsgleichheit innehatte, er aber den Herzogstitel nicht aus eigenem Recht führte. In Schwaben hatte er zwar übergräfliche Stellung, er genoß aber keine Exemption wie die Herzöge von Zähringen. Wäre das Herzogtum Bayern verloren gegangen, dann wäre auch seine Stellung unter die der Herzöge von Schwaben und Bayern gesunken.[305] Sein Ansehen und seine Stellung im Reich waren gefährdet, ebenso wie die herzogliche Stellung für den Landesausbau wichtig war. Welf VI. führte den Herzogstitel bereits vor 1139, allerdings — wie auch später — ohne Zusatz.[306] Die rechtliche Grundlage dafür ist jedoch unklar, weil es keine entsprechende königliche Verfügung gab. Offenbar führte Welf VI. den Titel, weil auch sein Vater und sein Bruder Herzöge waren.[307] Daneben stellte die Inbesitznahme des Herzogtums an sich ein erstrebenswertes Ziel dar, zumal er ab etwa 1140 einen Erbsohn, Welf VII., hatte.[308] Zudem darf nicht vergessen werden, daß es Welf VI. noch zu Lebzeiten seines Bruders gelungen war, Leopold IV. von Österreich daran zu hindern, Bayern in Besitz zu

---

[305] Hechberger 1996, S. 205f.
[306] Codex chronologico-diplomaticus episcopatus Ratisbonensis (Ried), I, Nr. 198 (17.7.1129), S. 188: „[...] Welf dux [...]"
[307] Eine Parallele dazu findet sich bei Konrad von Staufen, für den für 1115 ebenfalls der zusatzfreie Herzogstitel belegt ist, also noch bevor er Herzog von Ostfranken wurde. Vgl. Stälin 1847/56, II, S. 78 (Regesten Herzog Konrads zu 1115)
[308] Nach dem Tod Welfs VII. während der Seuche 1167 vor Rom begann der nun kinderlose Welf VI. ein aufwendiges Leben und achtete nicht mehr auf den Zusammenhalt seiner Güter. Er verkaufte sie Stück für Stück an seinen Neffen, Kaiser Friedrich Barbarossa. Vgl. dazu A. 4.3, S. 155-157

nehmen.³⁰⁹ *Er* war es also und nicht sein geächteter Bruder, der sich in Bayern einigermaßen durchsetzen konnte.

3.4.2. Fehdeführung

Der Konflikt um Bayern zwischen Welf VI. und Konrad III. begann als Fehde in klassischer Weise, nachdem der König die Forderung des Fürsten abgelehnt hatte.³¹⁰ Der Verlauf des Konflikts bietet einige Merkwürdigkeiten: Zum einen setzte der Sieg Konrads III. bei Weinsberg zwar Leopold IV. von Österreich als Herzog in Bayern durch. Nach dessen Tod begannen aber bald darauf von neuem die Kämpfe. Zum anderen soll Welf VI. 1147 — so die allgemeine Darstellung in der Forschung — seine Ansprüche auf Bayern, nachdem Heinrich der Löwe inzwischen volljährig geworden war, aufgegeben haben. Während des Kreuzzuges galt die Fehde aber nur als unterbrochen, nicht aber als aufgehoben. Darüber hinaus erneuerte er sogleich nach seiner Rückkehr, verbündet mit Roger II. von Sizilien, die Fehde. Zudem läßt sich zu keiner Zeit eine Zusammenarbeit zwischen Heinrich dem Löwen und Welf VI. feststellen. Wozu diente dann aber die Fehde Welfs VI.? Was wollte er damit erreichen?

Den Anspruch auf Bayern den Welf VI. nach dem Tod Leopolds IV. von Österreich 1141 stellte, muß nicht unbedingt eine Erneuerung gewesen sein. Zwar hatte sich der Markgraf in Bayern mit der Hilfe Konrads III. durch den Sieg bei Weinsberg durchgesetzt,³¹¹

---

[309] Historia Welforum (König), c. 25, SS. 48, 50: „Interea Leopaldus marchio, suscepto a rege Norico ducatu, omnibus paene baronibus ad ducatum pertinentibus amore seu terrore ad se confluentibus, primo Ratisponam dicioni suae subdit, post collecto milite superiores partes Bawariae **usque ad Licum pertransiens, amissis aliquot de suis, festinanter revertitur.**" Welf VI. wird bei den Gefechten am Lech nicht genannt, doch ist es sicher anzunehmen, daß er daran beteiligt war, da er an dem Fluß Güter hatte.

[310] Historia Welforum (König), c. 25, S. 50: „Ipse enim Gwelfo praefatum ducatum iure hereditatis ad se spectare proclamans, dum **iustitiam apud regem impetrare non posset**, ad rebellionem se parat."

[311] so Appelt 1973, S. 32

womit die Fehde an sich beendet war, Welf VI. hatte sich aber nicht unterworfen und ein Ausgleich war ebensowenig hergestellt worden. Deshalb konnte Welf VI. die Fehde als noch nicht beendet ansehen. Außerdem bot der kinderlose Tod des Babenbergers eine zusätzliche Gelegenheit, die Ansprüche aufrechtzuerhalten. In den Quellen jedenfalls findet sich kein Hinweis darauf, daß Welf VI. zwischen Dezember 1140 und November 1141 seine Ansprüche aufgegeben hätte.[312] Die Ansprüche bestanden also ununterbrochen fort, auch während Konrad III. das Ausgleichsprojekt mit Heinrich dem Löwe durchführte.

In der Forschung wird allgemein die Meinung vertreten, Welf VI. hätte ab 1147 seine Ansprüche auf Bayern fallengelassen. Im Interpretationsmuster mit Welf VI. als Vormund Heinrichs des Löwen vertrat er deshalb keine Ansprüche mehr, weil ja Heinrich der Löwe nun volljährig für sich selbst die Ansprüche stellen konnte.[313] In der Interpretationslinie mit Welf VI. als Anspruchsteller in eigener Sache, gilt dies als Indiz dafür, daß der Anspruch des Sohnes Heinrichs des Schwarzen hinter dem des volljährigen Sohnes Heinrichs des Stolzen zurückstand.[314] Wenn diese These aufrecht erhalten

---

[312] Historia Welforum (König), c. 25, SS. 50, 52: „Ob hoc rex circa idem tempus castrum eius Winisperc obsedit. Quem Gwelfo collecto milite in proximo ebdomada nativitatis Domini dum incaute pugna aggredi temptat, amissis aliquot, multis captis, cum paucis fugit e proelio. Non multo post Leopaldus moritur, eique in marchiam frater suus Heinricus successit. Cui rex Saxoniam ingressus pacemque cum Saxonibus faciens viduam Heinrici ducis in uxorem dedit eique ducatum Noricum concessit. Quae res maximae discordiae seminarium fuit. Gwelfo enim, ut dictum est, eundem ducatum impetens [...]" Andere Quellen, die von der Belagerung von Weinsberg berichten, erwähnen ebenso die Niederlage, aber nicht eine eventuelle Aufgabe der Ansprüche Welfs VI.; ebensowenig übrigens den Tod Leopolds IV.: Annales S. Disibodi, MGH SS 17, S. 26, a.a. 1140, 1141.; Ottonis episcopi Frisingensis chronica sive historia de duabus civitatibus, MGH SS RG [45], l. 7, c. 25, S. 350; Annales Palidenses auctore Theodoro monacho, MGH SS 16, S. 80; Chronica regia Coloniensis, MGH SS RG [18], S. 77, Recc. 1, 2; Sächsische Weltchronik, MGH DC 2, c. 276, S. 211; Annales Patherbrunnenses (Scheffer-Boichorst), S. 168f., a.a. 1140, 1141

[313] Feldmann 1971, S. 14f.

[314] am deutlichsten bei Faußner 1984, S. 47

wird, so stößt man auf folgende Probleme: Warum hielt Welf VI. verbissen an der Fehde fest und söhnte sich nicht mit Konrad III. aus, der sich ja auf dem Kreuzzug um den widerstrebenden Fürsten bemühte? Welchen Anspruch wollte Welf VI. eigentlich mit der Fehde befriedigt wissen? Warum kam es auch weiterhin zu keiner Zusammenarbeit zwischen ihm und Heinrich den Löwen?

Gestützt wird die These von der Aufgabe der Ansprüche mit der Chronik Ottos von Freising:

> „Guelfo enim princeps prefatum ducatum se iure hereditaris contigisse calumpnians armata manu in presentia ducis Baioarium ingreditur parteque provinciae vastata regreditur."[315]

Ebenso mit der Historia Welforum:

> „Ipse enim Gwelfo praefatum ducatum iure hereditatis ad se spectare proclamans, dum iustitiam apud regem impetrare non posset, ad rebellionem se parat."[316]

In die Stellen wird interpretiert, daß Welf VI. keinen Anspruch nach Erbrecht gehabt habe und deshalb, nachdem Heinrich der Löwe als Erbe aufgetreten war, seinen (widerrechtlichen) Anspruch fallen ließ. Aber weder die Historia Welforum, noch Otto von Freising kennzeichnen den Anspruch Welfs VI. auf Bayern als widerrechtlich. Die Formulierungen geben keine Wertung wieder.

Gegen eine Aufgabe des Anspruches spricht der wenig beachtete Fund, daß Welf VI. auch weiterhin als Herzog urkundete.[317]

---

[315] Ottonis episcopi Frisingensis chronica sive historia de duabus civitatibus, MGH SS RG [45], I. 7, c. 26, S. 352

[316] Historia Welforum (König), c. 25, S. 50; vgl. ebd. c. 25, SS. 50, 52: „Gwelfo enim, ut dictum est, eundem ducatum impetens extimplo armata manu sub oculis eiusdem Heinrici partes illas ingreditur cunctisque circumquaque vastatis regreditur."

[317] Feldmann 1971, Reg. 9 (ca. 1142-18.2.1159); ebd. Reg. 10 (1142-12.9.1167), Urkunde Welfs VII.; ebd. Reg. 12 (1.2.(1143-1152)); ebd. Reg. 14 (1144-1147); ebd. Reg. 22 (Mai 1147). Vgl. auch Rechtsakte aus erzählenden Quellen ebd. Reg. 16 (1145-1179); ebd. Reg. 18 (1147-1156); ebd. Reg. 19 (1147-1156); ebd. Reg. 20 (1147); ebd. Reg. 23 (1151-3.10.1160). Zumindest Reg. 22 ist eindeutig auf Mai 1147 datiert, also zwei Monate nach dem Hoftag, auf dem Heinrich der Löwe mit seiner Anspruchsstellung auftrat.

Ebenso wird ihm von zwei erzählenden Quellen auch nach 1147 der Herzogstitel von Bayern beigelegt, nämlich von der Historia Welforum[318] und den Würzburger Annalen.[319] Erst nach der Aussöhnung mit Konrad III. erscheint Welf VI. ohne Herzogstitel.[320] Worauf konnte Welf VI. den Herzogstitel begründen, wenn er den Anspruch auf Bayern aufgegeben hatte? In der Urkunde von 1129 hatte er immerhin einen Bruder, der Herzog war. In der Situation von 1147 hatte er aber lediglich einen Neffen in männlicher Linie — Heinrich den Löwen —, der einen legitimen Herzogstitel führte. Zudem hatte Heinrich der Löwe als Herzog von Bayern bei Konrad III. keine Anerkennung gefunden.[321] Wenn sich der Herzogstitel Welfs VI. vor 1139 auf seinen Vater und Bruder stützte, so war dies bereits rechtlich kritisch gewesen. Den Titel aber von einem Neffen abzuleiten, stand außer Frage, sonst hätte jeder Fürst wegen der engen Verwandtschaft des Hochadels den Herzogstitel tragen können. Welf VI. urkundete zwar nie als Herzog von Bayern, sondern stets ohne Zusatz, doch hatte er sich allgemein in Bayern, bis auf die Markgrafschaft Österreich, durchgesetzt

---

[318] Historia Welforum (König), c. 27, S. 54. An dieser Stelle zum Jahr 1147 nennt die Quelle Welf VI. überhaupt das erste Mal Herzog. Ebd. c. 28, S. 56. Bei der Vermittlung Friedrich Barbarossas 1150/51 nach der Niederlage bei Flochberg im Februar 1150 erneut.

[319] Annales Herbipolenses, MGH SS 16, S. 6. Auf dem Kreuzzug zum Jahr 1147.

[320] Diplomata Conradi III., MGH DD 9, Nr. 268 (7.1.1152), S. 465, z. 9f.: „[...] domnus Welfo [...]" Er tritt in der Zeugenliste erst nach den Bischöfen, Äbten, Herzögen und Markgrafen auf. Siehe auch sein erstes Erscheinen in einer Urkunde Friedrich Barbarossas: Diplomata Friderici I., MGH DD 10.1, Nr. 4 (9.-14.3.1152), S. 8:, z. 37: „[...] Welfo de Rauenesber [...]". In der Urkunde wird keine strenge Ordnung der Rangfolge eingehalten: Welf erscheint nach einem Herzog (Heinrich dem Löwen), aber vor einem Markgrafen (Albrecht den Bären), der seinerseits vor Herzog Matthäus von Lothringen gestellt wird. In den folgenden Urkunden trägt Welf wiederum den Herzogstitel. Vgl. ab Diplomata Friderici I., MGH DD 10.1, Nr. 6 (20.4.1152), S. 13. Auch in dieser Urkunde ist keine strenge rangmäßige Ordnung eingehalten: Welf VI. wird nach Markgraf Albrecht den Bären genannt. Nach Welf VI. folgt aber noch Herzog Heinrich von Limburg.

[321] In weiblicher Linie führte der zweite Neffe Welfs VI. — Friedrich Barbarossa — einen legitimen Herzogstitel, nämlich als Herzog von Schwaben nach dem Tod seines Vaters, Friedrich II., im April 1147.

und die Fehde war nie beendet worden. Die Situation von 1147 löste auch keineswegs das Dilemma, das nicht zuletzt Welf VI. 1139 dazugebracht hatte, Anspruch auf Bayern zu erheben. Auch wenn Heinrich der Löwe als Herzog von Bayern von Konrad III. anerkannt worden wäre, hätte Welf VI. die rechtliche Herzogsgleichheit verloren. Es ist in der Forschung stets davon ausgegangen worden, daß der Erbanspruch Heinrichs des Löwen gewichtiger war, als derjenige Welfs VI. Da sich der Löwe letztendlich durchsetzt hat, mag dies stimmen. Es ist aber zu bedenken, daß von der rechtlichen Seite her Welf VI. von Beginn an nur eine dünne Anspruchsgrundlage gehabt hatte.

Der fortgesetzte Kampf gegen Konrad III. ergibt auch keinen Sinn, wenn die Fehde nicht irgendeinen Anspruch durchsetzen sollte. Es ließe sich argumentieren, daß Welf VI. von Roger II. von Sizilien und dessen Gold zum Aufstand gegen den König verführt worden wäre. In der ersten Hälfte der Vierziger Jahre schlossen Welf VI. und Roger II. einen Vertrag, in dem sich der sizilische Herrscher dazu verpflichtete 1.000 Mark jährlich in Silber zu zahlen.[322]

---

[322] Historia Welforum (König), c. 26, S. 52: „Igitur Rogerius rex Siciliae audiens huiusmodi conflictationes inter Gwelonem et regem, timens, ne forte cessante gwerra Chuonradus rex quandoque Italiam intraret, ac eadem quae a Lothario ab eo quoque perpessurus esset, Gwelfonem adversus eundem muneribus illectum incitat **singulisque annis mille marcas** se ob hoc daturum iuramento confirmat." Gotifredi Viterbiensis Pantheon, MGH SS 22, S. 260f: „Rogerius extunc autoritate apostolica rex exaltatus, cum iam nullum preter Conradum regem haberet obstaculum, Welfonem ducem, fratrem scilicet Henrici Superbi supra memorati, **pecunia sua conductum**, contra Conradum in Alamannia concitavit. Quem rex in uno prelio iuxta castrum Winisberc eleganter vicit, suosque grandi occisione prostravit." Jordan (1980a, S. 27) nimmt an, daß das Bündnis wahrscheinlich nach der Schlacht bei Weinsberg, möglicherweise aber auch im weiteren Verlauf geschlossen wurde. Dagegen vertritt Feldmann (1971, S. 21f.) die These, daß das Bündnis eine Gegenreaktion Rogers II. auf die Annäherung zwischen Konrad III. und Manuel I. von Byzanz war, das seinen Ausdruck in der Heirat Berthas von Sulzbach, der Schwägerin Konrads III. und Manuels I. 1146 fand. Zu dieser Zeit war „Mark" noch keine Scheidemünze, sondern eine Gewichtseinheit von 230g bis 240g. Es stellte also eine beachtliche finanzielle Unterstützung für Welf VI. dar. Vgl. dazu Jordan 1980a, S. 27f. Es wurde auch die These aufgestellt, daß Friedrich Barbarossa durch das sizilische Gold ebenfalls dazu „verführt" worden sei, gegen seinen Onkel

1148 erneuerten beide das Bündnis, als Welf VI. auf der Rückreise vom Kreuzzug in Sizilien weilte. Welf VI. fiel die Aufgabe zu, Konrad III. im Reich zu binden, daß es diesem nicht möglich sei, gegen Sizilien mit Manuel I. von Byzanz zu ziehen.[323] Das verwunderliche an diesen Bündnissen, die sich ja gegen Konrad III. richteten, ist, daß der König den widerstrebenden Welf VI. niemals ächtete, ja, als er bereits von dem neuerlichen Bündnis von 1148 wußte, von Welf VI. noch immer in ehrenden Worten gegenüber Manuel I. sprach.[324] Es muß festgehalten werden, daß, falls Welf VI. allein als Agent Rogers II. in Deutschland Krieg gegen den König führte, dies ein so schweres Vergehen gegen das Reich dargestellt hätte, daß eine Ächtung in jedem Fall gerechtfertigt war. Es muß daran erinnert werden, daß bei Heinrich dem Stolzen offenbar bereits der Verdacht von Machenschaften gegen den König ausgereicht hatte, um ihn zu ächten. Welf VI., der bereits zu Lebzeiten seines Bruders gegen den König Fehde geführt hatte — in der Situation von 1148 also bereits ein Jahrzehnt lang — wurde aber nicht geächtet. Man kann natürlich einwenden, daß Welf VI. über keine Lehen, die von Konrad III. aus-

---

Konrad III. zu kämpfen. Cardini 1985, S. 81. Zur Unterstützung Friedrich Barbarossas für Welf VI. siehe Chronica regia Coloniensis, MGH SS RG [18], S. 79, a.a. 1143, Recc. 1, 2; Annales Patherbrunnenses (Scheffer-Boichorst), S. 179, a.a. 1143. Zur Erklärung für das Handeln Friedrich Barbarossas vgl. Hechberger 1996, SS. 32f., 216f.

[323] Rassow 1961, S. 32f.; Feldmann 1971, S. 26; Jordan 1980a, S. 43. Das Bündnis Konrads III. mit Manuel I. sah vor, das sizilische Normannenreich nach der gemeinsamen Eroberung aufzuteilen. Byzanz verpflichtete sich eine Flotte, Truppen und Finanzmittel zu stellen. Ein Bündnis mit Venedig war geschlossen und Pisa sollte noch gewonnen werden. Rassow 1961, S. 28

[324] Diplomata Conradi III., MGH DD 9, Nr. 229 (16/20.4.1150), S. 405: „Siquidem, ut tua sapientia perfecte novit, **dominus ille Welpho [qui] vir magne nobilitatis et potentie in regno nostro habetur**, neque fide, qua eum in extrema necessitate adiuvimus, neque beneficiis, quibus eum commode auximus, aliqua ratione commonitus per Sicylie tyrannum a Hierosolimis reditum habuit et accepta non parva ipsius infami pecunia per sacramenta et per obsides ei firmavit, quod nos et nostros et nostrum imperium perturbare et infestare modis omnibus laboraret." Der Brief von Konrad III. an Manuel I. enthält die Entschuldigung dafür, daß der Aufbruchstermin Konrads III. nach Italien nicht eingehalten werden konnte.

gegeben wurden, verfügte, und deshalb eine Ächtung auch nicht zum Verlust seiner Güter, die ja Allode waren, geführt hätte. Konrad III. war also nicht in der Lage, durch prozessuale Mittel den widerstrebenden Fürsten seiner materiellen Machtgrundlage zu berauben. Eine Ächtung wäre dennoch ein unterstützendes Mittel des Königs gewesen, da eine Parteinahme anderer Herren für Welf VI. gegen den König immerhin problematisch geworden wäre, auch wenn, wie erwähnt, eine Ächtung nur selten zum erwünschten Abfall der Getreuen führte.[325] Von Welf VI. aber in ehrenden Worten zu sprechen, ist meines Erachtens weit davon entfernt, wie es einem „bezahlten Söldnerführer" eines auswärtigen Herrschers zukam.

Ebenso verwundert es, daß Heinrich der Löwe zwar ab 1147 Anspruch auf Bayern stellte, seinen Onkel aber nach dessen Rückkehr vom Kreuzzug nicht unterstützte, obwohl doch Welf VI. die Kräfte des Königs in Schwaben band und damit einer Durchsetzung des Sachsenherzogs in Bayern bessere Chancen eröffnete. Heinrich der Löwe begab sich erst Ende 1150, nachdem die Fehde zwischen Welf VI. und dem König militärisch beendet war und bereits ein Ausgleich gesucht wurde, nach Bayern. Auch urkundete Heinrich der Löwe erst ab 1150 als Herzog von Bayern,[326] nicht aber be-

---

[325] Von einem Hochverrat Welfs VI. zu sprechen ist problematisch, da der Begriff aus dem neuzeitlichen Staatsrecht stammt. Feldmann 1971, S. 21. Es gibt auch keine Quellen, die ihm Verrat vorwerfen. Vgl. auch Hechberger 1996, S. 213.

[326] Das erste Diplom Heinrichs des Löwen, in dem er als Herzog von Bayern urkundete, stammt von 1150. Eine Tages- oder Monatsdatierung ist nicht möglich. Urkunden Heinrichs des Löwen, MGH LDUK 1, Nr. 14 (1150), S. 22f. Die Urkunde vom 13.9.1148, in der Heinrich der Löwe ebenfalls als Herzog von Bayern urkundet gilt als Fälschung. Vgl. Urkunden Heinrichs des Löwen, MGH LDUK 1, Nr. 12 (13.9.1148), S. 19-21. Auch wenn sie echt wäre, würde sie nur den konkurrierenden Anspruch um Bayern unterstreichen.

reits ab 1147. Auch die Kaiserchronik weiß davon zu berichten, daß sich Neffe und Onkel nicht gegenseitig unterstützten.[327]

Welf VI. mußte also sowohl für Konrad III. eine — im gewissen Sinne — akzeptable Begründung dafür gehabt haben, daß er im süddeutschen Raum den Kampf aufrecht erhielt, als auch ein Ziel verfolgen, das Heinrich dem Löwen unmöglich machte, seinem Onkel zu helfen. Die einzig naheliegende Erklärung dafür ist daher, daß Welf VI. auch nach 1147 den Anspruch auf Bayern aufrechterhielt und er somit ein Konkurrent des Löwen um das Herzogtum war.

Meine These, daß Welf VI. bis 1152 Ansprüche auf Bayern erhob, erklärt auch, warum Friedrich Barbarossa seinen Onkel nach der Königswahl so großzügig in Italien bedachte. Welf VI. hätte nach dem Tod Konrads III. seinen Anspruch auf Bayern erneuern können. Damit hätte Friedrich Barbarossa wie Konrad III. zwischen 1147 und 1150 vor dem Problem gestanden, daß drei Fürsten — Welf VI., Heinrich der Löwe und Heinrich Jasomirgott — Bayern für sich beanspruchen. Die konkurrierenden Ansprüche Heinrichs des Löwen und Heinrichs Jasomirgott zu befriedigen sollte ein schweres Stück Arbeit werden: Erst im September 1156 war der Ausgleich mit dem Privilegium minus erreicht.[328] Welf VI. aber, der ja gegenüber Heinrich dem Löwen über die schwächeren rechtlichen Grundlagen verfügte, ließ sich nach Italien ablenken — um so leichter, als er ja bereits einmal auf Bayern verzichtet hatte — und wurde so aus dem dreipoligen Konflikt herausgenommen. Es muß betont werden, daß Welf VI. in der Situation von 1152 immer noch in dem Dilemma von 1139 steckte, daß er nämlich faktisch herzogsgleich war, diesen Ti-

---

[327] Kaiserchronik eines Regensburger Geistlichen, MGH DC 1.1, v. 17233-17236, S. 392: „do **newolten im niht helfen/ neweder driunt noch mâge**./ si huoben sich alsô trâge,/ want Welf wider dem rîche was"

[328] zur Ausgleichspolitik Friedrich Barbarossas allgemein vgl. Fichtenau 1965, S. 32; Feldmann 1971, S. 34f.; Appelt 1973, S. 34-36; Opll 1994, S. 53. Das Privilegium minus ist abgedruckt in: Diplomata Friderici I., MGH DD 10.1, Nr. 151 (17.9.1156), S. 255-260

tel aber rechtmäßig nicht führen konnte und so seine Stellung gefährdet war. Mit dem Herzogtum Spoleto errang er endlich diese rechtliche Stellung. Ab dem 20.4.1152 führte Welf VI. wiederum den Herzogstitel.[329] Im Diplom von 16.10.1152 werden dann erstmals die italienischen Lehen genannt.[330] Darüber hinaus gab es natürlich noch weitere Gründe, Welf VI. die italienischen Lehen zu geben: Aufgrund der guten Beziehungen vor 1152 zwischen Welf VI. und Friedrich Barbarossa und ihrer Verwandtschaft versprach der Fürst eine gute Stütze des Königs in Reichsitalien zu werden.

3.5. Territorialkonflikt mit Heinrich dem Löwen

Der Ablauf des Konflikts zwischen Heinrich dem Löwen und Konrad III. wurde teilweise bereits oben[331] abgehandelt. Als sein Vater 1139 starb, war er vielleicht erst acht Jahre alt.[332] Während Konrads III. Ausgleichsversuchs von 1141 bis 1143, war Heinrich der Löwe noch nicht rechtsfähig und konnte sich gegen den Rat seiner Mutter kaum wehren.[333] Durch die Aufgabe Bayerns erwarb er den

---

[329] Diplomata Friderici I., MGH DD 10.1, Nr. 6 (20.4.1152), S. 13. In der Folgezeit tritt er in weiteren 15 Urkunden als Herzog ohne Zusatz auf; vgl. Feldmann 1971, Reg. 27-41.

[330] Diplomata Friderici I., MGH DD 10.1, Nr. 30 (16.10.1152), S. 51f., zz. 42, 1: „[...] Welfo dux Spoleti et marchio Tusciae [...]". Schon am Folgetag sind die Zusätze wieder weggelassen. Vgl. Feldmann 1971, Regg. 43-47. Die anderen italienischen Besitzungen finden sich nur sporadisch. Sardinien wird erstmals Ende Dezember 1152 genannt. Diplomata Friderici I., MGH DD 10.1, Nr. 43 (29.12.1152), S. 73, z. 29: „[...] Welfo dux Spoleti marchio Tuscie rector Sardinie [...]". Korsika erscheint erstmals im April 1154: „Welfo dei gratia dux Spoleti marchio Thuscie princeps Sardinie ac Corsice dominus totius domus comitisse Mathildis [...]" Feldmann 1971, Reg. 63

[331] A. 3.4, S. 105-108

[332] Die Steterburger Annalen, die einzige Quelle, die das Alter Heinrichs des Löwen nennt, berichtet, daß er bei seinem Tod (1195) 65 Jahre alt war, also 1129/30 geboren wurde: „[...] anno aetatis suae 66" Annales Stederburgenses auctore Gerhardo praeposito, MGH SS 16, S. 231, z. 24. Dagegen nimmt Feldmann (1971, S. 13-15) an, daß Heinrich der Löwe erst 1134/5 geboren wurde. Zur Diskussion um das Geburtsjahr vgl. Hechberger 1996, S. 27f.; vgl. auch Jordan 1980a, S. 25f.

[333] Ottonis episcopi Frisingensis chronica sive historia de duabus civitatibus, MGH SS RG [45], l. 7, c. 26, S. 351f.: „Non multo post Saxoniam ingressus

sicheren Besitz Sachsens, dessen unbestrittener Herzog er folglich war, als er volljährig wurde. Nach dem Tod seiner Mutter am 18.4.1143 übernahm Heinrich der Löwe selbst die Regierungsgeschäfte, beraten von Adeligen und Ministerialen.[334] Schon in diesem Jahr trat er eigenständig handelnd auf, als er die Verhältnisse in Nordelbingen ordnete.[335] Bereits im Folgejahr zeigte Heinrich der Löwe die Härte, mit der er auch später den Landesausbau vorantrieb: Gestützt auf einen umstrittenen Rechtsanspruch erwarb er sich einen Großteil des Erbes des kinderlos verstorbenen Grafen Rudolf von Stade gegen die Ansprüche der Hamburger und Magdeburger Kirche.[336] Aber erst auf dem Frankfurter Hoftag im März 1147 erhob er, inzwischen wohl 17 Jahre alt, überraschend den Anspruch auf Bayern nach Erbrecht. Konrad III., kurz vor dem Aufbruch zum Kreuzzug stehend, behandelte seine Forderung abschlägig. In der Abwesenheit des Königs unternahm der Herzog in der bayerischen Sache nichts, sondern begab sich 1147/48 auf seinen eigenen Kreuzzug gegen die heidnischen Wenden östlich der Elbe.[337] Erst ab 1150 urkundete er auch als Herzog von Bayern. Aber den Hoftagen 1150/51, auf denen sein Anspruch verhandelt werden sollte, blieb er fern.[338] Statt dessen war er bereits Ende des Jahres 1150 von Lüneburg aus mit einem Heer nach Bayern aufgebrochen. Allerdings kam es zu keinen offenen Kampfhandlungen gegen den König. Ende des Jahres 1151 schließlich versuchte Konrad III., unterstützt

---

data in uxorem vidua ducis Heinrici, Lotharii imperatoris filia, fratri suo Heinrico marchioni pacem cum Saxonibus fecit, eidemque marchioni **Noricum ducatum, quem consilio matris ducis Heinrici filius iam abdicaverat, concessit.**"

[334] Jordan 1980a, S. 29
[335] Jordan 1980a, S. 29f.
[336] zum Streit um die Stader Erbschaft vgl. Glaeske 1962, S. 143f.; Jordan 1980a, S. 30-32; Althoff 1985, v.a. S. 69-72; Ehlers 1992, S. 436f. Zu den Grafen von Stade vgl. Hucke 1956. Erst rund 25 Jahre später aber galt der Streit um Stade als endgültig erloschen; vgl. Glaeske 1962, S. 181
[337] Jordan 1980a, S. 36-39
[338] Würzburg im Juli 1150 (vermutlich), Ulm im Januar 1151 und Regensburg im Juni 1151. Jordan 1980a, S. 44f.

von anderen Fürsten, darunter Albrecht dem Bären, Braunschweig zu nehmen. Heinrich der Löwe gelangte jedoch in die Stadt, bevor Konrad III. sie im Handstreich nehmen konnte und sich deshalb wieder zurückzog. Die Kämpfe führte Albrecht der Bär in Sachsen fort. Als Konrad III. im Februar 1152 starb, war der Konflikt um Bayern noch immer ungelöst.

3.5.1. Rechtliche Grundlagen und Motive

Der Konflikt zwischen Heinrich dem Löwen und Konrad III. basierte — ebenso wie zwischen Welf VI. und dem König — auf einem unbefriedigten Anspruch. Welche rechtliche Grundlage hatte Heinrich der Löwe zur Untermauerung seiner Forderung?

Auf dem Frankfurter Hoftag im März 1147, kurz vor dem Aufbruch der deutschen Kreuzfahrer, trat Heinrich der Löwe auf und forderte Bayern nach Erbrecht:

> „Ad predictam curiam Heinricus Heinrici, de quo supra dictum est, Noricorum ducis filius, qui iam adoleverat, venit, ducatum Noricum, quem patri suo non iuste abiudicatum asserebat, **iure hereditario** repiscens."[339]

Heinrich der Löwe war das einzige Kind Heinrichs des Stolzen, der seinerseits durch Sohneserbrecht 1126 in den Besitz Bayerns gekommen war. Allerdings war diesem nach der Ächtung auch das Herzogtum Bayern abgesprochen worden. Heinrich der Stolze hatte bis zu seinem Tod das Herzogtum nicht mehr verliehen bekommen. Insofern hatte Heinrich der Löwe kein Anrecht auf Bayern. Allerdings gab es zu dieser Zeit die Rechtsvorstellung, daß Kinder einen eigenständigen Erbanspruch unabhängig vom Vater hatten. Wenn dem Vater Güter abgesprochen wurden, so betraf dies nur dessen Besitzstand, nicht den der Kinder. Der Vater war lediglich „Vorerbe" überkommener Güter.[340] Diese Vorstellung war seit dem Früh-

---

[339] Ottonis et Rahewini gesta Friderici I. imperatoris, MGH SS RG [46], I. 1, c. 45, S. 63f.
[340] Faußner 1973, S. 363

mittelalter im bayerischen Stamm verankert gewesen.[341] Heinrich der Löwe konnte sich damit überzeugend als Erbe seines Großvaters präsentieren.[342]

Aber Heinrich der Löwe brachte noch eine zweite Argumentationslinie vor: Er bezeichnete den Entzug Bayerns als nicht rechtmäßig. Auf welche einzelnen Punkte er sich dabei stützte ist nicht überliefert. Es ist aber sicher anzunehmen, daß er die Ächtung seines Vaters anfocht, die ja die Grundlage für den Entzug darstellte. Daß damals Heinrich der Stolze nicht auf terra natalis verurteilt worden war, bot eine Möglichkeit dazu.[343] Mit dieser Position aber ging er sowohl gegen die königliche Entscheidung, als auch gegen seine Konkurrenten vor: Wenn nämlich der Entzug Bayerns nicht rechtens gewesen war, so hatten sowohl Welf VI., als auch Heinrich Jasomirgott keinen Anspruch auf das Herzogtum. Beide konnten ja vor allem Anspruch nach dem Brudererbrecht geltend machen. Heinrich Jasomirgott hatte aber als Bruder Leopolds IV. von Österreich keinen Anspruch mehr auf das Herzogtum, wenn schon dieser zu Unrecht in dessen Besitz gekommen war. Ebensowenig konnte natürlich Welf VI. Ansprüche auf Bayern stellen.[344]

Dagegen konnte Konrad III. für sich in Anspruch nehmen, daß er durch die Ächtung das freie Verfügungsrecht zurückerlangt hatte.

---

[341] vgl. Lex Baiuwariorum, MGH LL 3, c. 3, § 1, S. 289: „Dux vero, qui preest in populo, ille semper de genere Agilolfingarum fuit et debet esse, quia sic reges antecessores nostri concesserunt eis; qui de genere illorum fidelis regi erat et prudens, ipsum constituerent ducem ad regendum populum illum."

[342] Dies wird aber in den Quellen nicht in aller Schärfe ausgesagt. Es wird lediglich von dem väterlichen Erbe (hereditas paterna) gesprochen. Vgl. z.B. Ottonis et Rahewini gesta Friderici I. imperatoris, MGH SS RG [46], I. 2, c. 11, S. 112, z. 17f.: „[...] qui [Heinricus] in **paternam hereditatem**, a qua diu propulsus fuerat, redire cupiebat [...]". Es muß aber auch bedacht werden, daß „paterna" nicht nur „väterlich", sondern auch „väterlicherseits" bedeuten kann, weshalb kein Widerspruch darin besteht, daß Heinrich dem Stolzen zwar Bayern abgesprochen worden war, das Herzogtum dennoch das „väterliche", besser „väterlichseitige" Erbe Heinrichs des Löwen in den Quellen blieb.

[343] vgl. A. 3.3.2, S. 94

[344] Daß der Entzug nicht rechtens war, findet sich auch in: Urkunden Heinrichs des Löwen, MGH LDUK 1, Nr. +136 (Stilübung), S. 191

Das ius hereditarium, das Heinrich der Löwe geltend machte, erlosch, wenn der Entzug rechtmäßig geschah.[345] Unter den salischen Königen, in deren Tradition sich Konrad III. stellte, gab es mehrere Beispiele für den Entzug von Herzogtümern.[346] Daß Heinrich der Löwe die Rechtmäßigkeit des Entzugs anfocht, war also der zentrale Punkt der Argumentation. Es ließe sich auch denken, daß Konrad III. auf den Verzicht des Löwen auf Bayern von 1143 verwies. Diese Position fand aber keinen Niederschlag in den Quellen. Insgesamt war es für den König problematisch, Heinrich den Löwen darauf festzulegen, da er schließlich zu dieser Zeit noch gar nicht rechtsfähig gewesen war.[347] Tatsächlich hatte Konrad III. seine Position durch die Forderung nach offiziellem Verzicht geschwächt. Da Heinrich der Löwe öffentlich seinem Erbe entsagen sollte, wurde die Rechtmäßigkeit des Entzuges aufgeweicht, da ja indirekt ein Erbrecht anerkannt wurde, sonst wäre der offizielle Verzicht kaum sinnvoll gewesen. Natürlich war aus der Sicht Konrads III. der Verzicht notwendig gewesen, damit der Ausgleich dauerhaft und sicher war. Das Problem war aber, daß Heinrich der Löwe eben noch nicht rechtsfähig gewesen war, also auch nicht rechtmäßig darauf verzichten hatte können.[348]

Für Konrad III. war die Ausgabe Bayerns an Heinrich den Löwen kaum denkbar: Zum einen hätten sich in der Person Heinrichs des Stolzen beide Herzogtümer vereinigt. Dagegen aber hatte Kon-

---

[345] vgl. Faußner 1984, S. 45f. Eine Konfiskation als Möglichkeit des Königs war allgemein nach Herausbildung des iuris hereditarium beschnitten worden. Der König benötigte ein Gerichtsverfahren durch Geschworene, die feststellten, daß der Beklagte sich so sehr gegen Reich und König vergangen habe, daß der Besitz des Leihgutes verwirkt war. Faußner 1973, S. 412

[346] vgl. die Verfügungsgewalt der Salier über das Herzogtum Bayern. Störmer 1991

[347] Die Konstruktion hätte halten können, wenn seine Mutter Gertrud noch länger gelebt hätte. Die Ehe zwischen ihr und Heinrich Jasomirgott hatte ja zum einen den Zweck, den Ausgleich zu bekräftigen, zum anderen aber gingen auch die etwaigen Rechte der Herzogswitwe auf den österreichischen Markgrafen über. Feldmann 1971, S. 19

[348] Den Verzicht nennt Faußner (1984, S. 46) den pragmatischen Ausweg aus den Erbansprüchen.

rad III. von Anfang an gekämpft. Es wäre *der* Machtblock entstanden, der die Macht des Königtums in entscheidender Weise beeinträchtigt hätte. Dazu konnte er den Löwen kaum verwandtschaftlich eng an sich binden, da er keine Tochter hatte. Um die guten Beziehungen mit Byzanz perfekt zu machen, hatte die Verheiratung Berthas von Sulzbach, der Schwägerin Konrads III., ausgereicht, um aber eine Machtballung wie Sachsen und Bayern möglichst eng an den König anzuschließen, waren eigene Kinder die bessere Sicherung.[349] Heinrich der Löwe wäre klar zum mächtigsten Fürsten aufgestiegen, der kaum zu kontrollieren gewesen wäre. Genausowenig bestand Aussicht darauf, daß — wie sich die Frontstellung nun einmal zwischen Staufern und Welfen seit 1125 gestaltete — er ein Parteigänger des Königs werden würde. Zum zweiten hatte Konrad III. in Heinrich Jasomirgott eine sichere Stütze seines Königtums. Der Babenberger hatte sich stets treu verhalten und führte — in der Situation des Frankfurter Hoftages von 1147 — ein wichtiges Ritterkontingent dem bevorstehenden Kreuzzug zu.[350] Darüber hinaus stand er ihm als sein Halbbruder entschieden näher, als der Sproß einer Familie, gegen die sich Konrad III. seit 1127 durchzusetzen suchte. Fernerhin stand ja für 1148 eine Heirat, die von Konrad III. gefördert worden war, von Heinrich Jasomirgott mit einer Tochter des Basileus Manuel I., Theodora, an. Das Eheprojekt wäre schwer angeschlagen worden, da ja ein Entzug Bayerns auch gleichbedeutend mit einem Rangverlust war. Konrad III. hätte sich also einer sicheren Stütze berauben und einen Mann, der sein Königtum untergraben hätte, fördern müssen, um dem Konflikt auszuweichen.

---

[349] Heinrich der Löwe war zu dieser Zeit, mit ca. 17 Jahren, noch unverheiratet und hatte noch keine Kinder.
[350] Appelt 1973, S. 33

3.5.2. Verlauf der Auseinandersetzungen

Merkwürdig beim Verlauf des Konflikts ist das Verhalten Heinrichs des Löwen in Bezug auf die Hoftage, die eine Klärung der Ansprüche zum Ziel hatten. Anstatt auf diesen zu erscheinen, zog er es vor, mit Heeresmacht in Bayern einzufallen, auch wenn er den König, der sich dort aufhielt, nicht bekämpfte. Es ist in der Forschung angenommen worden, daß Konrad III. Heinrich den Löwen zu den Hoftagen geladen hatte, nachdem er aber nicht erschienen war, sich also als contumax zeigte, ihm gemäß eines Kontumazialurteils seine Ansprüche abgesprochen hatte. An dieser Sicht der Dinge kündigten jüngst Boshof und Althoff Zweifel an. Boshof vertritt die These, daß es zu keinem Kontumazialurteil kam, weil Konrad III. offenbar Furcht hatte, die Ansprüche des Löwen ohne weiteres abzusprechen.[351] Althoff geht noch einen Schritt weiter, indem er überhaupt ein Gerichtsverfahren in Frage stellt. Quellenbelege nämlich für ein Gerichtsverfahren 1150/51 lassen sich nicht finden, dagegen weist ein Brief Heinrichs des Löwen an Abt Wibald von Corvey und Stablo, den Kanzler des Königs, darauf hin, daß ein Vergleich angestrebt wurde:[352]

> „Pollicitus est enim, quod secundum **iustitiam vel principum consilia**, qui ad curiam confluent, se nobis responsurum."[353]

Heinrich der Löwe bat Abt Wibald um Unterstützung für den Hoftag in Regensburg im Juni 1151, da Konrad III. ihm eine Entscheidung „secundum iustitiam vel principum consilia" versprochen habe. Damit ist die Rechtsformel consilio et iudicio angesprochen, die eine gütliche Einigung, nicht aber einen Prozeß meint.[354] Daß Heinrich

---

[351] Boshof 1988, S. 338
[352] Althoff 1995, S. 88f.
[353] Urkunden Heinrichs des Löwen, MGH LDUK 1, Nr. 16 (vor 11.6.1151), S. 24
[354] Vermutlich hatten Friedrich Barbarossa und Herzog Konrad III. von Zähringen Heinrich dem Löwen Genugtuung auf dem Regensburger Hoftag zugesichert. Jordan 1980a, S. 44f.

der Löwe nicht erschien, obwohl er sich ja bereits seit Ende des vorigen Jahres mit eigenen Streitkräften in Bayern befand, läßt darauf schließen, daß er von vornherein annahm, daß sich Konrad III. auf keinen Ausgleich einlassen würde, der Heinrich den Löwen in den Besitz Bayerns bringen sollte. Die fortgesetzte Ablehnung der Anspruchserfüllung führte schließlich zur Fehde, in der weder Konrad III. noch Heinrich der Löwe einen entscheidenden Sieg davontragen konnten.

Es ist auch auffällig, daß Konrad III. Heinrich den Löwen nicht ächtete, obwohl dieser ja mit Waffengewalt gegen die Verfügungen des Königs vorging und im Gegensatz zu Welf VI. sehr wohl über Reichslehen verfügte. Während Konrad III. in der Auseinandersetzung mit Heinrich dem Stolzen sehr schnell den Konflikt durch die Ächtung eskalieren ließ, vermied er dies bei Heinrich dem Löwen. Es läßt sich annehmen, daß Friedrich Barbarossa einen mäßigenden Einfluß auf seinen Onkel ausübte. In Friedrich Barbarossa, aber auch in Herzog Konrad III. von Zähringen hatte Heinrich der Löwe wichtige Fürsprecher seiner Sache. Friedrich Barbarossa, der seit dem Tod seines Vaters am 6.4.1147 vollgültiger Herzog von Schwaben war, bemühte sich ja, sobald er selbst König war, um einen Ausgleich, der die Ansprüche seiner welfischen, ebenso wie die seiner babenbergischen Verwandte zufriedenstellte. Herzog Konrad III. von Zähringen hatte seine Tochter Clementia 1148 oder 1149 an Heinrich den Löwen verheiratet. Anfang der Fünfziger Jahre waren die Beziehungen zwischen dem Löwen und dem Zähringer noch sehr gut.[355]

---

[355] 1158 tauschte Heinrich der Löwe das Heiratsgut Badenweiler im Herz der zähringischen Güter mit Besitzungen am Harz mit Friedrich Barbarossa. 1162 wurde die Ehe mit Clementia aufgelöst. Schmid 1980, S. 69; Jordan 1980a, S. 276. Vgl. zum Gütertausch besonders Haas 1983, v.a. S. 255-264.

3.6. Ergebnisse

Der Konflikt zwischen Konrad III. und den Welfen umschließt fünf Phasen. Jeder der drei Welfen agierte auf einer spezifischen eigenen Basis mit unterschiedlichen Zielsetzungen. Die Konfliktfaktoren sind für jeden Welfen aber fast identisch. In der Vorphase des Konflikts, der Regierungszeit Lothars III., sind keine positiven Beziehungen zwischen den Akteuren bezeugt: Konrad und Heinrich der Stolze standen sich in gegnerischen Lagern in führender Position gegenüber. Nach dem Tod Lothars III. trat der Konflikt in seine erste kurze Phase: Beide hatten die Voraussetzungen, König zu werden, und beide strebten nach dem Thron. Keiner von beiden hatte einen rechtlich schlagenden Anspruch auf die Krone und so blieb es eine Frage der politischen Durchsetzbarkeit. Konrad, der sich nur auf eine geringere eigene Machtbasis stützen konnte, nützte seine Chancen besser. Heinrich dem Stolzen gelang es nicht — offenbar strebte er es nicht einmal an —, eine eigene Partei zu formieren. Es genügte aber nicht, sich allein auf die eigenen Güter zu stützen, obwohl sie den Herzog zum mächtigsten Fürsten des Reiches machten, um König zu werden.

Der Konflikt trat in eine zweite Phase, als Konrad III. versuchte, die Machtgrundlage Heinrichs des Stolzen zu schmälern. Zumindest einige Herrschaften, wahrscheinlich aber ganz Sachsen, sollte er aufgeben. In dieser Phase kam es noch nicht zu Kampfhandlungen, weil Konrad III. den Konflikt schnell weiter eskalieren ließ: Mit der Ächtung, dem Entzug Bayerns und vor allem dessen Neuausgabe an den Halbbruder des Königs, Markgraf Leopold IV. von Österreich, erreichte der Konflikt eine neue Qualität und trat in seine dritte Phase: Nun sollte nicht mehr nur die Machtbasis Heinrichs des Stolzen geschmälert, sondern der Fürst gänzlich verdrängt werden. Für den Herzog ging es nicht mehr um die Sicherung einer größeren oder geringeren Machtposition, sondern um seinen Rang und seine Stellung als Herzog an sich. Offene Kampfhandlungen brachen aus.

Nach seinem ersten Teilerfolg über den König starb aber Heinrich der Stolze.

Die Anspruchserhebung auf Bayern durch Welf VI. läutete die vierte Phase ein. Für den Träger reicher Allode in Schwaben hing vom Herzogtum Bayern der legitime Anspruch auf den Herzogsrang ab. Für Welf VI. ging es ideell um die Erhaltung des Herzogtitels, den er aber faktisch erst erwerben mußte. Der Besitz des Herzogtums war darüber hinaus natürlich ein lohnenswerter Preis für die Bemühungen. Dies stieß gegen die Pläne Konrads III., die wichtigsten Positionen im Reich mit Verwandten und treuen Vasallen zu besetzen als Basis für ein machtvolles Königtum. Nach zwei Niederlagen schließlich — Weinsberg und Flochberg — gab Welf VI. seinen Anspruch auf Bayern auf. Der König hatte sich mit Waffengewalt durchgesetzt.

Noch vor dem Ende der vierten Phase deutete sich bereits die fünfte und letzte Phase an: Der Konflikt mit Heinrich dem Löwen um Bayern. Für den Herzog ging es darum, die väterlichen Güter zurückzuerhalten. Für Konrad III. war die Lage um so mißlicher, weil Heinrich der Löwe bereits Träger eines mächtigen Herzogtums war und der König selbst ihm diesen Besitz zugestanden hatte — obwohl dessen Vater keinen einwandfrei schlagenden Anspruch darauf geltend machen konnte —, um den Frieden im Reich herzustellen. Bayern aber war Erbgut, auf das durch den Verzicht des minderjährigen Heinrichs des Löwen der Anspruch nicht einwandfrei aufgegeben worden war. Zur Durchsetzung der Ansprüche wendete der Herzog Gewalt an, unmittelbar nachdem sein Onkel die konkurrierenden Ansprüche auf Bayern aufgegeben hatte.

Überblickend haben für die Regierungszeit Konrads III. drei Faktoren grundlegende Bedeutung für die anhaltende Opposition. In der ersten kurzen Phase kam der konkurrierende Anspruch um Rangerhöhung — den Erwerb der Königskrone — zum tragen. In den anschließenden vier Phasen wirkten zwei Faktoren, die diametral aufeinanderprallten: Auf der einen Seite bemühte sich der König, seine Konzeption eines machtvollen Königtums zuerst durchzusetzen und dann beizubehalten. Die Konzeption sah keinen Ausgleich mit bisher widerstrebenden Fürsten vor, sondern letztlich ihre Verdrängung. Die Durchsetzung Heinrichs des Löwen in Sachsen widersprach zwar dem Konzept, für Bayern sollte es aber beibehalten bleiben. Dies stand auf der anderen Seite gegen die Bemühungen der Welfen. Sie versuchten gegen den König ihren Besitzstand zu halten und ihren Rang zu sichern. Welf VI. und Heinrich der Löwe mußten keine völlige Verdrängung mehr befürchten, wie Heinrich der Stolze. Welf VI. kämpfte hartnäckig darum, seine Stellung zu behalten. Heinrich der Löwe nahm den Kampf auf, um sein reiches Erbe nicht zu verlieren.

4. FRIEDRICH BARBAROSSA UND HEINRICH DER LÖWE

Die Regierungszeit Friedrich Barbarossas (1152 bis 1190) gilt im Bezug auf Deutschland als lange Periode des Ausgleichs zwischen Kaiser und Reichsfürsten. Nach dem langen Konflikt, der seit dem Investiturstreit ununterbrochen angedauert hatte, wenn auch auf wechselnden Faktoren beruhend, gelang es dem Sproß der Staufer und Welfen gleichermaßen, innerhalb weniger Jahre die Auseinandersetzungen zu beenden.[356]

Aber natürlich war seine Zeit nicht frei von Konflikten: Schwere Kämpfe focht er in Italien aus. Spätestens ab 1159 keimte aufgrund des Papstschisma zwischen Alexander III. und Victor IV. Opposition gegen den Kaiser im Reich. Diese Konflikte zwischen Reichsgliedern und Kaiser steigerten sich jedoch nicht bis zur bewaffneten Auseinandersetzung. Obwohl beispielsweise Welf VI. Papst Alexander III. anhing und Friedrich Barbarossa daraufhin begann, seinen Onkel aus den italienischen Lehen mittels Reichslegaten zu verdrängen,[357] kam es nie zum Bruch zwischen beiden.

Innerhalb Deutschlands gab es nur *einen* heftigen Konflikt zwischen Kaiser und einem Reichsfürst, der zu einem großen Schlagabtausch führte: der Sturz Heinrichs des Löwen 1180/81. In der Reihe großer Konflikte im 12. Jahrhundert war es der einzige unter Friedrich Barbarossa, der sich rein auf das Gebiet Deutschlands beschränkte und zugleich die Potenz in sich trug — gemessen an der

---

[356] Rahewin nennt ihn den Schlußstein eines Gewölbes zwischen den Staufern und Welfen. Ottonis et Rahewini gesta Friderici I. imperatoris, MGH SS RG [46], I. 2, c. 2, S. 103: „Principes igitur non solum industriam ac virtutem iam sepe dicti iuvenis [Friderici], sed etiam hoc, quod utriusque sanguinis consors tamquam **angularis lapis** utrorumque horum parietum dissidentiam unire posset, considerantes caput regni eum constituere adiudicaverunt, plurimum rei publicae profuturum precogitantes, si tam gravis et diutina inter maximos imperii viros ob privatum emolumentum simultas hac demum occasione Deo cooperante sopiretur."

[357] Feldmann 1971, SS. 62f., 69

Macht beider Kontrahenten — eine Intensität wie unter Lothar III. oder Konrad III. zu erreichen. Deshalb soll auch nur dieser Konflikt in der Regierungszeit Friedrich Barbarossas hier Betrachtung finden.

4.1. Herzog und Kaiser: Entwicklung der Beziehungen

Die Beziehungen zwischen Fürst und Kaiser waren lange Zeit sehr positiv. Bereits in der Regierungszeit Konrads III. galt Friedrich Barbarossa — wie beschrieben —[358] als Fürsprecher Heinrichs des Löwen beim König. Friedrich Barbarossa bemühte sich, sowie er König geworden war, darum, die Ansprüche Heinrichs des Löwen zufriedenzustellen und gab ihm letztlich 1156 Bayern, verkleinert um Österreich, zurück. Bereits 1152 wies Friedrich Barbarossa seinem Cousin das Erbe des Grafen Hermann II. von Winzenburg zu, auf das auch Albrecht der Bär Anspruch erhoben hatte. Damit wurde Heinrich der Löwe der bei weitem mächtigste Territorialherr in Sachsen, denn 1144 hatte Graf Hermann die Güter des Grafen Siegfrieds IV. von Boyneburg übernommen, dem letzten männlichen Angehörigen der Northeimer. Es handelte sich um einen sehr großen Herrschaftskomplex aus Grafenrechten, Kirchenvogteien und Allodien.[359] Im selben Jahr noch wurde die Pfalz Goslar in den Herrschaftsbereich des Löwen integriert: Als Vogt wurde der herzogliche Kämmerer Anno von Heimburg vom König persönlich eingesetzt. Damit hatte Heinrich der Löwe die reichen Silberminen im Rammelsberg in seiner Hand. Goslar verlor er wahrscheinlich erst Mitte der Sechziger Jahre wieder.[360] Im Juni 1154 erhielt Heinrich der Löwe das Investiturrecht im Auftrag des Königs für die Bistümer Oldenburg, Ratzeburg und Mecklenburg, sowie aller noch zu

---

[358] vgl. A. 3.5.2, S. 128
[359] Jordan 1981, S. 64f. Albrecht der Bär wurde mit dem Erbe der Grafen von Plötzkau, auf das Heinrich der Löwe ebenfalls Ansprüche erhoben hatte, abgefunden. Fuhrmann 1983, S. 146
[360] vgl. die sehr ausführliche Diskussion bei Jordan 1980b, S. 292-298

gründenden Bistümer im Heidenland.[361] Damit legalisierte Friedrich Barbarossa die Usurpation dieses königlichen Rechtes durch den Herzog: Bereits 1147 auf dem Slawenzug hatte Heinrich der Löwe das Investiturrecht in Abwesenheit Konrads III. ausgeübt.[362] Im Ostseeraum ließ Friedrich Barbarossa seinem Cousin spätestens ab Ende der Fünfziger Jahre weitgehend freie Hand. Bezüglich der Dänemarkpolitik wurde Heinrich der Löwe zum Vertreter der Reichsgewalt, womit das benachbarte Königreich verstärkt in die Einflußsphäre des Sachsenherzogs geriet.[363] Im Landesausbau wirkten Kaiser und Herzog zusammen: 1158 wurde die zähringische Mitgift Badenweiler in Schwaben mit Reichsgut am Harz getauscht. Damit vergrößerten beide ihre Macht in ihren Stammländern.[364] Im selben Jahr noch sprach Friedrich Barbarossa dem Sachsenherzog das Erbe des Grafen Udo von Katlenburg zu, was den herzoglichen Besitz im Harzgebiet noch weiter ausbaute.[365] Als 1157/58 Heinrich der Löwe die Isarbrücke des Freisinger Bischofs bei Föhring zerstören ließ und den Handel auf herzogliches Gebiet nach München umlenkte, deckte Friedrich Barbarossa das rechtswidrige Handeln seines Cousins und sorgte für eine nur unzureichende Entschädi-

---

[361] Diplomata Friderici I., MGH DD 10.1, Nr. 80 (Ende Mai-Anfang Juni 1154), S. 132-134 (=Constitutiones Friderici I., MGH CC 1, Nr. 147 (Juni 1154), S. 206f.)

[362] Fried 1973, S. 334

[363] Jordan 1981, S. 63; Opll 1994, S. 283. Anfang der Siebziger Jahre wurde die Herzogstochter Gertrud mit dem dänischen Erbprinzen, dem späteren König Knut IV. von Dänemark, vermählt.

[364] Haas 1983, v.a. S. 254-264; vgl. Diplomata Friderici I., MGH DD 10.1, Nr. 199 (1.1.1158), S. 332f.; ebd. Nr. 200 (1.1.1158), S. 334f. Heinrich der Löwe gewann bei dem Tausch die Reichsburgen Herzberg und Schwarzfels, sowie das Gut Pöhlde. Damit legte Heinrich der Löwe eine Territorialsperre vor den Harz und zielte auf die Kontrolle des Harzgebietes ab. Friedrich Barbarossa entschädigte das Reich mit der Besitzübertragung der Burg Leisnitz (östlich von Leipzig), den Lehen des Burggrafen Heinrich, der Burg Colditz bei Grimma, dem befestigten Lausigk, inklusive dessen Markteinkünften, dem Hof Schkölen mit Markt und Einkünften, dem Gleisberg (bei Jena) mit Einkünften, dem Berg Jenzig (ebenfalls bei Jena) und der Burg Mohrungen mit ihren Erträgen.

[365] Haas 1983, S. 258. Es handelte sich um Güter im Liesgau (zwischen Harz und Northeim) und Forstrechten im westlichen Harz.

gung Bischof Ottos von Freising, der schließlich sein Onkel war: Statt des vollen Zolls erhielt der Bischof ab dieser Zeit nur noch ein Drittel davon.[366]

1160 soll Friedrich Barbarossa gar seinen Vetter zum Nachfolger designiert haben. Eine Gemblouxenser Quelle, das einzige Zeugnis der Vorgänge, weiß zu berichten, daß der Kaiser vor Mailand schwor, nicht eher zu weichen, bis daß er die Stadt eingenommen habe. An den Schwur fügte er, daß ihm Herzog Friedrich IV. von Rothenburg, der Sohn Konrads III., und nach diesem Heinrich der Löwe als Könige nachfolgen sollten.[367] Friedrich Barbarossa hatte in dieser Situation noch keinen eigenen Sohn. In der Forschung wurde das Ereignis vor allem als Empfehlung an die Fürsten nicht aber als echte Designation aufgefaßt.[368] Es zeigt zumindest deutlich, welch gutes Einvernehmen zwischen beiden zu dieser Zeit herrschte.[369]

Als es 1162/3 zum Streit zwischen Heinrich dem Löwen und Pfalzgraf Adalbert von Sommerschenburg um dessen väterliches Erbe kam, wirkte Friedrich Barbarossa im Sinne des Löwen. Der Konflikt zog weite Kreise: Sogar König Vladislav von Böhmen und die Herzöge Welf VI. und Heinrich Jasomirgott traten in Opposition gegen den Herzog von Sachsen und Bayern. Im Sommer 1163 gelang es aber angeblich dem Kaiser, Welf VI. aus der Koalition abzuziehen.[370] Auch in den schweren Kämpfen in Sachsen ab Mitte der Sechziger Jahre zwischen Heinrich dem Löwen und seinen Gegnern vermittelte Friedrich Barbarossa immer wieder zu Gunsten des

---

[366] Jordan 1981, S. 66; Fuhrmann 1983, S. 168
[367] Sigeberti Gemblacensis chronicae auctarium Affligemense, MGH SS 6, S. 404, a.a. 1160: „Ut autem hoc iuramentum ratum maneret, designavit, si forte vita decederet, duos imperatores, filium Conradi predecessoris sui, et post eum **Heinricum ducem Saxonie.**"
[368] Schmidt 1987, S. 167f.
[369] Jordan 1980a, S. 72f.
[370] Feldmann 1971, S. 64; vgl. Registrum (Sudendorf), I, Nr. 24, S. 66f. (Brief Bischof Adalberts von Freising an Erzbischof Eberhard von Salzburg)

Herzogs.[371] Bei der Bischofswahl 1169 in Hamburg-Bremen setzte sich der Kaiser für den Kandidaten Heinrichs des Löwen, Balduin, ein, der schließlich gewählt wurde.[372] Heinrich der Löwe unterstützte im Gegenzug Kaiser Friedrich I. nach Kräften: Beim ersten Italienzug Friedrich Barbarossas (1154 bis 1155) zog Heinrich der Löwe persönlich an der Spitze des größten Kontingents mit und tat sich hervor bei der Niederwerfung eines bedrohlichen Aufstandes der Stadtrömer nach der Kaiserkrönung.[373] 1157 stellte Heinrich der Löwe erneut ein starkes Aufgebot beim Zug des Kaisers nach Polen.[374] Auch beim zweiten Italienzug (1158 bis 1162) unterstützte er Friedrich Barbarossa maßgeblich.[375] An den folgenden Italienzüge nahm er nicht mehr teil, da er ab Mitte der Sechziger Jahre durch die schweren Kämpfe in Sachsen verhindert war.

In der Kirchenpolitik schloß er sich bis in die Siebziger Jahre hinein eindeutig der kaiserlichen Haltung an. Im „Beneficia-Skandal" auf dem Hoftag 1157 zu Besançon war er zwar persönlich nicht anwesend, er führte aber die anschließende erfolgreiche Gesandtschaft zur Kurie an. Im Gegensatz zu den Falken Rainald von Dassel, dem Kanzler Friedrich Barbarossas und späteren Erzbischof von Köln,[376] und Otto von Wittelsbach, dem lothringischen Pfalzgrafen, verfolgte er eine versöhnlichere Linie.[377] Nach Ausbruch des Papstschismas von 1159 schloß er sich sofort fest dem Kaiser an:

---

[371] Jordan 1981, S. 67
[372] Töpfer 1992, S. 398
[373] Jordan 1981, S. 66; Fuhrmann 1983, S. 159; Appelt 1984, S. 181
[374] Jordan 1981, S. 66
[375] 1159 führte Heinrich der Löwe dem Kaiser 1.200 Ritter zu. Jordan 1980a, S. 68f.
[376] zu Rainald von Dassel vgl. insbesondere Grebe 1976; ders. 1978; zu einer kurzen Einschätzung seiner Politik vgl. Fuhrmann 1983, S. 171-176. 1159 bis 1165 war er lediglich Elekt von Köln. Er verstarb bereits 1167 während der Seuche vor Rom.
[377] Jordan 1970b, S. 226f.

Er gab zu Papst Victor IV. seine Zustimmung.[378] Auf dem Konzil zu Pavia 1160, das über die Papstwahl entscheiden sollte, war er anwesend und unterstützte die Beschlüsse für Victor IV.[379] Obwohl er 1165 Bedenken an der schroffen Haltung Rainalds von Dassel hatte, leistete er als erster weltlicher Fürst den sogenannten „Würzburger Eid". Er erklärte sich damit für den kaiserlichen Gegenpapst Paschalis III. und verpflichtete sich, niemals Papst Alexander III. anzuerkennen.[380] Der Anschluß an die kaiserliche Partei hatte für Heinrich den Löwen nebenbei den Vorteil, eine Legitimation dafür zu haben, gegen Bischof Ulrich von Halberstadt, einem seiner schärfsten Gegner und Alexandriner, vorzugehen.[381] Im Herbst 1168 führte der Herzog mit den Erzbischöfen Christian von Mainz und Philip von Köln eine Gesandtschaft im Namen des Kaisers an, um im neuausgebrochenen Krieg zwischen England und Frankreich in Cambrai und Rouen zu vermitteln. Über den Ausgang der Verhandlungen ist allerdings nichts bekannt.[382]

Dieser Überblick legt den Schluß nahe, daß das Verhältnis zwischen Fürst und Kaiser stets einvernehmlich und von gegenseitiger Unterstützung geprägt war, ja daß Friedrich Barbarossa sich ge-

---

[378] Ottonis Morenae historia Frederici I., MGH SS RG N.S. 7, S. 102f., zz. 16f., 1, 6f.: „Post quos omnes christianissimus imperator electionem domini Victoris comprobavit. Et post eum omnes principes, scilicet **dux Henricus de Saxonia** [...] electionem domini Victoris firmaverunt."

[379] Constitutiones Friderici I., MGH CC 1, Nr. 190 (Februar 1160), S. 265-270

[380] Namentlich greifbar sind nur drei weitere weltliche Fürsten: Pfalzgraf Konrad bei Rhein, der Halbbruder des Kaisers, Landgraf Ludwig II. von Thüringen und Markgraf Albrecht von Brandenburg. Brinken 1974, S. 192. Dagegen entzogen sich einige Große der Eidesleistung: Herzog Friedrich IV. von Rothenburg, der Sohn Konrads III., floh aus Würzburg, als die Eide geleistet werden sollten. Brinken 1974, S. 192; ebd. Anm. 99. Konrad von Wittelsbach, Erzbischof von Mainz, verließ bereits in der Nacht vor der Eidesleistung den Hoftag. Rill 1960, S. 10

[381] Jordan 1970b, S. 228

[382] Knipping, Regesten, Nr. 915-917, S. 166f.; Jordan 1970b, S. 231. Heinrich der Löwe zeichnete sich nicht zuletzt als Vermittler, v.a. mit hohem Ansehen in England aus, weil er am 1.2.1168 in Minden Mathilde, die Tochter König Heinrichs II. von England, geheiratet hatte.

genüber Heinrich den Löwen immer wieder nachgiebig gezeigt hatte.

Es gab aber auch immer wieder Ereignisse, die Konfliktpotential in sich trugen, auch wenn sie in den ersten Jahrzehnten nicht zur Opposition Heinrichs des Löwen führten: Auf dem Merseburger Hoftag zu Pfingsten (Mitte Mai) 1152 entschied sich Friedrich Barbarossa im dänischen Thronstreit für Sven, den er bereits seit seiner eigenen Erziehung zum Ritter kannte, und damit gegen Knut, den Schützling Heinrichs des Löwen. Dänemark wurde Knut entzogen und Sven damit belehnt.[383] Zu einer Entfremdung zwischen Friedrich Barbarossa und Heinrich dem Löwen führte dies nicht, aber es zeigt, daß Heinrich der Löwe auch in der Ausgleichsphase nicht alles vom König bekam. Generell hielt Friedrich Barbarossa an gewissen Reichsrechten fest und schränkte den Landesausbau Heinrichs des Löwen ein: Von der Linie Boyneburg — Mühlhausen — Kyffhäuser wich der Kaiser in seiner Regierungszeit nicht ab und richtete sich so gegen die Territorialpolitik Heinrichs des Löwen im Weser-Werra-Gebiet.[384] Nach der Katastrophe 1167 vor Rom, als unter den vielen hundert Seuchentote auch reichbegüterte Adelige oder deren Erbsöhne waren,[385] begann Friedrich Barbarossa, sich

---

[383] Feldmann 1971, S. 31; Opll 1994, S. 282f. Sven erscheint in zwei Diplomen dieses Hoftag als rex. Diplomata Friderici I., MGH DD 10.1, Nr. 11 (18.5.1152), S. 22, z. 17-19: „Sveno rex Danorum, qui ibidem regnum suscepit de manu domini regis, Knvt alter Danus, qui ibidem regnum in manu domini regis refutavit [...]"; Urkunden Heinrichs des Löwen, MGH LDUK 1, Nr. 18 (18.5.1152), S. 27, z. 9: „[...] rex Swein de Tenemarch [...]"; Unter Konrad III. hatten Thronwirren zur faktischen Aufteilung Dänemarks unter Sven, Knut und Waldemar geführt. Als Friedrich Barbarossa Dänemark Heinrich dem Löwen als Einflußsphäre ab spätestens 1158 überließ, setzte sich zuletzt Waldemar durch.

[384] Büttner 1963, S. 18. Aus diesem Grund wendete sich Heinrich der Löwe ab 1158 nach Norden hin gegen die Grafen von Schauenburg und nahm Lübeck ein.

[385] 1167 starb auch Herzog Friedrich IV. von Rothenburg ohne Nachkommen. Friedrich Barbarossa nahm das Herzogtum Schwaben wieder selbst in Besitz und gab es in der Folge an seine unmündigen Söhne aus. Fuhrmann 1983, S. 181. Gegen die aus den Quellen übernommene Meinung, es habe sich um Malaria gehandelt, wendete sich jüngst Herde (1991), der die These vertritt, daß es sich um Ruhr gehandelt habe.

zunächst von Italien abzuwenden und einen territorialen Ausbau in Deutschland zu betreiben. Der Ausbau in Schwaben betraf vor allem die Position Welfs VI. und nicht die Heinrichs des Löwen.[386] Aber ab Ende der Sechziger Jahre entzog Kaiser Friedrich Goslar wieder dem sächsischen Herzog. Dieses Ereignis könnte im Zusammenhang mit dem Territorialausbau Friedrich Barbarossas gestanden haben.[387] Noch wichtiger war das Erbe Welfs VI. Vor Rom starb auch Welf VII., der einzige Sohn Welfs VI., worauf dieser offenbar das Interesse am Landesausbau verlor und einen aufwendigen Lebensstil zu führen begann. Wahrscheinlich 1175 sah Welf VI. seinen Neffen, Heinrich den Löwen, als Erben seiner Güter gegen eine Zahlung vor. Als dieser aber offenbar nicht zahlte, setzte Welf VI. um 1177 seinen anderen Neffen, Friedrich Barbarossa, als Erben ein.[388] Damit hatte Heinrich der Löwe ein reiches Erbe verloren. Um die Mitte der Siebziger Jahre verschlechterten sich auch anderweitig drastisch die Beziehungen zwischen Kaiser und Fürst: Heinrich der Löwe begann im Papstschisma auf alexandrinische Seite überzuwechseln.[389] 1176 kam es zu einer hochdramatischen Szene, als sich Heinrich der Löwe in Chiavenna weigerte, Friedrich Barbarossa dringend benötigte Truppen gegen den Lombardenbund

---

[386] 1167/68 übernahm Friedrich Barbarossa Güter und Rechte der Herren von Warthausen, Biberach und Schweinhausen. Er erwarb die Vogteien des Bistums Augsburg und des Stiftes Ursberg von den ehemaligen Herren von Schwabegg. Er griff damit südlich der Donau nach Oberschwaben aus. Büttner 1963, S. 21. Ab 1167 übernahm Friedrich Barbarossa schrittweise die Güter des Grafen Rudolf von Pfullendorf, dessen einziger Sohn ebenfalls an der Seuche gestorben war. Als letztlich 1180 Graf Rudolf zur Pilgerfahrt ins Heilige Land aufbrach, von der er nicht mehr wiederkehrte, hielt Friedrich Barbarossa den reichen Pfullendorfischen Besitz in seiner Hand, verglich sich aber mit Graf Albrecht III. von Habsburg, der die Tochter des Grafen Rudolf geheiratet hatte; vgl. Schmid 1954, S. 173, ebd. Regg. 82-84b, 87, S. 284-287

[387] Heinrich der Löwe verlor Goslar wahrscheinlich während der schweren Kämpfe. 1167 wurde die Stadt von Erzbischof Wichmann von Magdeburg und Albrecht den Bären eingenommen. Jordan 1980b, S. 298

[388] Feldmann 1971, S. 73-89

[389] Jordan 1970b, S. 234f.

zu stellen.[390] Als dann im November 1178 auf dem Hoftag zu Speyer Erzbischof Philip von Köln Klage gegen Heinrich den Löwen erhob, ließ diesmal Kaiser Friedrich ungleich zuvor die Klage zu. Inzwischen hatte Friedrich Barbarossa eine radikale Kehrtwende in der Italienpolitik vollzogen: Er hatte sich mit Alexander III. verglichen und mit Sizilien und dem Lombardenbund einen Waffenstillstand geschlossen. Dazu hatte sich der Kaiser nach dem militärischen Scheitern — dieses nicht zuletzt aufgrund des Truppenmangels — gezwungen gesehen. Nach Abschluß des Prozesses gegen Heinrich den Löwen wurde der Herzog geächtet und mußte nach erfolgreicher Reichsexekution nach England ins Exil gehen. Bayern und Sachsen wurden aufgeteilt und neu verliehen und auch in den folgenden Jahren konnte der Löwe seinen Besitz nicht restituieren. Ihm blieben allerdings die reichen Allode, vor allem um Braunschweig.

Der Konfliktverlauf zwischen Heinrich dem Löwen und Friedrich Barbarossa war von gänzlich anderer Struktur als die unter seinen beiden Vorgängern. Nach einer langen Phase der Zusammenarbeit reihten sich ab Ende der Sechziger Jahre Konfliktmoment an Konfliktmoment, bis es zu einer heftigen Eruption kam, in der sich die Reichsgewalt innerhalb kürzester Zeit durchsetzen konnte.

4.2. Königsanspruch Heinrichs des Löwen?

Der Konflikt verdichtete sich nur langsam zum bewaffneten Kampf. Dies legt den Gedanken nahe, daß sich auch der grundlegende Faktor nur langsam entwickelte. Die ungeheure Machtstellung des Löwen und seine zunehmende Opposition zum Kaiser in Einzelfragen führten unter anderem zur These, daß Heinrich der Löwe selbst Gedanken hegte, König zu werden. Sehr eindringlich vertritt diese These Odilo Engels. Er sieht vor allem im Aufstieg zweier Fürsten zu neuen Königen das Anschauungsbeispiel für Heinrich

---

[390] Jordan 1980a, S. 188-190

den Löwen: 1148 gelang es dem Grafen von Porto, Portugal als Königtum zu etablieren. Selbiges erreichten die Normannen 1156 in Sizilien.[391]

Eine Reihe von Indizien sind zur Untermauerung der These vorgetragen worden. Zuvorderst werden Bau- und Bildwerke genannt, die den Königsanspruch zum Ausdruck bringen sollen. Das 1166 errichtete Löwenstandbild auf der Burg Dankwarderode sei nach Zeitzeugnissen die „ins Maßlose greifende Selbstdarstellung eines Fürsten, der Fürstentum gegen seinesgleichen und den Kaiser kehrte."[392] Die Burg selbst, die ab Mitte der Sechziger Jahre erweitert wurde, nahm sich die Kaiserpfalzen Goslar und Aachen zum Vorbild. Ihre Aula war größer als die zur selben Zeit entstandene Gelnhausener Aula, die größte über die der Kaiser verfügte.[393] Die zur Burg gehörende Stiftskirche St. Blasius wurde ab 1173 zum Dom ausgebaut, ohne allerdings Bischofssitz zu werden.[394]

Gegen die Ableitung eines Königsanspruches aus den Bau- und Bildwerken im Umkreis Heinrichs des Löwen werden aber auch gewichtige Einwände geführt: Das Löwenstandbild war als militärisches Machtsymbol gedacht. Es verkörperte die Kraft des Herzogs.[395] Großfigurige Skulpturen waren zwar zu dieser Zeit in Deutschland nicht üblich, in Italien sind aber einige bezeugt. So stand eine solche auf der Stammburg der Este, also Verwandten

---

[391] Engels 1977, S. 36. Beide Male gelang der Aufstieg, indem sich das jeweilige Königreich unter die Hoheit des Papstes stellte.

[392] Fried 1973, S. 318

[393] Fuhrmann 1983, S. 169; Fried 1973, S. 315. Dankwarderode wurde von den Söhnen Heinrichs des Löwen „palatium" genannt; vgl. UB Braunschweig, II, Nr. +49 (? 1219), S. 20; ebd. Nr. 60 (Juli 1223), S. 23, z. 23: „[...] in palatio nostro Brunsvic [...]"

[394] Jordan 1981, S. 68

[395] Gottfried von Viterbo, weist dem Standbild die Bedeutung zu, daß Heinrich der Löwe die Wildheit des Löwen übte. Deshalb habe er das erzene Standbild gegossen. Gotifredi Viterbiensis gesta Friderici I., MGH SS 22, c. 43, v. 1144-1146, S. 232: „Fuderat ex ere magnum dux ipse leonem,/ cuius et acta movens exercuit ipse furorem;/ talia Welfones rite fovere solent."

Heinrichs des Löwen, zu denen ja Kontakt bestand.[396] In einer Zeit also, als sich Heinrich der Löwe in Sachsen gegen eine Vielzahl von Gegnern in schweren Kämpfen durchsetzen mußte, mag man in dem Standbild einen Königsanspruch sehen, die Demonstration von militärischer Stärke des Herzogs aber stand doch im Vordergrund. Der „Blasiusdom" und die Anlage der „Burgpfalz" Dankwarderode sind selbstverständlich Bauwerke, die sich an königlichen Monumenten orientierten. Es stellt sich aber die Frage, woran sich Heinrich der Löwe sonst hätte orientieren sollen, um seine großartige Stellung und seine Macht, die er unbestritten innehatte, zu demonstrieren. Er hatte faktische Königsgleichheit erreicht, wenn man bedenkt, welch großer Koalition aus gegnerischen Fürsten er standhielt:[397] Man vergleiche welche Schwierigkeiten Konrad III. hatte, sich gegen Heinrich den Stolzen und Welf VI. durchzusetzen. Eine entsprechende Stellung muß noch nicht bedeuten, daß Heinrich der Löwe auch daran dachte, sich vom Reich abzukoppeln. Das Potential ein eigenes Königtum zu begründen, kann man Heinrich dem Löwen nicht abstreiten. Die Bauwerke weisen aber nicht zwingend in diese Richtung.

Im sogenannten Helmarshausener Evangeliar, das Heinrich der Löwe frühestens ab 1173 in Auftrag gab, ist er in einer Miniatur mit seiner Frau kniend, während sich aus dem Himmel Hände mit Kronen senken, im Kreise seiner und ihrer königlichen Vorfahren dar-

---

[396] vgl. Seiler 1994, S. 135. Die Bedeutung als Gerichtsplatz, die für das 13. Jahrhundert bezeugt ist, ist nebenrangig.

[397] Die Fürstenkoalition, die 1166 den Kampf gegen Heinrich den Löwen aufnahm, bestand aus: Markgraf Albrecht den Bären, Landgraf Ludwig II. von Thüringen, Graf Christian von Oldenburg den Erzbischöfen Wichmann von Magdeburg und Hartwig von Bremen, den Bischöfen Hermann von Hildesheim, Konrad von Lübeck, Berno von Schwerin und Ulrich von Halberstadt. Ehlers 1992, S. 439. Glaeske 1962, S. 165. 1167 traten der Koalition Erzbischof Rainald von Köln und Pfalzgraf Adalbert von Sommerschenburg bei. Starke 1955, S. 45f.

gestellt.[398] Das Widmungsgedicht ist in Gold auf Purpur, also den königlichen Farben geschrieben.[399]

Das Evangeliar ist aber insofern problematisch, als die Entstehung nicht sicher datiert werden kann. Seit dem 19. Jahrhundert gibt es zwei Argumentationslinien: Die Datierung im Zeitraum von 1173 bis 1178 geht auf Constantin von Höfler von 1858 zurück, der dem Bild eine politische Interpretation gab. Dagegen entwickelten Wilhelm A. Neumann, ein Theologe, und der Kunsthistoriker Wilhelm Vöge 1891 unabhängig voneinander die These, daß das Bild rein sakral zu deuten sei. Die Kronen sollen daher als Trost für die verlorenen Güter seit dem Sturz dienen.[400] 1980 unterzog Haussherr das Evangeliar einer Neuuntersuchung und bezog auch andere Quellen mit ein. Das Evangeliar ist der Gottesgebärerin „Sancta Theotocos" gewidmet. Dies steht im Bezug zur Weihe des Marienaltars der Blasiuskirche im Jahr 1188. In der Weiheschrift des Marienaltars wird die gleiche Auswahl der Vorfahren Heinrichs des Löwen und seiner Gattin aufgeführt, weshalb der Schluß nahe liegt, daß das Evangeliar zusammen mit dem Marienaltar nach dem Sturz in Auftrag gegeben worden ist und deshalb das Bild rein sakral zu deuten sei.[401] Eine Zusammenführung von politischem und sakralem Inhalt versucht Oexle. Auch er datiert das Evangeliar auf 1188, sieht

---

[398] Auf dem Bild sind zu sehen (in Klammern die Bildunterschriften): Heinrich der Löwe (DVX HEINRICUS), hinter ihm Kaiser Lothar III. (IMPERATOR LOTHARIUS) und dessen Frau (IMPERATRIX RICHENZE), neben Heinrich dem Löwen seine Frau Mathilde (DVCISSA MATHILDA FILIA REGIS ANGLICI), dahinter König Heinrich II. von England (bezeichnet durch die Bildunterschrift seiner Tochter), dahinter ihre Großmutter Mathilde, die Witwe Kaiser Heinrichs V. (REGINA MATHILDA), dahinter eine grüngewandete, nicht zu identifizierende Frau ohne Bildunterschrift. Schneidmüller 1992, S. 77. Das Evangeliar entstammt der Schreib- und Malschule des Klosters Helmarshausen.

[399] Fried 1973, S. 322f.

[400] zu den Thesen und dem Forschungsweg seitdem vgl. Oexle 1993, S. 74

[401] Haussherr 1980, S. 15. Zum Einbezug der oberhalb des Krönungsbildes dargestellten Szene mit Christus, Engeln und Heiligen vgl. ebd. S. 6f. Zur Verbindung mit der gegenüberliegenden Darstellung der majestas Domini vgl. Oexle 1993, S. 76

aber im Krönungsbild auch ein politisches Programm: Es komme darin nicht Königsgedanke, sondern eine Legitimation fürstlicher Herrschaft zum Ausdruck. Das Evangeliar stehe in engem Zusammenhang mit der Rückkehr aus dem Exil.[402] Die Argumentationen stehen und fallen mit der Datierung. Als stichhaltigen Beweis läßt sich das Evangeliar für einen möglichen Königsgedanken nicht heranziehen. Die neuere Forschung neigt zudem eher der späteren Datierung zu, die die Königsabsichten ausschließt.

Auch zwei Brakteate weisen scheinbar in die Richtung, daß Heinrich der Löwe Königsbestrebungen hatte: Auf einem thront er zwischen Türmen und hält in der Linken ein Lilienszepter, in der Rechten ein Schwert. Unter zwei Türmen kauert je ein Löwe. Das Lilienszepter wurde aber bis dahin nur von Königen oder hohen geistlichen Fürsten auf Münzen geprägt.[403] Auf einem anderen Brakteat, das aber nicht sicher Heinrich dem Löwen zugeordnet werden kann, ist ein springender Löwe mit Krone dargestellt. In den staufischen Prägungen erscheint aber erst nach dem Sturz Herzog Heinrichs ein gekrönter Löwe.[404]

Gegen den Königsanspruch durch das Brakteat mit dem Lilienszepter läßt sich aber zweierlei einwenden: Einerseits könnte dies ebensogut zum Ausdruck bringen, daß Heinrich der Löwe Szepterlehen in Nordelbingen wegen seines Bischofsinvestiturrechts verlieh. Andererseits nahmen im späten 12. Jahrhundert auch andere weltliche Fürsten das Lilienszepter in Münzen auf.[405] Heinrich der Löwe war demgemäß nur der erste, der dieses Herrschaftszeichen als weltlicher Fürst verwendete. Selbiges läßt sich zum Brakteat mit dem gekrönten Löwen sagen: Zwar beginnen die staufischen Könige offenbar erst nach dem Sturz des Herzogs gekrönte Löwen zu prägen. Ab dem 13. Jahrhundert aber finden sich solche Abbildun-

---

[402] Oexle 1993, S. 108
[403] Jordan 1981, S. 69; Fried 1973, S. 319
[404] Jordan 1981, S. 69; Fried 1973, S. 321
[405] Fried 1973, S. 319f.

gen so oft auch bei anderen Fürsten, daß eine Krone zum „rein ornamentalen Attribut verkam".[406]

Auch in der Namensgebung seiner Kinder sollen Königsbestrebungen zum Ausdruck kommen. Gertrud, die älteste Tochter, nannte er nach seiner Mutter, der Tochter Lothars III. Der Name ist zuvor in der welfischen Genealogie nicht belegt. Die anderen nannte er Richenza und Mathilde, beide nach Kaiserinnen. Darüber hinaus verheiratete er seine Kinder mit Königen bzw. Königskindern.[407]

Es muß aber bedacht werden, daß der Herzog selbst durch seine Heirat mit der englischen Prinzessin Mathilde eine fast königsgleiche Stellung erhalten hatte und zu einem geradezu „europäischen Fürsten" aufgestiegen war.[408] Die Namensgebung als Indiz für königliche Bestrebungen heranziehen zu wollen, erweist sich als problematisch: Die älteste Tochter, Gertrud, war nach der Mutter Heinrichs des Löwen getauft worden. Diese aber war selber keine Königin gewesen, sondern lediglich die Tochter eines Kaisers. Deshalb kann nicht davon gesprochen werden, Heinrich der Löwe hätte seine Kinder ausschließlich nach Königinnen und Königen benannt. Zudem sind die Namen eben von Vorfahren übernommen. Es ist nicht einzusehen, daß dies unbedingt auf Königsbestrebungen abgezielt habe. Gertrud als Namenswahl scheint eher zu bestätigen, daß die königliche Qualität des Namenspatrons nicht im Vordergrund stand.[409] Die Heiratspolitik Heinrichs des Löwen beweist auch nicht unbedingt Königsbestrebungen. Sein Vater hatte ja eine Prinzessin geheiratet, worüber Heinrich der Löwe zu einer früh abgestorbenen Königsfamilie gehörte, also bedingte königliche Qualität vorweisen konnte. Seine Machtstellung machte ihn überdies zum

---

[406] Fried 1973, S. 321
[407] Fried 1973, S. 331f.
[408] Jordan 1981, S. 67; Fuhrmann 1983, S. 169
[409] Es stellt sich allgemein die Frage, welche Namen überhaupt die Qualität gehabt hätten, eindeutig einen Königsgedanken zum Ausdruck zu bringen.

begehrten Schwiegervater und natürlich selbst zur guten Partie, auch für einen König.[410]

Auch in der Ereignisgeschichte werden von der Forschung Indizien angeführt, die auf königliche Bestrebungen weisen sollen. 1161 stiftete Herzog Heinrich zwischen Gotländern und deutschen Siedlern einen Ausgleich und erneuerte die von Lothar III. gewährten Rechte. Aus der Formulierung der Urkunde soll aber nicht klar hervorgehen, ob Lothar als Herzog von Sachsen oder als König gemeint ist. Es wird damit argumentiert, daß, wenn sich Heinrich der Löwe auf Lothar als König bezog, er sich selbst königliche Stellung angemaßt hätte:[411]

> „**Iuris igitur et pacis eiusdem decreta** Gutensibus quondam a serenissimo Romanorum **imperatore Lothario** pie memorie avo nostro **concessa** nos in omni devotione factis **eius inclinantes** simili pietate Gutensibus contradimus uniuscuiusque iuris traditionem per singula capitula **distinguentes**."[412]

Aus der Belegstelle geht meines Erachtens eindeutig hervor, daß sich Heinrich der Löwe auf Lothar III. als Kaiser bezog. Dennoch ist nicht einzusehen, daß er sich damit königliche Stellung anmaßte. Es ist bereits festgestellt worden — wie oben an einem anderen Beispiel gezeigt —,[413] daß die Stellung Lothars III. in Sachsen während seiner Regierungszeit als König an sich unklar war, ob er nämlich Handlungen als König oder als Herzog vornahm. Derselbe Defekt hat folgerichtig Auswirkung auf die Rechtshandlung Heinrichs des Löwen mit den Gotländern. Es läßt sich nämlich nicht feststellen, ob Lothar III. den damaligen Ausgleich als Kaiser oder als Herzog voll-

---

[410] Schneidmüller (1992, S. 89) sieht darin einen Ausdruck des Selbstverständnisses, daß die welfische Hauptlinie im 12. Jahrhundert (Heinrich der Schwarze, Heinrich der Stolze, Heinrich der Löwe) Gattinnen aus Kaiser-, Königs- und Herzogsfamilien heirateten, die Welfen im 13. Jahrhundert aber nur Fürstentöchter ehelichten.

[411] vgl. Fried 1973, S. 337

[412] Urkunden Heinrichs des Löwen, MGH LDUK 1, Nr. 48 (18.10.196[1]), S. 69; vgl. auch ebd. Nr. 49 (? 1961), S. 70

[413] vgl. das Problem um die Burg Alberg, A. 3.3.1, S. 91

zogen hatte. Es wird Lothar III. diese Unterscheidung aber auch selbst fremd gewesen sein, da er seit seiner Königs- und Kaisererhebung einen qualitativen Sprung gegenüber seinem vorherigen Fürstenstand gemacht hatte. Der sächsische Herzogtitel war ab dem Zeitpunkt nur noch zweitrangig und erscheint in seinen Urkunden nicht mehr, auch wenn es sich um Rechtsakte handelte, die ihn als Herzog und nicht als König betrafen.[414] Die Ausdrucksweise Heinrichs des Löwen trug diesem Sachverhalt Rechnung, indem er natürlich den bedeutendsten Titel seines Großvaters — Kaiser — verwendete. Die Verwendung des Königstitels verbunden mit geringeren Titeln war zu dieser Zeit nicht üblich. Es war genauso wenig üblich, wie z.B. in Urkunden zu vermerken, ob Rechtshandlungen auf der Grundlage eines Grafenrechts ausgeübt worden war, wenn der Handelnde einen höheren Titel führte. So erscheint Heinrich der Löwe jeweils als dux, obwohl durch den dux-Titel selbst in Sachsen nur ein Ehrenvorrang ausgedrückt wurde, nicht aber eine rechtliche Stellung, weshalb Jordan auch davon spricht, daß der Sachsenherzog mehr Herzog *in* Sachsen als Herzog *von* Sachsen war.[415] Des-

---

[414] vgl. Diplomata Lotharii III., MGH DD 8, Nr. 42 (1132), S. 68-70; ebd. Nr. 60 (12.4.1134), S. 94f.; ebd. Nr. 64 (16.5.1134), S. 100f.; ebd. Nr. 65 (26.5.1134), S. 101f.; ebd. Nr. 67 (1134), S. 103-105; ebd. Nr. 73 (15.6.1134), S. 112f.; ebd. Nr. 74 (1.8.1135), S. 113-116; ebd. Nr. 90 (7.8.1136), S. 139-142; vgl. auch Diplome, die Lothar III. kraft königlicher Autorität erließ, aber auch als Herzog von Sachsen hätte ausüben können, wie er es vor 1125 getan hatte: ebd. Nr. 58 (1134), S. 91f.; ebd. Nr. 61 (25.4.1134), S. 95-97; ebd. Nr. 63 (1125-1137), S. 99f.; ebd. Nr. 72 (9.4.1135), S. 111f.; ebd. Nr. 84 (15.5.1136), S. 130-133; ebd. Nr. 85 (1136), S. 133f.; ebd. Nr. 89 (4.8.1136), S. 138f.

[415] Der Herzog von Sachsen hatte nicht das Recht, ein allgemeines Aufgebot zu Hof- und Heerfahrten aufzustellen und ebenso keine Gerichtsbarkeit, die über die Grafenfunktion hinausreichte. Einziges Herzogsrecht war die Wahrung des Landfriedens. Neben dem Herzog standen gleichberechtigt im Fürstenrang die sächsischen Bischöfe, drei unabhängige Markgrafen, ein unabhängiger Pfalzgraf und ein Teil der Grafen, die ihre Lehen direkt vom König empfingen. Ehlers 1992, S. 436; Kraus 1980, S. 154. Dagegen hatte der Herzog von Bayern seit Ende des 10. Jahrhunderts mit den Ranshofener Gesetzen eine weitaus stärkere Stellung, da er Grafen und Vögte absetzen konnte. Weinfurter 1993, S. 460

halb maß sich Heinrich der Löwe auch keine königsgleiche Stellung an. Gottfried von Viterbo, der an anderer Stelle seines Werkes den Hochmut Heinrichs des Löwen geißelt, berichtet, daß der Herzog den Bischöfen das hominium verweigerte.[416] Dies sei ein Indiz für den Königsanspruch des Herzogs, weil nach der Heerschildordnung weltliche Fürsten gerade deshalb den dritten Rang hinter den geistlichen Fürsten einnahmen, weil ausschließlich dem König — dem ersten Rang — das hominium gegenüber den Bischöfen erlassen war.[417]

Die Verweigerung des hominii gegenüber den Bischöfen verstieß aber nicht gegen die Heerschildordnung, da es diese zur Zeit Heinrichs des Löwen noch gar nicht gab. Sie ist der Versuch Eikes von Repgow im Sachsenspiegel, die Lehenspyramide darzustellen.[418] Das Werk aber stammt erst aus dem dritten Jahrzehnt des 13. Jahrhunderts.[419] Erst im 12. Jahrhundert bildete sich langsam die Idee heraus, daß ein weltlicher Fürst nur vom König und — nicht aber ausschließlich — von geistlichen Fürsten lehensabhängig sein durfte. Darüber hinaus schloß sich der Reichsfürstenstand ja erst im Verlauf des Löwensturzes ab, war also davor noch nicht voll ausgebildet.[420] So läßt sich die Stellung Welfs VI. unter Konrad III. nach der Heerschildordnung überhaupt nicht angeben, da er gar keine Lehen besaß, also aus der Lehenspyramide herausfiel. Seine Macht in Schwaben aber war herzogsgleich. Heinrich der Löwe maßte sich aus diesen Gründen keine königsgleiche Stellung an, indem er den

---

[416] Gotifredi Viterbiensis gesta Friderici I., MGH SS 22, c. 43, v. 1138-1140, S. 332: „Dux homo pontificum feudi ratione teneri/ noluit, aut dominos tunc iure suo revereri,/ set nimis in cleri parte nociva gerit."
[417] Fried 1973, S. 336
[418] Sachsenspiegel (Eckhardt), c. 1.3 § 2, S. 72f.
[419] Der Sachsenspiegel entstand um 1225. Lexikon des Mittelalters, III, sp. 1726, Stichwort „Eike v. Repgow"
[420] Stengel 1960b, S. 162

Bischöfen das hominium verweigerte, auch wenn sich diese machtbewußte Haltung gegen das Herkommen richtete.

Im Juni 1169 soll der Herzog nach Benedikt von Peterborough nach der Wahl Heinrichs VI. zum Mitkönig auf dem Hoftag zu Bamberg den Treueid auf den jungen König verweigert haben.[421] Damit könnte er zum Ausdruck gebracht haben, daß er nicht mehr bereit war, sich einem anderen König unterzuordnen, weil er sich inzwischen selber für königsgleich hielt. Allerdings berichten andere Quellen der Wahlvorgänge nichts von diesem zumindest anmaßenden, eher unerhörten Verhalten des Herzogs.[422] Darüber hinaus erscheint Heinrich der Löwe als Zeuge der Wahl in einem Diplom

---

[421] Gesta regis Henrici II Benedicti abbatis, RS 49.1, S. 249: „Dux [Heinricus] autem ille timens judicium curiae avunculi sui, qui eum odio habuit eo quod **fidelitatem filio suo facere noluit, quem imperator coronari fecit**, et in regem consecrari de regno Allemanniae contra electionem et voluntatem ac potentum Romano imperio subjectorum, in curiam imperatoris venire et ipsius stare judicio non ausus erat." (Die Textstelle bezieht sich auf die Vorgänge von 1180.)

[422] Annales Palidenses auctore Theodoro monacho, MGH SS 16, S. 94; Annales Pegavienses et Bosovienses, MGH SS 16, S. 260; Annales Engelbergenses, MGH SS 17, S. 279, a.a. 1181; Burchardi praepositi Urspergensis chronicon, MGH SS RG [16], S. 56, a.a. 1176; Chronica collecta a Magno Presbytero, MGH SS 17, S. 489f., a.a. 1169; Lamberti parvi annales, MGH SS 16, S. 648, a.a. 1169; Roberti di Torigni chronica, RS 82.4, S. 310, a.a. 1184; Sigeberti Gemblacensis chronicae continuatio Aquicinctina, MGH SS 6, S. 412, a.a. 1169; Chronica regia Coloniensis, MGH SS RG [18], S. 120, Recc. 1, 2; Annales Aquenses, MGH SS 16, S. 686f., a.a. 1169, 1184; Chronica Reinhardsbrunnenses, MGH SS 30.1, S. 549f., a.a. 1192; Annales Cameracenses auctore Lamberto Waterlos, MGH SS 16, S. 550; Chronici Ekkehardi continuatio brevis, MGH SS RG [42], S. 71, a.a. 1169; Annalium S. Iacobi Leodiensis pars secunda, MGH SS 16, S. 642, a.a. 1169. Die Stader Annalen berichten für 1166 von der Krönung Heinrichs VI. und daß sich Heinrich der Löwe gegen das Reich erhoben habe, bringen die Ereignisse aber nicht in Zusammenhang: „Karolus magnus de tumba levatur, et **Heinricus, imperatoris filius**, Aquisgrani a patre et principibus **coronatur**. [...] Heinricus dux super basem leonis effigiem erexit et urbem fossa et vallo circumdedit. Et **quia potens et dives erat, contra imperium se erexit**, unde imperator eum humiliare proposuit, et es hoc multae surrexerunt contentiones principum contra ducem." Annales Stadenses auctore Alberto, MGH SS 16, S. 345, zz. 34f., 37-40, a.a. 1166

Friedrich Barbarossas.[423] Deshalb scheint es sehr unwahrscheinlich zu sein, daß Heinrich der Löwe den Treueid verweigert haben soll. Auf seiner Pilgerfahrt 1172 nach Jerusalem wurde Heinrich der Löwe königsgleich vom Basileus Manuel I. von Byzanz,[424] König Amalrich I. von Jerusalem, dem Patriarchen von Jerusalem[425] und auf der Rückreise vom Sultan von Ikonium empfangen.[426] Dagegen schickte ihm König Stephan III. von Ungarn nur einen Gesandten, der den Herzog durch sein Land führen sollte.[427] Eventuelle Bestrebungen Heinrichs des Löwen lassen dadurch nicht ableiten, da Ehrbezeugungen von anderen Königen nach deren freien Willen geleistet wurden und nicht eingefordert werden konnten. Sie zeigen zwar, daß der Herzog von anderen Königen als (fast) Gleichberechtigter gesehen wurde. Es beweist aber noch nicht, daß Heinrich der Löwe selbst Königsgedanken hegte.

Der Vorfall in Chiavenna 1176 wird auch angeführt, um Königsbestrebungen Heinrichs des Löwen darzulegen. Der Herzog verlangte von Friedrich Barbarossa als Gegenleistung für militärische Unterstützung in Italien die Pfalz Goslar. Damit trat er nicht wie ein Vasall, sondern wie ein gleichberechtigter Fürst auf. Dies verstieß gegen die Konzeption der Lehenspyramide, in der alle Reichsglieder unter dem König standen, auch Heinrich der Löwe.[428] Da jedoch Friedrich Barbarossa keinen allgemeinen Heerbann erlassen hatte, war Herzog Heinrich nicht dazu verpflichtet gewesen, dem Kaiser zu

---

[423] Diplomata Friderici I., MGH DD 10.3, Nr. 553 (23.6.1169), S. 15f.
[424] siehe Arnoldi chronica Slavorum, MGH SS RG [14], I. 1, c. 3f., S. 18f.
[425] Jordan 1981, S. 68; Fried 1973, S. 338
[426] siehe Arnoldi chronica Slavorum, MGH SS RG [14], I. 1, c. 10f., S. 25-29; vgl. Fried 1973, S. 339
[427] Arnoldi chronica Slavorum, MGH SS RG [14], I. 1, c. 2, S. 13: „Cum magna igitur commoditate ad civitatem que Mesenburg dicitur pervenerunt, que sita est confinio Ungarie, **ubi legatus regis Ungarorum, Florentius dictus, paratus fuit** ad excipiendum ducem Saxonie una cum duce Orientali vel Austrie, cuius sororem rex habebat."
[428] Jordan 1980a, S. 190; Weinfurter 1993, S. 478

folgen.[429] Dies gab dem Herzog die Möglichkeit, eine Gegenleistung für diese freiwillige Leistung zu verlangen. Von einem gewissen Standpunkt aus war die Haltung Heinrich des Löwen undankbar, wenn man bedenkt, daß Friedrich Barbarossa ihm erst zu einer so großen Machtfülle verholfen hatte. Als Beweis für einen Königsgedanken Heinrich des Löwen dient sie jedoch nicht.

Der Vorfall birgt im Gegenteil ein deutliches Indiz dafür, daß der Herzog keine Königsbestrebungen hatte. Als der Kaiser in Italien in so verzweifelter Situation war, wäre es eine sehr vorteilhafte Situation gewesen, den Königstitel zu usurpieren, zumal der Herzog selbst auf der Spitze seiner Macht stand.[430] Die Situation wäre auch deshalb so günstig gewesen, weil Friedrich Barbarossa noch immer mit Alexander III. verfeindet war, während ein Großteil der Könige und Fürsten bereits diesen Papst anerkannten. Es wäre zumindest eine Möglichkeit für Heinrich den Löwen gewesen, für einen offenen Übertritt zu Alexander III. eine Gegenleistung in Form der Krone zu erhoffen, da Alexander III. in diesem Fall sich seines Papsttums hätte sicher sein können. Es wäre *die* günstige Gelegenheit gewesen, von der Engels annimmt, daß Heinrich der Löwe wahrscheinlich auf sie gewartet habe,[431] weil die im 12. Jahrhundert zu Königen aufgestiegenen Fürsten in Europa — Portugal und Sizilien — dies jeweils über den Papst erreicht hatten. Heinrich der Löwe nützte diese einmalige Chance aber eben nicht und verblieb im Reichsverband.

Es zeigt sich also, daß gegen alle Indizien, die Königsbestrebungen Heinrichs des Löwen auf den ersten Blick suggerieren, gewichtige Einwände vorgebracht werden können. Somit ist es eher eine Frage der Interpretation und Anschauungsweise, ob er ein Königtum anstrebte oder nicht. Stichhaltige Beweise liegen jedenfalls

---

[429] Jordan 1980a, S. 191. Dagegen nimmt Weinfurter (1993, S. 478) an, daß Heinrich der Löwe als Vasall zur Heeresfolge verpflichtet war.
[430] Jordan 1981, S. 69
[431] Engels 1977, S. 36

nicht vor. Es ist unbestritten, daß Heinrich der Löwe ein überhöhtes Fürstentum zur Schau stellte. Dieses Fürstentum stützte sich jedoch auf gewaltige reale Grundlagen, die eines Königs würdig waren. Es scheint auch offensichtlich, daß sich der Machtkomplex Heinrichs des Löwen, wäre er erhalten geblieben, aus dem Reich herausentwickelt hätte, um irgendwann ein souveränes Königtum zu werden. Ob aber Heinrich der Löwe solche Gedanken bereits für sich selbst hatte, und darauf kommt es letztlich an, läßt sich nicht nachweisen, zumal es keine zeitgenössische oder spätere Quelle gibt, die Heinrich dem Löwen Königsbestrebungen zuweisen oder vorwerfen.[432] Für Heinrich den Löwen weisen die Indizien eher auf Bestrebungen hin, die auf einen Wandel seines Fürstentums abzielten, ohne sich vom Reich zu lösen.[433]

4.3. Territorialkonflikte

Die Betrachtung der Beziehungsentwicklung zwischen Kaiser und Herzog zeigt, daß sich ab Ende der Sechziger Jahre die Konfliktpunkte mehren, die im Zusammenhang mit territorialem Besitz stehen: Ab 1167 baute Friedrich Barbarossa selber nördlich der Alpen intensiv seinen Herrschaftsbereich aus; Heinrich der Löwe verlor Goslar; Welf VI. setzte Friedrich Barbarossa als Erbe seiner Güter ein und Heinrich der Löwe verlangte Goslar als Gegenleistung für Truppenunterstützung in Italien. Dies legt die Annahme nahe, daß sich der Konflikt auf Basis eines Territorialkonfliktes entwickelte.

Goslar hatte für beide einen hohen lokalen Stellenwert. Der Silberbergbau im Rammelsberg war eine große Einnahmequelle; die Ländereien, die zur Pfalz gehörten, waren weitläufig. Für Friedrich Barbarossa war Goslar der letzte große Königsbesitz in Sachsen.[434] Für Heinrich den Löwen schob sich der Pfalzbesitz wie eine Schnei-

---

[432] vgl. Jordan 1981, S. 69
[433] vgl. auch Fried 1973, S. 343
[434] Jordan 1981, S. 70

se zwischen seine Besitzungen um Northeim, Pöhlde und Gandersheim im Süden und Werla und Blankenburg im Norden. Für den Landesausbau in Ostfalen war Goslar zur Abrundung des Besitzes entscheidend.[435] Nachdem Goslar 1152 in den Herrschaftsbereich Heinrichs des Löwen integriert worden war, konnte er sich Hoffnungen machen, daß die Pfalz ganz in seinen Besitz übergehen würde. Der Grund für den Entzug ist nicht klar — auch der Zeitpunkt ist nicht genau festzulegen —, aber wenn er tatsächlich während der schweren Kämpfe in Sachsen erfolgte, ist anzunehmen, daß Friedrich Barbarossa den Besitz deshalb wieder an sich zog, weil Heinrich der Löwe nicht in der Lage war, das ihm anvertraute Gut zu schützen, bzw. die Herzogsgegner das Königsgut bereits als Herzogsgut ansahen und verwüsteten.[436] Dies läßt darauf schließen, daß Friedrich Barbarossa nicht daran dachte, das Gut in den Besitz Heinrichs des Löwen übergehen zu lassen, wenn er das Gut in dem Moment entzog, als es durch die Verbindung mit dem Herzog Schaden nahm. Es ist aufschlußreich, daß Heinrich der Löwe 1176 in Chiavenna eben Goslar gegen Hilfsleistungen forderte und nicht irgend etwas anderes. Das Königsgut war dem Herzog soviel wert, daß er die Beziehungen mit dem Kaiser aufs äußerste belastete.[437]

---

[435] vgl. Jordan 1980a, S. [301], Karte [2] (Das Herzogtum Sachsen unter Heinrich dem Löwen)

[436] 1167 fanden schwere Kämpfe im Raum Goslar statt. Die Stadt wurde durch Erzbischof Wichmann von Magdeburg und Albrecht den Bären eingenommen. Jordan 1980b, S. 298

[437] Von der Forderung nach Goslar berichten: Ottonis de S. Blasio chronica, MGH SS RG [47], c. 23, S. 33f.: „Inperator igitur angustatus legatos in Germaniam pro supplemento exercitus direxit simulque ad Heinricum avunculi sui filium, ducem Saxonie et Bawarie, ut Clavenne ad colloquium sibi occurreret, venientique obviam procedens, ut periclitanti imperio subveniret, plus quam imperialem deceret maiestatem, humiliter efflagitavit. Dux itaque Heinricus, utpote solus ad subveniendum imperio hoc tempore potencia et opulencia idoneus, **Gossilariam ditissimam Saxonie civitatem iure beneficii pro donativo ad hoc expeciit.**" Annales Marbacenses qui dicuntur, MGH SS RG [9], S. 52: „ Ipso anno, [scilicet MCLXXX, Fridericus imperator circa Augustum exerci]tum duxit in Saxoniam super Heinricum ducem Sax[onie]. [Causa belli huius fuit. Impera]tore aliquando in Ytalia manente [nec copiam militum qua hostes imperii coercere posset ha]bente, auxilium Heinrici ducis imploravit. Qui nimiam suorum militum stragem factam con-

Der gewiß wichtigste Aspekt des territorialen Ausbaus Friedrich Barbarossas in Deutschland war die Übernahme des Erbe Welfs VI., nachdem der designierte Erbe, Heinrich der Löwe, ausgeschlossen worden war. Nachdem 1167 bei der Seuche vor Rom Welf VII., das einzige Kind Herzog Welfs VI., gestorben war, begann der Herzog ein aufwendiges Leben zu führen. Sein Interesse am Zusammenhalt und Stärkung seines Besitzes schwand als Sechzigjähriger, der keine Aussicht mehr hatte, noch einen Erben zu bekommen.[438] Allen Quellen zufolge begannen die Erbübernahmen durch Friedrich Barbarossa ab 1167.[439] Ab 1173 führte Welf VI. die

---

querens Creme et apud Mediolanum, non aliter imperio amminiculari posse respondit, **nisi Goslarie opidum in beneficium sibi daretur**." Dagegen berichtet Arnold von Lübeck, daß Heinrich der Löwe bereit gewesen sei, dem Kaiser Gold, Silber und andere Hilfsmittel zur Aufstellung eines Heeres zukommen zu lassen. Er selbst aber sei wegen der Strapazen und seines Alters nicht in der Lage gewesen, persönlich Heeresfolge zu leisten. Arnoldi chronica Slavorum, MGH SS RG [14], I. 2, c. 1, S. 37: „Econtra ille [Heinricus] pretendebat, se **multis laboribus et expeditionibus** tam Italicis quam etiam **aliis innumeris** utpote **iam senem defecisse**, et omni devotione imperatorie maiestati se obsecuturum affirmabat in auro et argento ceterisque impensis ad exercitum contrahendum, se tamen omnino salva gratia ipsius in persona propria venire posse negabat." Heinrich der Löwe war zu diesem Zeitpunkt erst 37 Jahre alt und führte noch bis zu seinem Tod 28 Jahre später Heerzüge an. Vgl. zu den Quellen Jordan 1980a, S. 189f.

[438] Historiae Welforum continuatio Steingademensis (König), SS. 68, 70: „Igitur Gwelfo senior post obitum filii, **nullatenus heredem suscepturum se de coniuge ratus**, cum et illam minus **diligeret et alienarum magis amplexibus delectaretur, studuit per omnia solempniter vivere, venationibus insistere, conviviis et voluptatibus deservire, in festivitatibus et variis donationibus largus apparere.** Itaque ne talibus rebus minor sumptus contingeret, principatum Sardiniae, ducatum Spoleti, marchiam Tusciae et egregiam curtim Elisinam, que dicitur domus domnae Mahthildis, cum suis appenditiis imperatori Friderico, sororio suo, tradidit, auri et argenti quantitate quam postulabat accepta."

[439] vgl. Feldmann 1971, S. 73. Burchard von Ursberg spricht allgemein von 1168 und den folgenden Jahren. Burchardi praepositi Urspergensis chronicon, MGH SS RG [16], S. 48f., zz. 39f., 1-3: „**Anno Domini M°C°LXVIII. et sequentibus annis**, prout oportunitas temporum concessit, cepit imperator in partibus Tuscie et terre Romane castra ad se spectantia sue potestati vendicare et quedam nova construere, in quorum presidiis Teutonicos precipue collocavit [...]" Otto von St. Blasien gibt sogar an, daß Friedrich Barbarossa alle Erbschaften im Reich bereits 1167 übernahm. Zumindest für das Pfullendorfische Erbe ist dies aber falsch, wie in Anm. 386, S. 140 gesehen. Ottonis de S. Blasio chronica, MGH SS RG [47], c. 21, S. 28: „Eo-

italienischen Lehen nicht mehr im Titel. In dieses Jahr wird auch allgemein die Resignation Welfs VI. gegen die Zahlung einer erheblichen Summe seitens des Kaisers gesetzt.[440] Allerdings läßt sich erst ab 1177 der eindeutige Beweis einer Nachfolge Welfs VI. in Italien führen.[441] Mitte der Siebziger Jahre — wahrscheinlich im Jahr 1175 — einigten sich offenbar Welf VI. und Heinrich der Löwe auf einen Erbvertrag.[442] Heinrich der Löwe sollte gegen Zahlung eines hohen Geldbetrages als Erbe in die Allodialgüter und andere Rechte eingesetzt werden.[443] Aber Heinrich der Löwe zahlte nicht, da er sich offenbar als nächster Verwandter in männlicher Linie bereits als Erbe sah.[444] Deshalb traf Welf VI. mit Friedrich Barbarossa, seinem anderen Neffen, eine erneute Übereinkunft und setzte diesen nun als Erben ein. Der Vertrag kam wohl erst 1177 zustande, nachdem

---

dem tempore Fridericus imperator reversus ad Cisalpina totam terram et universam substantiam Friderici ducis de Rotinburc, ditissimi videlicet in possessione prediorum principis, fratruelis sui, hereditaria successione possedit ac **multorum baronum possessiones postmodum in suam potestatem contraxit.**"

[440] Fuhrmann 1983, S. 181; Feldmann 1971, S. 75

[441] Feldmann 1971, S. 75, ebd. Anm. 7. Ab 1177 urkundete Konrad von Urslingen als Herzog von Spoleto. Bereits ab Sommer 1174 trat er als kaiserlicher Legat in Spoleto auf. Feldmann 1971, S. 76

[442] Jordan 1980a, S. 182f. Am 1.6.1175 versprach Welf VI. den Wessobrunner Mönchen zwei Höfe, die aber bis zu seinem Lebensende in seinem Besitz bleiben sollten, wozu auch Heinrich der Löwe seine Einwilligung gab. Monumenta Wessofontana. Codex Traditionum, MB 7, Nr. 10, S. 358f. Aber schon bald änderte das Kloster von sich aus die Verfügung. Es löste den Besitz ab und erhielt zwei andere Höfe deren Besitz unbestritten war. Offenbar handelten die Mönche in der Furcht, der legitime Erbe könnte den Besitz anfechten. Mit Heinrich dem Löwen als Vogt des Klosters waren nämlich Eingriffe leicht möglich. Daraus folgt, daß Heinrich der Löwe bereits als legitimer Erbe feststand. Feldmann 1971, S. 77

[443] Jordan 1980a, S. 182f.

[444] Feldmann 1971, S. 86; Jordan 1980a, S. 183. Nach Otto von St. Blasien zahlte Heinrich der Löwe deshalb nicht, weil er sich Hoffnungen auf einen baldigen Eintritt in die Erbschaft machte: „Welf vero dux orbatus herede in amisso filio tactusque dolore cordis intrinsecus Heinricum ducem Saxonie et Bawarie fratruelem suum in heredem ascivit ab eoque pro hoc quantitatem peccunie exigens, dum consequi putat, frustratur promissis. Dux enim Heinricus quorundam pravorum consilio **Welfonem iam grandevum cito moriturum presagiens argentum pro constituto dare distulit.**" Ottonis de S. Blasio chronica, MGH SS RG [47], c. 21, S. 28

Friedrich Barbarossa in Italien mit dem Papst und dem Lombardenbund Waffenstillstand geschlossen hatte und frei war für solche Belange.[445] Die Rechtshandlungen waren noch vor dem Sturz Heinrichs des Löwen 1180 abgeschlossen: Welf VI. übertrug auf dem Wormser Reichstag im Januar 1179 seine Güter Friedrich Barbarossa, der sie als Lehen an ihn wieder ausgab.[446] Welf VI. wurde Reichsfürst über den gewöhnlichen dreiphasigen Prozeß: Übertragung der Allode an den Kaiser, Erweiterung dieser mit anderen Lehen, Lehensausgabe als Reichsfürstentum.[447] Dies war notwendig, nachdem durch die Rückübertragung der italienischen Lehen der dux-Titel keine Basis mehr hatte.[448] Als Reichsfürst war aber seine soziale Stellung gesichert. Für Friedrich Barbarossa bedeutete die Erbschaft Welfs VI., die bestehende Dreiteilung Schwabens aufzuheben, indem dem schwäbischen Herzogtum real die welfischen Hausgüter hinzugefügt wurden. In Schwaben blieben nur noch die Zähringer als bedeutende herzogsgleiche Familie übrig. Heinrich dem Löwen mißlang es, ein reiches Erbe in Süddeutschland zu erhalten, das die Aussicht bot, die Macht nach der Schwächung durch die Abtrennung Österreichs wieder erheblich zu stärken. Die Erbschaft Welfs VI. hätte ihn territorialpolitisch in direkte Konkurrenz zu Friedrich Barbarossa gebracht und die Dreiteilung Schwabens aufrechterhalten.

Der territoriale Konflikt zwischen Kaiser und Herzog muß in Zusammenhang mit der allgemeinen Entwicklung im Reich gesehen werden. Nicht zuletzt der staufisch-welfisch-babenbergische Aus-

---

[445] Feldmann 1971, S. 87
[446] Jordan 1980a, S. 183; Opll 1994, S. 125. Nur die Güter um Ravensburg blieben noch bis 1191 im Besitz Welfs VI. und gingen erst nach seinem Tod auf König Heinrich VI. über. Fuhrmann 1983, S. 181
[447] Feldmann 1971, S. 89
[448] Dagegen sieht Feldmann (1971, S. 89) die Bedrohung des dux-Titels durch den Prozeß gegen Heinrich den Löwen an. Indem Heinrich der Löwe Bayern zu verlieren bedroht war, hätte sich Welf VI. auch nicht mehr dux nennen dürfen. Die Ableitung des dux-Titels von einem Herzogtum eines Neffen scheint mir aber sehr zweifelhaft zu sein.

gleich hatte Friedrich Barbarossa die Möglichkeit zu einer kraftvollen Politik in Italien gegeben. Obwohl der Kaiser seine Interessen in Deutschland nicht gänzlich vernachlässigte, war das vorrangige Ziel seiner Aktivität in Norditalien gewesen. Norditalien sollte eng an die Krone gebunden und damit zu einer festen Stütze des Kaisertums werden. Solange Heinrich der Löwe seinerseits eine feste Stütze des Kaisers war, bestand Hoffnung darauf, dieses Ziel in absehbarer Zeit zu erreichen. In Chiavenna mußte Friedrich Barbarossa aber klar werden, daß Heinrich der Löwe nicht länger bereit war, seine Politik vorbehaltlos zu unterstützen. In dieser Situation wirkte sich die gewährte große Machtstellung Heinrichs des Löwen als Nachteil gegenüber Kaiser Friedrich I. aus. Der Landesausbau des Löwen hatte ihm viele Feinde geschaffen. Die hauptsächlichen Auseinandersetzungen in Deutschland hatten zwischen Heinrich dem Löwen und seinen fürstlichen Konkurrenten stattgefunden. Dies band zwar Kräfte, die für Friedrich Barbarossa in Italien nicht mehr zur Verfügung standen, aber es bewirkte auch, daß die Fürsten davon abgelenkt waren, Politik gegen den Kaiser zu betreiben. Dies war ein weiterer Punkt, warum Friedrich Barbarossa seine Politik in Italien betreiben konnte. Spätestens in Chiavenna wurde aber deutlich, daß die Auseinandersetzungen Heinrichs des Löwen mit seinen Konkurrenten nicht nur Kräfte in Deutschland banden, sondern auch, daß sich die herzogliche Machtstellung nun auch gegen den Kaiser selbst zu richten begann.[449] Da Heinrich der Löwe den Kaiser nicht mehr ohne weiteres unterstützen wollte, fehlten Friedrich Barbarossa die nötigen Kräfte, sich in Italien durchzusetzen. Aus dieser Situation heraus erklärt sich der drastische Schwenk Friedrich Bar-

---

[449] vgl. die Stader Annalen: Der Konflikt wurde ausgelöst, weil Heinrich der Löwe mächtig war und sich gegen das Reich erhob. Dazu gab es viele Streitigkeiten mit den Fürsten: „Heinricus dux super basem leonis effigiem erexit et urbem fossa et vallo circumdedit. Et **quia potens et dives erat, contra imperium se erexit**, unde imperator eum humiliare proposuit, et es hoc multae surrexerunt contentiones principum contra ducem." Annales Stadenses auctore Alberto, MGH SS 16, S. 345, a.a. 1166

barossas: Er erkannte Alexander III. als Papst an und schloß Waffenstillstand mit dem Lombardenbund sowie den sizilischen Normannen. Eine starke Stellung des Kaisers in Reichsitalien durchzusetzen war gescheitert. Nun war es notwendiger, die Stellung des Kaisers in Deutschland selbst zu sichern. Folgerichtig begann die Eingrenzung der Macht Heinrichs des Löwen mit einer Verhinderung des weiteren Landgewinns — in Form des Erbes Welfs VI. — und einer Unterstützung der Gegner des Löwen: Durch den Frieden von Venedig im Juli 1177 behielten die meisten deutschen Bischöfe, die während des Schismas investiert worden waren, ihr Bistum. Halberstadt aber wurde an Ulrich, einen der heftigsten Gegner des Herzogs, zurückgegeben, während Gero, den Herzog Heinrich eingesetzt hatte, den Bischofsstuhl räumen mußte.[450] Im selben Jahr wurde auch Erzbischof Balduin von Hamburg-Bremen, der 1169 als Kandidat des Herzogs gewählt worden war, durch Alexander III. abgesetzt. Es gelang aber Heinrich dem Löwen bei der Bischofswahl im Spätherbst 1178, sich erneut durchzusetzen: Berthold wurde gewählt, der im Januar 1179 von Friedrich Barbarossa investiert wurde. Nun aber wendete sich Heinrich der Löwe gegen den Elekt Berthold und wies Alexander III. auf angebliche Wahlunregelmäßigkeiten hin. Offenbar hatte sich der Elekt dem Kaiser angenähert. Alexander III. setzte daraufhin Berthold auf dem Laterankonzil ab. Aus der erneuten Wahl 1179 ging schließlich Siegfried von Aschersleben, ein Sohn Albrechts des Bären, als Sieger hervor, der bei der Doppelwahl in Hamburg-Bremen von 1168 bei Friedrich Barbarossa gegen den herzoglichen Kandidaten Balduin keine Anerkennung gefunden hatte.[451]

---

[450] Fuhrmann 1983, S. 179

[451] Er wurde schließlich im April 1180 auf dem Gelnhauser Hoftag zum Erzbischof investiert. Töpfer 1992, S. 398f. Siegfried war zwar ab 1173 Bischof von Brandenburg gewesen, hatte jedoch den Titel "Bremensis electus" weiterhin geführt. Glaeske 1962, S. 184

4.4. Friedrich Barbarossa während und nach dem Prozeß

Der Prozeß fand in der Geschichtswissenschaft seit langem eine intensive Ausdeutung.[452] Der Prozeßhergang ist hier deshalb nur kursorisch dargestellt.

Auf dem Hoftag zu Speyer im November 1178 erhoben Erzbischof Philip von Köln und Heinrich der Löwe gegenseitig Klage. Friedrich Barbarossa ließ die Klagen zu und verwies auf den Hoftag in Worms im Januar 1179.[453] Heinrich der Löwe erschien jedoch nicht auf dem Hoftag, womit seine Klage erledigt war. Offenbar war er zu der Überzeugung gekommen, daß sich der Prozeß zu seinen Ungunsten entwickelt hatte und blieb deshalb fern. Weiteren Ladungen leistete er keine Folge. Während des Hoftages zu Magdeburg im Juni 1179 hielt er sich im benachbarten Haldensleben auf, erschien jedoch wiederum nicht.[454] Es kam zu einer Zusammenkunft

---

[452] Hier eine Auswahl an Untersuchungen, die sich mit dem Prozeß und Sturz Heinrichs des Löwen beschäftigen: Biereye 1915; Mitteis 1927, S. 48-74; Erdmann 1944; Stengel 1960a; Theuerkauf 1980; Heinemeyer 1981; Engels 1982; Heinemeyer 1990; Weinfurter 1993. Der Artikel *Friedrich Barbarossa und Heinrich der Löwe* von Stefan Weinfurter (in: Oberbayerisches Archiv 120, 1996), lag zur Zeit der Abfassung der vorliegenden Studie noch in Druck.

[453] Arnoldi chronica Slavorum, MGH SS RG [14], I. 2, c. 10, S. 47f.; Chronica regia Coloniensis, MGH SS RG [18], S. 129f., a.a. 1178, Recc. 1, 2. Erzbischof Philip war in das Land des Herzogs eingefallen und hatte, bis er sich schließlich wieder zurückzog, große Verwüstungen bis Hameln angerichtet. Die Verwüstungen waren so groß, daß ihm sogar Erzbischof Wichmann von Magdeburg und Bischof Eberhard von Merseburg entgegentraten um ihm Einhalt zu gebieten. Annales Pegavienses et Bosovienses, MGH SS 16, S. 262, a.a. 1178: „Philippus archiepiscopus Coloniensis cum exercitu multo usque Wiseram omnia quae ducis Heinrici fuerant **miserabiliter vastavit**; ubi pro dolor etiam aecclesiis non parcitur. **Wicmannus Magdaburgensis et Merseburgensis Everhardus** cum aliis obviam pacifice venientes, **impetum Coloniensium amice retinuerunt**." Zur Rolle Erzbischofs Philip von Köln vgl. Weinfurter 1993, v.a. S. 470f.

[454] Arnoldi chronica Slavorum, MGH SS RG [14], I. 2, c. 10, S. 48; Annales Pegavienses et Bosovienses, MGH SS 16, S. 262, a.a. 1179; vgl. Chronica regia Coloniensis, MGH SS RG [18], S. 130, a.a. 1179, Recc. 1, 2. Nach Arnold von Lübeck hatte Heinrich der Löwe ursprünglich vor, auf dem Hoftag zu erscheinen. Er wurde aber abgeschreckt durch das Auftreten Dietrichs von Landsberg, dem Markgrafen der Lausitz, der gegen ihn Klage

mit Friedrich Barbarossa außerhalb Magdeburgs, während derer der Kaiser seinem Vetter vorschlug, gegen eine Summe von 5.000 Mark die Aussöhnung mit den anderen Fürsten zu vermitteln. Dies lehnte Heinrich der Löwe aber ab. So wurde gegen ihn als contumax am 24. oder 29.6.1179 die Acht verhängt. Auf dem Hoftag zu Würzburg am 13.1.1180 wurden Heinrich dem Löwen nach einhelligem Fürstenspruch die Reichs- und sonstigen Lehen abgesprochen.[455] Seine sächsischen Gegner schlossen daraufhin aber einen Waffenstillstand mit ihm bis Ostern (April) des Jahres.[456] Offenbar wollte man Heinrich dem Löwen eine ordnungsgemäße Beendigung der Herzogstätigkeit ermöglichen.[457] Auf dem Gelnhauser Hoftag im April 1180 wurde schließlich Sachsen aufgeteilt: Westfalen erhielt Erzbischof Philip von Köln und Ostsachsen wurde an Graf Bernhard von Anhalt, einem Sohn Albrechts des Bären, verliehen.[458] Im Juni 1180 trat die Oberacht in Kraft und im Sommer führte Friedrich Barbarossa die Reichsexekution unter reger Fürstenbeteiligung in Sachsen gegen Heinrich den Löwen, der sich nicht beugen wollte.[459]

---

wegen Verrätereien gegen das Reich führte und ihn zum Zweikampf forderte. Heinrich der Löwe lehnte dies ab.

[455] Auch Welf VI. war auf dem Hoftag anwesend. Annales Ottenburani minores, MGH SS 17, S. 316, a.a. 1180. Ob er aber am Urteil mitwirkte, läßt sich nicht beweisen. Feldmann 1971, S. 90

[456] Annales Pegavienses et Bosovienses, MGH SS 16, S. 263, a.a. 1180: „De qua curia principes reversi, pacem composuerunt inter ipsos et ducem usque in octavam paschae."

[457] Heinemeyer 1981, S. 58

[458] Westfalen wurde nicht als Lehen ausgegeben, sondern der Dukat an den Kölner Bischofsstuhl geschenkt. Bei einem Lehen, wäre nur eine Bindung an eine Person erfolgt, die ja beim Tod des Erzbischofs an den König als erledigtes Reichslehen zurückgefallen wäre. Bei einer Schenkung aber wurde der jeweilige Inhaber der Erzbischofswürde Herr von Westfalen. Vgl. Weinfurter 1993, S. 456

[459] Im August 1180 sammelten sich bei Halberstadt die Erzbischöfe von Köln, Magdeburg und Bremen, die Bischöfe von Worms, Speyer, Würzburg, Utrecht, Naumburg und Merseburg, Pfalzgraf Konrad bei Rhein, Herzog Bernhard von Ostsachsen (Engern), Markgraf Theoderich von der Lausitz u.a. vgl. Diplomata Friderici I., MGH DD 10.3, Nr. 799 (18.8.1180), S. 369; Landgraf Ludwig von Thüringen nahm den Kampf erst wieder auf Befehl Friedrich Barbarossas auf: „Principalis **comes Ludewicus**, in militaribus

Im September 1180 ordnete Friedrich Barbarossa die Lage in Süddeutschland: Auf dem Hoftag in Altenburg gab er Bayern an Pfalzgraf Otto von Wittelsbach aus. Die Markgrafschaft Steyr, die schon länger aus Bayern herausgewachsen war, wurde an den bisherigen Markgrafen Otakar als Herzogtum ausgegeben.[460] Der Graf von Andechs als bisheriger Markgraf von Istrien und Krain wurde zum Herzog von Meranien, Kroatien und Dalmatien erhoben.[461] Ende des Jahres 1180 fiel ein Großteil der Parteigänger und Ministerialen von Heinrich dem Löwen ab.[462] 1181 führte Friedrich Barbarossa erneut ein Reichsheer — wiederum unter reger fürstlicher Beteiligung — nach Sachsen.[463] Im November 1181 unterwarf sich schließlich Heinrich der Löwe in Erfurt. Er wurde aus der Acht gelöst und erhielt seine Allode zurück. Er mußte jedoch in die Verbannung gehen. Es kam zum Dissens zwischen Friedrich Barbarossa und den Fürsten über das weitere Schicksal des Löwen. Die Fürsten wollten, daß Heinrich der Löwe nicht restituiert würde und setzten beim Kaiser einen Schwur durch, daß er seinen Vetter nur mit Zustimmung der Fürsten „in gradum pristinum" wiedereinsetzen würde.[464] Auch im folgenden konnte Heinrich der Löwe seinen Besitz nicht restituieren. Der Streit löste sich letztlich erst, als sein Enkel, Otto von Lüneburg, nach Auflassung der Allode und Neubelehnung im August 1235 zu

---

nostra etate strenuissimus et bene audens, domni imperatoris, avunculi videlicet sui, **iussu** et Coloniensis archiepiscopi ceterorumque principum rogatu condictum fedus prefato duci refragans, fines eius bellica manu attigit villasque non paucas pro libitu imperatoris devastavit et incendit." Annales S. Petri Erphesfurtenses maiores, MGH SS RG [42], S. 64f., a.a. 1180

[460] vgl. dazu Patze 1981, S. 37
[461] Heinemeyer 1981, S. 59
[462] Bookmann 1981, S. 8
[463] An der Reichsheerfahrt nahmen die Erzbischöfe von Köln und Magdeburg, die Bischöfe von Münster, Osnabrück, Paderborn, Minden, Hildesheim, Halberstadt und Bamberg, die Äbte von Fulda, Corvey und Hersfeld und der Markgraf von Meissen teil. Töpfer 1992, S. 427; Bookmann 1981, S. 10
[464] Arnoldi chronica Slavorum, MGH SS RG [14], I. 2, c. 22, S. 67: „Denique cum omnes principes ad deiectionem ipsius aspirarent, **iuravit eis imperator** per thronum regni sui, nunquam se eum **in gradum pristinum restauraturum, nisi id fieret in beneplacito omnium.**"

Mainz durch Kaiser Friedrich II. zum Herzog von Braunschweig bestellt wurde.[465]

Interessant an den Vorgängen ist, daß Friedrich Barbarossa während des Magdeburger Hoftages 1179 Heinrich dem Löwen eine Aussöhnung zwischen diesem und den anderen Fürsten vorschlug. Auch daß die Fürsten beim Kaiser durchsetzten, daß eine Restitution des Löwen nur mit ihrer Zustimmung geschehen dürfte, scheint sonderbar. Welchen Hintergrund hatten diese Handlungen?

Nach Arnold von Lübeck, dessen Bericht zwar erst um 1210 entstand,[466] der aber ein enger Vertrauter Heinrichs des Löwen gewesen war, begab sich folgendes bei der Zusammenkunft des Kaisers mit dem Herzog:

> „In Haldeslef tamen constitutus, per internuncios colloquium domni imperatoris expetiit. Imperator itaque exivit ad eum ad locum placiti. Quem dux verbis compositis lenire studuit. Imperator autem quinque milia marcarum ab eo expetiit, hoc ei dans consilium, ut hunc honorem imperatorie maiestati deferret et sic ipso mediante gratiam principum, quos offenderat, inveniret. Illi [Heinrico] autem durum visum est tantam persolvere pecuniam, et non acquiescens verbis imperatoris discessit."[467]

Der Konflikt stellt sich damit so dar, daß nicht Friedrich Barbarossa derjenige war, der gegen Heinrich den Löwen vorging, sondern die Fürsten. Das Bußgeld von 5.000 Mark Silber war zwar hoch, der Stellung Heinrichs des Löwen aber durchaus angemessen.[468] Bei der Bemessung des Bußgeldes wurden stets der Stand und die finanziellen Ressourcen des Beklagten berücksichtigt. Für den Inha-

---

[465] Constitutiones Friderici II., MGH CC 2, Nr. 197 (August 1235), S. 263-265; vgl. Heinemeyer 1986, S. 1-3

[466] Wattenbach/Schmale, Geschichtsquellen, S. 438-441

[467] Arnoldi chronica Slavorum, MGH SS RG [14], I. 2, c. 10, S. 48

[468] 1167 löste Heinrich der Löwe die Bürger von Bremen aus der Acht, in die er sie selbst getan hatte, gegen eine Zahlung von 1.000 Mark aus. Helmoldi presbyteri Bozoviensis chronica Slavorum, MGH SS RG [32], I. 2, c. 104, S. 204. 1188 mußten Erzbischof Philip von Köln und die Stadt Köln dem Kaiser 2.000 Mark und seinem Hof 260 Mark zur Beendigung des Streites bezahlen. Chronica regia Coloniensis, MGH SS RG [18], S. 139, a.a. 1188, Recc. 1, 2

ber zweier Herzogtümer waren deshalb 5.000 Mark nicht zu hoch bemessen.[469] In der Konsequenz bedeutet es, daß, wenn Heinrich der Löwe auf das Angebot Friedrich Barbarossas eingegangen wäre, eine Aussöhnung seitens des Kaisers erneut in Angriff genommen und Heinrich der Löwe nicht gestürzt worden wäre. Warum letztlich Heinrich der Löwe das Angebot ausschlug, läßt sich nicht mit letzter Sicherheit ergründen. In der Forschung wird in der Regel eine Selbstüberschätzung des Löwen genannt.[470] Erst nach dem gescheiterten Ausgleichsversuch wurde Heinrich der Löwe gebannt und verlor seine Lehen. Hierbei behielt Friedrich Barbarossa jedoch die Lehen nicht sub ditioni regimini, sondern teilte sie auf und gab sie erneut aus. Dabei hielt er nicht einmal die damals übliche Frist von einem Jahr ein,[471] sondern gab sie bereits zum Teil nach 14 Tagen, den Rest nach neun Monaten wieder aus. Genauso wie Heinrich dem Stolzen war Heinrich dem Löwen damit klar, daß eine Restitution unwahrscheinlich war, daß er aber zumindest einen Teil seiner Gebiete einbüßen würde. Immerhin gab Friedrich Barbarossa die Herzogtümer nicht an nahe Verwandte aus. Vielmehr beachtete er offenbar die tatsächliche Machtstellung der neuen Inhaber der Herzogsgewalt: Erzbischof Philip von Köln hatte, wie sein Vorgänger Rainald von Dassel, den Landesausbau in Westfalen forciert.[472] Graf Bernhard von Anhalt, der Sohn Albrechts des Bären, war seit langem in Sachsen verwurzelt und sein Großvater und sein Vater hatten bereits kurzzeitig die Herzogsgewalt innegehabt.[473] Otto von Wittelsbach war zwar in Bayern begütert gewesen, hatte aber gegenüber den anderen neuen Herzögen die geringste Machtgrundlage. Es scheint, daß Friedrich Barbarossa bestrebt war, in die entzogenen Lehen möglichst schnell Ruhe zu bringen. Dazu war es

---

[469] Heinemeyer 1981, S. 47
[470] Heinemeyer 1981, S. 47; Fuhrmann 1983, S. 187
[471] Jordan 1980a, S. 202f.
[472] Weinfurter 1993, S. 471f.
[473] siehe Anm. 239, S. 87

notwendig, den ehemaligen Vasallen Heinrichs des Löwen einen neuen Fürsten zu geben. Daß von Friedrich Barbarossa allerdings diese Verfügungen nicht als unbedingt endgültig gedacht waren, zeigt der Bericht Arnolds von Lübeck, nach welchem der Kaiser schwor, Heinrich den Löwen nur bei Zustimmung der Fürsten in seinen früheren Stand zu heben:

> „Dux autem veniens ad curiam sibi prefixam, totum se submittens gratie imperatoris, venit ad pedes eius. Quem de terra levans osculatus est non sine lacrimis, quod tanta inter eos controversia diu duraverit, et quia ipse tante sibi deiectionis causa fuerit. Que tamen si vere fuerint ambigitur, nam videtur eum vere non fuisse miseratus, quia ad statum pristini honoris eum restituere non est conatus. Quod tamen propter iusiurandum ad presens facere non potuit. Denique cum omnes principes ad deiectionem ipsius aspirarent, **iuravit eis imperator** per thronum regni sui, **nunquam se eum in gradum pristinum restauraturum, nisi id fieret in beneplacito omnium**."[474]

Die Eidesleistung machte nur Sinn, wenn die Fürsten eine Restitution Heinrichs des Löwen fürchten mußten. Friedrich Barbarossa dachte nach der Unterwerfung offenbar daran, zumindest einen Teil der Lehen wieder an Heinrich den Löwen auszugeben. Dabei ist wegen der Formulierung „in gradum pristinum" an ein Herzogtum zu denken, da Heinrich der Löwe nach dem Sturz nur mehr im edelfreien Stand war. Damit mußte zumindest einer der durch den Sturz Begünstigten darum fürchten, seine Erwerbung wieder zu verlieren.[475] Nach einer Teilrestitution mußten aber auch alle anderen Fürsten mit einer erneuten Aufnahme der Kämpfe rechnen, da das bisherige Vorgehen Heinrichs des Löwen ungebrochenen Durchset-

---

[474] Arnoldi chronica Slavorum, MGH SS RG [14], l. 2, c. 22, S. 67
[475] Am wenigsten wohl Otakar von Steyr, da er sich schon länger gegen Heinrich den Löwen als Herzog von Bayern widersetzen konnte. Das Herzogtum Meranien, Istrien und Dalmatien war hauptsächlich ein Titularherzogtum, da der König von Ungarn die reale Macht in diesen Gebieten ausübte. Otto von Wittelsbach, der mit Bayern das patrimonium paternam Heinrichs des Löwen erhalten und die geringste Machtgrundlage im Vergleich zu den anderen neuen Herzögen hatte, scheint sehr gefährdet gewesen zu sein. Allerdings bemühte sich Heinrich der Löwe später dennoch zunächst in Sachsen seine alte Stellung zurückzuerlangen.

zungswillen offenbart hatte. Es scheint daher, daß der Konflikt primär zwischen Fürsten und Heinrich dem Löwen stattfand und Friedrich Barbarossa lediglich seine schützende Hand seinem Vetter entzogen hatte. Der Schwur von Erfurt 1181 zeigt aber auch, daß Friedrich Barbarossa Gefahr lief, eine gegen ihn gerichtete Fürstenkoalition heraufzubeschwören, wenn er seinen Vetter auch weiterhin schützen wollte.

Auch nach 1181 gibt es Anzeichen dafür, daß Friedrich Barbarossa an eine Restitution Heinrichs des Löwen dachte. 1184 wurde Erzbischof Philip von Köln zu Eheverhandlungen für eine namentlich nicht bekannte Tochter Friedrich Barbarossas mit Richard Löwenherz an den englischen Hof zu König Heinrich II. geschickt. Die Reise sollte nach Engels auch dazu dienen, daß der Erzbischof den exilierten Herzog, der am englischen Hof weilte, treffe und sich mit ihm aussöhne.[476] Friedrich Barbarossa zeigte großes Interesse an dem Hergang der Gesandtschaft: Auf seiner Reise von Regensburg nach Verona, wo er Papst Lucius III. treffen wollte, machte er einen umständlichen Abstecher nach Mailand, über welche Stadt die Gesandtschaft ins Reich zurückkehren sollte, und ließ den Papst mehrere Wochen warten.[477] 1184 bemühte sich Markgraf Opizo von Este um ein kaiserliches Diplom, das den Status der Lehen, die bis 1180 von Heinrich dem Löwen abgehangen hatten, seitdem aber reichsunmittelbar waren, festschrieb, auch für den Fall, daß Heinrich der Löwe restituiert werden sollte.[478] 1184 entband Papst Lucius den Kaiser von dem Eid, den er 1181 in Erfurt geschworen hatte.[479] Damit war Friedrich Barbarossa frei, eine Restitution seines Vetters zu betreiben. Nach Arnold von Lübeck stellte Friedrich Barbarossa

---

[476] Engels 1982, S. 124
[477] Weinfurter 1993, S. 475; Opll 1994, S. 142f.
[478] Diplomata Friderici I., MGH DD 10.5, Nr. 872 (19.10.1184), S. 111 (=Constitutiones Friderici I., MGH CC 1, Nr. 301 (19.10.1184), S. 426); vgl. auch Weinfurter 1993, S. 476
[479] Jordan 1980a, S. 216

1188 während der Kreuzzugsvorbereitungen seinem Vetter eine Restitution in Aussicht:

> „Duci tamen Heinrico trium optionem [imperator] dedit, ut aut dispensationem in particulari quadam restitutione pristini honoris pateretur, aut secum peregrinatum in expensa imperatoria iret, postea plenarie restituendus, aut terram per triennium tam pro se quam pro filio suo equivoco abiuraret."[480]

Heinrich der Löwe ging aber lieber erneut in Verbannung. Sowie sich Friedrich Barbarossa 1189 aber auf den Kreuzzug begeben hatte, kehrte Heinrich der Löwe zurück und bemühte sich mit Waffengewalt, die Herrschaft in Sachsen zurückzuerobern.[481] Es sollte die Aufgabe König Heinrichs VI. werden, Heinrich den Löwen abzuwehren und bis zu dessen Tod 1195 die Ansprüche zurückzuweisen.[482]

4.5. Ergebnisse

Der Konflikt zwischen Friedrich Barbarossa und Heinrich dem Löwen war von gänzlich anderer Struktur, als zwischen den Staufern und Lothar III. oder den Welfen und Konrad III.: Vor dem Konflikt standen mehr als zwei Jahrzehnte einvernehmlicher Zusammenarbeit. Es ist bezeichnend, daß es wiederum ein Konflikt um Territorium war, der Zwist zwischen Herzog und Kaiser brachte. Natürlich spielte die Stellung des Herzogs im Reich, bzw. diejenige, die er anstrebte, eine wichtige Rolle. Es lassen sich zwar Königsbestrebungen nicht schlüssig beweisen, auf eine Erhöhung des Fürstentums zielte Heinrich der Löwe jedoch sicherlich hin. Diese Bestrebungen führten nicht zuletzt dazu, daß Heinrich der Löwe vom Kaiser Königsgut zu erlangen suchte und auch nicht davor zurückschreckte, dies wie ein Gleichrangiger für Dienste zu fordern. Der ab 1167 massiv einsetzende Landesausbau des Kaisers in Deutsch-

---
[480] Arnoldi chronica Slavorum, MGH SS RG [14], I. 4, c. 7, S. 128
[481] Jordan 1980a, S. 221-223
[482] Csendes 1993, SS. 106f., 112f., 142f.

land brachte Friedrich Barbarossa zunächst kaum in Konfliktstellung zu Heinrich dem Löwen. Die 1176/77 gescheiterte Hoffnung aber auf ein gefestigtes Reichsitalien als Stütze des Kaisertums, machte Friedrich Barbarossa deutlich, daß die Basis seiner Politik nördlich der Alpen zunächst bleiben mußte und nur eine starke Stellung dort den Spielraum für eine weitgespanntere Politik eröffnete. Diese Basis wurde durch Heinrich den Löwen bedroht.

Zur Durchsetzung seiner Autorität mußte sich Friedrich Barbarossa aber nicht in direkte Frontstellung gegen Heinrich den Löwen stellen. Vor allem die Fürsten waren an einem Sturz Herzog Heinrichs interessiert. An eine völlige Verdrängung des Herzogs dachte der Kaiser nicht, wie sein Verhalten auch nach dem Sturz zeigte. Er befand sich jedoch in der Zwangslage, daß eben die Fürsten, bei denen sich Heinrich der Löwe so unbeliebt gemacht hatte, keine Wiederherstellung der alten Lage dulden wollten. Friedrich Barbarossa mußte darauf Acht geben, keine Fürstenkoalition gegen sich selbst heraufzubeschwören. Ein Festhalten an Heinrich dem Löwen hätte ihn schnell in heftige Auseinandersetzungen mit vielen Fürsten geführt. Eine verzweifelte Lage, wie sie Heinrich V. nach der verlorenen Schlacht bei Welfesholz 1115 erlebt hatte, als nur noch Schwaben treu zum Kaiser stand, war ein mögliches Szenario. Heinrich der Löwe stürzte nicht, weil der Kaiser alles daran setzte, seinen Vetter zu verdrängen. Er stürzte, weil der Kaiser bestrebt war, seine Machtbasis in Deutschland zu erhalten. Dagegen opponierte Heinrich der Löwe und konnte deshalb von Friedrich Barbarossa nicht mehr gegen die Fürsten gestützt werden.

5. SCHLUßBETRACHTUNGEN

Die Opposition der betrachteten großen Fürsten gegen die Reichsgewalt in Deutschland während des 12. Jahrhunderts hatte erhebliche Ausmaße. Kriegerische Auseinandersetzungen überschatteten die ganze Regierungszeit Lothars III. und Konrads III. Unter der Herrschaft Kaiser Friedrich Barbarossas dagegen gab es in den ersten 25 Jahren keine solch heftigen Konflikte zwischen Fürsten und Reichsgewalt. Die großen fürstlichen Gegner waren schon lange Zeit vor dem Herrschaftsantritt Lothars III. und Konrads III. im jeweils gegnerischen Lager zu finden. Dagegen hatte Friedrich Barbarossa vor seiner Wahl zum König ein gutes Verhältnis zur Opposition seines Onkels — Welf VI. und Heinrich dem Löwen — aufgebaut. Dieses erleichterte einen Ausgleich und machte die darauffolgende innerdeutsche Friedensperiode erst möglich.

Die Opposition unter Lothar III. und Konrad III. gleichen sich auch in allen anderen Konfliktfaktoren. Der jeweilige opponierende Fürst sah sich vor seinem Scheitern in der Wahl selbst als zukünftigen König, was jeweils auf der eigenen faktischen Machtgrundlage beruhte. Rechtsansprüche dagegen bildeten lediglich eine Argumentationsgrundlage zur Untermauerung der eigenen Position. Bei beiden Wahlen aber errang der jeweils weniger mächtige Fürst die Krone durch geschickteres Vorgehen: Lothar von Süpplingenburg 1125 vor allem durch das sehr wahrscheinliche Abziehen des Bayernherzogs von der Partei Friedrichs II. von Schwaben, Konrad 1138 vor allem durch das Vorziehen der Wahl und Wahlbetreibungen, z.B. bei Albrecht dem Bären. Dies löste zwar eine Oppositionshaltung der gescheiterten Prätendenten aus, aber noch keine Kampfhandlungen. Diese traten erst dann ein, als der jeweilige König versuchte, die Macht des Widersachers auf territorialer Ebene zu beschneiden. Dies ist das verbindende Moment bei allen drei betrachteten Königen: Es brachen erst dann die Kampfhandlungen aus, als der Güterbesitz — unter Konrad III., aber auch unter Friedrich Barbarossa gar die soziale Stellung — des widerstrebenden Fürsten bedroht wurde. Die Fürsten handelten demnach defensiv, während der König jeweils offensiv versuchte, zumindest relativ seine Machtstellung zu erweitern.

Dies läßt einen interessanten Rückschluß auf die Verwendung militärischer Mittel im 12. Jahrhundert in der Auseinandersetzung zwischen Fürst und König zu: Waffen wurden nicht gebraucht, um die soziale Stellung des Fürsten gegenüber dem König zu erhöhen. Friedrich II. von Schwaben und Heinrich der Stolze versuchten nicht mit Waffengewalt ihr eigenes Königtum zu etablieren, ebensowenig wie Heinrich der Löwe ein herausgehobenes Fürstentum auf diesem Weg zu erreichen suchte.[483] Zur Etablierung des Gegenkönigtums Konrads wurde zwar Waffengewalt eingesetzt, der bewaffnete Konflikt bestand aber zu diesem Zeitpunkt bereits eineinhalb Jahre lang. Waffen fanden also keinen Einsatz *für* einen Aufstieg, sondern *gegen* einen Abstieg. Die Fürsten waren also bereit, äußerste Mittel gegen den König anzuwenden, sowie ihnen ein Verlust drohte, nicht aber, um einen Gewinn zu erzielen. Für die Opposition Welfs VI. scheint dies nicht zu stimmen, weil er ja selbst niemals Bayern innegehabt hatte. Für ihn aber war, wie gesehen, der legitime dux-Titel von großer Bedeutung. Mit dem Herzogstitel von Spoleto war er ja letztlich unter Friedrich Barbarossa zufrieden. Die Menschen der damaligen Zeit zeigten sich damit — genauso wie heutzutage — als wesentlich hartnäckiger und kampfbereiter, wenn ihnen der Verlust eines Gutes, das sie als ihnen gehörig betrachteten, drohte, als eine bessere eigene Position zu erlangen.

Die Aufgabe der Kampfhandlungen fand auf zwei Arten statt: der Tod eines Kontrahenten oder die Durchsetzung des Königs mit

---

[483] Es ist natürlich fraglich, ob ein Waffengang Heinrichs des Löwen gegen Friedrich Barbarossa für ein herausgehobenes Fürstentum nicht kontraproduktiv gewesen wäre.

Waffengewalt. Heinrich der Stolze und Konrad III. starben während des Konfliktes. Friedrich II. von Schwaben und sein Bruder Konrad unter Lothar III., Welf VI. unter Konrad III. und Heinrich der Löwe unter Friedrich Barbarossa wurden militärisch zur Aufgabe gezwungen. Die staufischen Brüder fanden aber einen für sie vorteilhaften Ausgleich, der ihre territoriale Machtgrundlage nur gering schmälerte. Welf VI. und Heinrich der Löwe dagegen mußten einen Verlust hinnehmen. Bei beiden zeigt sich aber, daß damit der Konflikt nicht wirklich beendet war. Unter Friedrich Barbarossa wurde ja Welf VI. reich mit italienischen Lehen bedacht, was darauf hindeutete, daß Gefahr bestand, daß er seine Oppositionshaltung erneuern könnte. Der Sturz des Löwen fand erst einen Abschluß, als sein Enkel zumindest einen Teil der verlorenen Lehen und den Fürstenstand zurückerlangte. Dazwischen lagen vier Jahrzehnte voller Auseinandersetzungen. Der deutsche Thronstreit von 1198 mit dem welfischen Königtum Ottos IV., eines Sohnes Heinrichs des Löwen, gegen die Staufer — dem Kindkönig Friedrich II. und dessen Onkel Philip von Schwaben —, der erst 1215 mit der Durchsetzung Friedrichs II. endete, sei hier nur erwähnt.

Daraus ergibt sich bezüglich der Konfliktlösung bei Auseinandersetzung zwischen dem König und prinzipiell königsfähigen Fürsten nur die Alternative zwischen dem Tod eines Kontrahenten und eines Ausgleichs auf Basis eines zumindest teilweisen Nachgebens des Königs, auch wenn er militärisch siegreich gewesen war. Daher läßt sich ableiten, daß Gewalt im 12. Jahrhundert keinen Konflikt zwischen Reichsgewalt und Fürsten gelöst hat.

Die tatsächliche Konfliktlösung auf Basis der Aufgabe der fürstlichen Oppositionshaltung wurde tatsächlich *nicht* mit Gewalt erreicht. Die Gewalt war aber notwendig, die königliche Macht und Stellung zu beweisen. Diesem scheint der staufisch-welfische Ausgleich unter Friedrich Barbarossa zu widersprechen, da ja der Kaiser sich *nicht* mit Waffengewalt durchgesetzt hatte. Welf VI. und Heinrich der Löwe standen jedoch zuvor nicht gegen Friedrich I. in Opposition oder überzogen ihn mit Krieg. Oppositionelle Fürsten, die Waffengewalt anwendeten, wurden zu einer tatsächlichen Aufgabe ihrer Ansprüche bewegt, als sie nach der militärischen Niederlage unmittelbar durch einen Verlust ihrer Güter und der sozialen Stellung bedroht wurden. Daraufhin erst konnte seitens des Königs ein großzügiger Ausgleich gewährt werden, der die Stellung des Fürsten unbeeinträchtigt ließ. Gewalt löste keine bestehenden Konflikte, vermied aber ihre spätere Wiederaufnahme.

6. ABKÜRZUNGEN UND SIGLEN

A.	Abschnitt dieser Studie
a.a.	ad annum
Anm(m).	Anmerkung(en)
BDL	Blätter für deutsche Landesgeschichte
BRG	Bibliotheca rerum Germanicarum
bzw.	beziehungsweise
c(c).	Kapitel
CC	Constitutiones et acta publica imperatorum et regum (Legum sectio IV)
CSHB	Corpus scriptorum historiae byzantinae
DD	Diplomata regum et imperatorum Germaniae
D(D).	Diplom(e)
DA	Deutsches Archiv für Erforschung des Mittelalters (bis 1944: Deutsches Archiv für Geschichte des Mittelalters)
DC	Deutsche Chroniken
ders.	derselbe
dies.	dieselbe
Diss.	Dissertation
ebd.	ebenda
FKPM	Forschungen zur Kaiser- und Papstgeschichte des Mittelalters. Beihefte zu F. J. Böhmer Regesta Imperii
HFS	Historiae Francorum Scriptores
hg(g).	herausgegeben
HZ	Historische Zeitschrift
l.	liber
LDUK	Laienfürsten- und Dynastenurkunden der Kaiserzeit
LL	Leges
MB	Monumenta Boica
MGH	Monumenta Germaniae Historica
MIÖG	Mitteilungen des Instituts für österreichische Geschichtsforschung
N.F.	Neue Folge
N.S.	Neue Serie
Nr(r).	Nummer(n)

QEBG	Quellen und Erörterungen zur bayerischen Geschichte
Rec(c).	Recensio(nes)
Reg(g).	Regest(en)
RG	Rerum Germanicarum in usum scholarum
RIS	Rerum Italicarum scriptores
RS	Rolls Series (Rerum Britannicarum medii aevi scriptores)
S(S).	Seite(n)
SS	Scriptores
SSGK	Schriften zur staufischen Geschichte und Kunst
UB	Urkundenbuch
v.a.	vor allem
v(v).	Vers(e)
vgl.	vergleiche
VMPIG	Veröffentlichungen des Max-Planck-Instituts für Geschichte
VNA	Veröffentlichungen der niedersächsischen Archivverwaltung
VuF	Vorträge und Forschungen
WdF	Wege der Forschung
z(z).	Zeile(n)
ZBL	Zeitschrift für bayerische Landesgeschichte
ZGO	Zeitschrift für die Geschichte des Oberrheins
ZRG GA	Zeitschrift der Savigny-Stiftung für Rechtsgeschichte. Germanistische Abteilung

7. LITERATUR

7.1. Quellen

Annales Aquenses a. 1001-1196, hg. Georg H. Pertz, MGH SS 16, Hannover 1859, S. 684-687

Annales Brunwilarenses a. 1000-1179, hg. Georg H. Pertz, MGH SS 16, Hannover 1859, S. 724-728

Annales Cameracenses auctore Lamberto Waterlos a. 1099-1170, hg. Georg H. Pertz, MGH SS 16, Hannover 1859, S. 509-554

Annales Engelbergenses a. 1147-1546, hg. Georg H. Pertz, MGH SS 17, Hannover 1861, S. 278-282

Annales Erphesfurtenses Lothariani a. 1125-1137, hg. Oswald Holder-Egger, Monumenta Erphesfurtensia saec. XII. XIII. XIV., MGH SS RG [42], Hannover/Leipzig 1899, S. 34-44

Annales Herbipolenses a. 1125-1158. 1202-1204. 1215, hg. Georg H. Pertz, MGH SS 16, S. 1-12

Annales Magdeburgenses a. 1-1188. 1453-1460, hg. Georg H. Pertz, MGH SS 16, Hannover 1859, S. 105-196

Annales Marbacenses qui dicuntur (Cronica Hohenburgensis a. 631-1212), hg. Hermann Bloch, MGH SS RG [9], Hannover/Leipzig 1907, S. 1-103

Annales Ottenburani minores a. 1145-1416, hg. Georg H. Pertz, MGH SS 17, Hannover 1861, S. 315-318

Annales Palidenses auctore Theodoro monacho a. O.c.-1182 et 1390, hg. Georg H. Pertz, MGH SS 16, Hannover 1859, S. 48-98

Annales Patherbrunnenses. Eine verlorene Quellenschrift des 12. Jahrhunderts aus Bruckstücken wiederhergestellt von Paul Scheffer-Boichorst, Innsbruck 1870

Annales Pegavienses et Bosovienses a. 1000-1149, hg. Georg H. Pertz, MGH SS 16, Hannover 1859, S. 232-257

Annales Ratisbonenses, hg. Wilhelm Wattenbach, MGH SS 17, Hannover 1861, S. 577-590

Annales S. Disibodi a. 891-1200, hg. Georg Waitz, MGH SS 17, Hannover 1861, S. 4-30

Annales S. Pauli Virdunensis a. 908-1215. 1249. 1419, hg. Georg H. Pertz, MGH SS 16, Hannover 1859, S. 500-502

Annales S. Petri Erphesfurtenses maiores a. 1078-1181, hg. Oswald Holder-Egger, Monumenta Erphesfurtensia saec. XII. XIII. XIV, MGH SS RG [42], Hannover/Leipzig 1899, S. 45-67

Annales Spirenses a. 920-1272, hg. Georg H. Pertz, MGH SS 17, Hannover 1861, S. 80-85

Annales Stadenses auctore Alberto ab O.c.-1256, hg. Johann M. Lappenberg, MGH SS 16, Hannover 1859, S. 271-379

Annales Stederburgenses auctore Gerhardo praeposito a. 1000-1195, hg. Georg H. Pertz, MGH SS 16, Hannover 1859, S. 197-231

Annales Zwifaltenses (maiores a. 1-1503 et minores a. 1-1221), hg. Otto Abel, MGH SS 10, Hannover 1852, S. 51-64

Annalista Saxo a. 741-1139, hg. Georg Waitz, MGH SS 6, Hannover 1844, S. 542-777

Annalium Mellicensium continuatio Mellicensis a. 1124-1564, hg. Wilhelm Wattenbach, MGH SS 9, Hannover 1851, S. 501-535

Annalium S. Iacobi Leodiensis pars secunda a. 1056-1174, hg. Georg H. Pertz, MGH SS 16, Hannover 1859, S. 638-642

Arnoldi chronica Slavorum, hg. Johann M. Lappenberg, MGH SS RG [14], Hannover 1868

Bertholdi Zwifaltensis chronicon, hgg. Erich König und Karl O. Müller, Schwäbische Chroniken der Stauferzeit 2, Stuttgart/Berlin 1941, S. 136-287

Braunschweigische Reimchronik, hg. Ludwig Weiland, MGH DC 2, Hannover 1877, S. 430-574

Burchardi praepositi Urspergensis chronicon, hg. Oswald Holder-Egger und Bernhard von Simson, MGH SS RG [16], Hannover/Leipzig ^{2}1916

Chronica collecta a Magno Presbytero, hg. Wilhelm Wattenbach, MGH SS 17, Hannover 1861, S. 476-523

Chronica ducum de Brunswick, hg. Ludwig Weiland, MGH DC 2, Hannover 1877, S. 574-587

Chronica monasterii Casinensis, hg. Hartmut Hoffmann, MGH SS 34, Hannover 1980

Chronica regia Coloniensis (Annales maximi Colonienses), hg. Georg Waitz, MGH SS RG [18], Hannover 1880

Chronica Reinhardsbrunnenses a. 530-1338, hg. Oswald Holder-Egger, MGH SS 30.1, Hannover 1896, S. 490-656

Chronica S. Petri Erfordensis moderna a. 1072-1335, hg. Oswald Holder-Egger, Monumenta Erphesfurtensia saec. XII. XIII. XIV, MGH SS RG [42], Hannover/Leipzig 1899, S. 117-369

Chronici Ekkehardi continuatio brevis a. 1125-1169, hg. Oswald Holder-Egger, Monumenta Erphesfurtensia saec. XII. XIII. XIV, MGH SS RG [42], Hannover/Leipzig 1899, S. 68-71

Chronicon Elwacense, hg. Otto Abel, MGH SS 10, Hannover 1852, S. 34-51

Chronicon S. Andreae castri Cameracesii a. 1001-1133, hg. Ludwig C. Bethmann, MGH SS 7, Hannover 1846, S. 526-550

Codex chronologico-diplomaticus episcopatus Ratisbonensis, hg. Thomas Ried, Regensburg 1816 (2 Bdd.)

Constitutiones Friderici I., hg. Ludwig Weiland, MGH CC 1, Hannover 1843, S. 191-463

Constitutiones Friderici II., hg. Ludwig Weiland, MGH CC 2, Hannover 1896, S. 54-389

Constitutiones Lotharii III., hg. Ludwig Weiland, MGH CC 1, Hannover 1843, S. 165-176

Codex Udalrici Babenbergensis, hg. Philipp Jaffé, Monumenta Bambergensia, BRG 5, Berlin 1869, S. 1-469

Cosmae Pragensis chronica Boemorum, hg. Bertold Bretholz, MGH SS RG N.S. 2, Berlin 1923

Cosmae chronicae Boemorum canonici Wissegradensis continuatio a. 1126-1142, hg. Rudolf Köpke, MGH SS 9, Hannover 1851, S. 132-148

Diplomata Conradi III., bearb. Friedrich Hausmann, MGH DD 9, Wien/Köln/Graz 1969, S. 1-518

Diplomata Friderici I., bearb. Heinrich Appelt, MGH DD 10, Hannover 1975-1990 (6 Bdd.)

Diplomata Heinrici (VI.), bearb. Friedrich Hausmann, MGH DD 9, Wien/Köln/Graz 1969, S. 519-532

Diplomata imperatorum authentica, MB 29.1, München 1831, Nr. 316-596

Diplomata Lotharii III., hgg. Emil von Ottenthal und Hans Hirsch, MGH DD 8, Berlin 1927

Ekkehardi Uraugiensis chronica, hg. Georg Waitz, MGH SS 6, Hannover 1844, S. 1-267

Epistolae Bambergenses cum aliis monumentis permixtae, hg. Philipp Jaffé, Monumenta Bambergensia, BRG 5, Berlin 1869, S. 470-536

Ex Honorii Augustodunensis summa totius et imagine mundi cum septem continuationibus, hg. Roger Wilman, MGH SS 10, Hannover 1852, S. 132-134

Ex Orderici Vitalis historia ecclesiastica, hg. Georg H. Pertz, MGH SS 20, Hannover 1868, S. 50-82

Gesta Alberonis archiepiscopi auctore Balderico a. 1132-1152, hg. Georg H. Pertz, MGH SS 8, Hannover 1848, S. 243-260

Gesta Alberonis archiepiscopi metrica a. 1132-1145, hg. Georg Waitz, MGH SS 8, Hannover 1848, S. 236-243

Gesta regis Henrici II Benedicti abbatis, hg. William Stubbs, RS 49.1, London 1867

Gesta Ludovici VII regis filii Ludovici grossi, hg. André Duchesne, HFS 4, Paris 1641

Gestarum Treverorum additamentum et continuatio prima a. 1015-1132, hg. Georg Waitz, MGH SS 8, S. 175-200

Gotifredi Viterbiensis gesta Friderici I., hg. Georg Waitz, MGH SS 22, Hannover 1872, S. 307-334

Gotifredi Viterbiensis Pantheon, hg. Georg Waitz, MGH SS 22, Hannover 1872, S. 107-307

Helmoldi presbyteri Bozoviensis chronica Slavorum, hg. Bernhard Schmeidler, MGH SS RG [32], Hannover ³1937

Historia Welforum, hg. Erich König, Schwäbische Chroniken der Stauferzeit 1, Stuttgart/Berlin 1938, S. 1-68

Historiae Welforum continuatio Steingademensis, hg. Erich König, Schwäbische Chroniken der Stauferzeit 1, Stuttgart/Berlin 1938, S. 68-75

Ioannis Cinnami epitome rerum ab Ioanne et Alexio Comnenis gestarum, hg. August Meineke, CSHB 15, Bonn 1836

Kaiserchronik eines Regensburger Geistlichen, hg. Edward Schröder, MGH DC 1.1, Hannover 1892, S. 1-392

Kaiserchronik eines Regensburger Geistlichen. 1. bayerische Fortsetzung, hg. Edward Schröder, MGH DC 1.1, Anhang 1, Hannover 1892, S. 393-408

Lamberti parvi annales a. 988-1193, hg. Georg H. Pertz, MGH SS 16, Hannover 1859, S. 645-650

Landulphi Junioris sive de S. Paulo historia Mediolanensis, hg. Carlo Castiglioni, RIS 5.3, Bologna 1928

Lex Baiuwariorum, hg. Johannes Merkel, MGH LL 3, Hannover 1863, S. 183-496

Monumenta Wessofontana. Codex Traditionum, MB 7, München 1766, S. 329-426

Narratio de electione Lotharii in regem Romanorum, hg. Wilhelm Wattenbach, MGH SS 12, Hannover 1856, S. 509-512

Ottonis Morenae historia Frederici I., hg. Ferdinand Güterbock, MGH SS RG N.S. 7, Berlin 1930, S. 1-129

Ottonis de S. Blasio chronica, hg. Adolf Hofmeister, MGH SS RG [47], Hannover/Leipzig 1912, S. 1-88

Ottonis episcopi Frisingensis chronica sive historia de duabus civitatibus, hg. Adolf Hofmeister, MGH SS RG [45], Hannover/Leipzig ^{2}1912

Ottonis et Rahewini gesta Friderici I. imperatoris, hg. Georg Waitz und Bernhard von Simson, MGH SS RG [46], Hannover/Leipzig ^{3}1912

Publii Cornelii Taciti annales, hg. Erich Heller, Sammlung Tusculum, München/Zürich 1982

Registrum oder merkwürdige Urkunden für die deutsche Geschichte, hg. H. Sudendorf, Jena 1849-1854 (3 Bdd.)

Roberti di Torigni chronica (The Chronicle of Robert of Torigni), hg. Richard Howlett, RS 82.4, London 1889, S. 3-315

Sachsenspiel. Landrecht, hg. Karl. A. Eckhardt, Germanenrechte N.F., Land- und Lehnrechtsbücher, Göttingen/Berlin/Frankfurt ^{2}1955

Sächsische Weltchronik, hg. Ludwig Weiland, MGH DC 2, Hannover 1877, S. 1-279

Sigeberti Gemblacensis chronicae auctarium Affligemense a. 597. 1005-1163, hg. Ludwig C. Bethmann, MGH SS 6, Hannover 1844, S. 398-405

Sigeberti Gemblacensis chronicae continuatio Aquicinctina a. 1149-1237, hg. Ludwig C. Bethmann, MGH SS 6, S. 405-438

Sigeberti Gemblacensis chronicae continuatio Gemblacensis a. 1136-1148, hg. Ludwig C. Bethmann, MGH SS 6, Hannover 1844, S. 385-390

Symeonis monachi historia regum, hg. Thomas Arnold, RS 75.2, London 1885

Traditionen, bearb. Robert Müntefering, Die Traditionen und das älteste Urbar des Klosters Klosters St. Ulrich und Afra in Augsburg, QEBG N.F. 35, München 1986, S. 3-202

Die Urkunden Heinrichs des Löwen, Herzogs von Sachsen und Bayern, bearb. Karl Jordan, MGH LDUK 1, Leipzig/Weimar 1941/49

Mainzer Urkundenbuch, I (Die Urkunden bis zum Tod Erzbischofs Adalbert I. 1137), bearb. Manfred Stimming, Darmstadt 1932

Urkundenbuch der Stadt Braunschweig, II (1031-1320), hg. Ludwig Hänselmann, Braunschweig 1900

Vita Chunradi archiepiscopi Salisburgensis, hg. Wilhelm Wattenbach, MGH SS 11, Hannover 1854, S. 62-77

7.2. Regestenwerke und andere Hilfsmittel

Böhme, Königserhebungen	Böhme, Walter: *Die deutsche Königserhebung im 10.-12. Jahrhundert* (Historische Texte/Mittelalter 14-15), Göttingen 1970 (2 Bdd.)
Böhmer/Will, Regesten	Böhmer, Johann F. und Cornelius Will: *Regesta Archiepiscoporum Maguntinensium. Regesten zur Geschichte der Mainzer Erzbischöfe. Von Bonifatius bis Uriel von Gemmingen. 742?-1514*, Innsbruck 1877/86 (2 Bdd.)
Knipping, Regesten	Knipping, Richard (bearb): *Die Regesten der Erzbischöfe von Köln im Mittelalter*, II (1100-1205) (Publikationen der Gesellschaft für Rheinische Geschichtskunde 21), Bonn 1901
Lexikon des Mittelalters	*Lexikon des Mittelalters*, München/Zürich 1980-1995 (bisher 7 Bdd.)
Niermeyer, Lexicon	Niermeyer, J. F.: *Mediae Latinitatis Lexicon minus. Lexique latin médiéval — Français/Anglais*, Leiden 1976
Stumpf-Brentano, Reichskanzler	Stumpf-Brentano, Karl F.: *Die Reichskanzler vornehmlich des X., XI. und XII. Jahrhunderts*, Innsbruck 1865-1883 (3 Bdd.) (erneut: 1960)
Wattenbach/ Schmale, Geschichtsquellen	Wattenbach, Wilhelm und Franz-J. Schmale: *Deutschlands Geschichtsquellen im Mittelalter. Vom Tode Heinrichs V. bis zum Ende des Interregnums*, I, Darmstadt 1976

7.3. Sekundärliteratur

Anmerkung: Das Jahr im Kurztitel bezieht sich immer auf das Erscheinungsjahr der verwendeten Ausgabe und nicht auf die eventuelle Ersterscheinung. Ersterscheinung und nachfolgende Abdrucke sind, soweit mir zugänglich, angegeben. Es wird aber kein Anspruch auf Vollständigkeit erhoben.

Althoff 1985	Althoff, Gerd: *Heinrich der Löwe und das Stader Erbe. Zum Problem der Beurteilung des „Annalista Saxo",* in: DA 41, 1985, S. 66-100
Althoff 1992	Althoff, Gerd: *Konfliktverhalten und Rechtsbewußtsein. Die Welfen in der Mitte des 12. Jahrhunderts,* in: Frühmittelalterliche Studien 26, 1992, S. 331-352
Althoff 1995	Althoff, Gerd: *Welf VI. und seine Verwandten in den Konflikten des 12. Jahrhunderts,* in: Jehl, Rainer (hg.): *Welf VI. Wissenschaftliches Kolloquium zum 800. Todesjahr vom 5. bis 8. Oktober 1991 im Schwäbischen Bildungszentrum Irsee* (Irseer Schriften 3), Sigmaringen 1995, S. 75-89
Appelt 1973	Appelt, Heinrich: *Privilegium Minus. Das staufische Kaisertum und die Babenberger in Österreich* (Böhlau Quellenbücher), Wien/Köln/Graz 1973
Appelt, 1984	Appelt, Heinrich: *Friedrich Barbarossa (1152-1190),* in: Beumann, Helmut (hg.): *Kaisergestalten des Mittelalters,* München 1984, S. 177-198
Baaken 1968	Baaken, Gerhard: *Die Altersfolge der Söhne Friedrich Barbarossas und die Königserhebung Heinrichs VI.,* in: DA 24, 1968, S. 46-78
Baaken 1975	Baaken, Gerhard: *Recht und Macht in der Politik der Staufer,* in: HZ 221, 1975, S. 553-570
Bernhardi 1879	Bernhardi, Wilhelm: *Lothar von Supplinburg* (Jahrbücher der deutschen Geschichte), Berlin 1879 (erneut unverändert: 1975)
Bernhardi 1883	Bernhardi, Wilhelm: *Konrad III.* (Jahrbücher der deutschen Geschichte), Berlin 1883 (erneut unverändert: 1975)

Biereye 1915	Biereye, Wilhelm: *Die Kämpfe gegen Heinrich den Löwen in den Jahren 1177 bis 1181*, in: Forschungen und Versuche zur Geschichte des Mittelalters und der Neuzeit. Festschrift Dietrich Schäfer zum 70. Geburtstag dargebracht von seinen Schülern, Jena 1915, S. 149-196
Bookmann 1981	Bookmann, Hartmut: *Barbarossa in Lübeck*, in: Zeitschrift des Vereins für Lübeckische Geschichte und Altertumskunde 61, 1981, S. 7-18
Boshof 1988	Boshof, Egon: *Staufer und Welfen in der Regierungszeit Konrads III. Die ersten Welfenprozesse und die Opposition Welfs VI.*, in: Archiv für Kulturgeschichte 70, 1988, S. 313-341
Brinken 1974	Brinken, Bernd: *Die Politik Konrads von Staufen in der Tradition der Rheinischen Pfalzgrafschaft. Der Widerstand gegen die Verdrängung der Pfalzgrafschaft aus dem Rheinland in der zweiten Hälfte des 12. Jahrhunderts* (Rheinisches Archiv 92), Bonn 1974
Büttner 1961	Büttner, Heinrich: *Staufer und Welfen im politischen Kräftespiel zwischen Bodensee und Iller während des 12. Jahrhunderts,* in: Zeitschrift für württembergische Landesgeschichte 20, 1961, S. 17-73 (erneut in: Büttner, Heinrich: *Schwaben und Schweiz im frühen und hohen Mittelalter. Gesammelte Aufsätze,* hg. Hans Patze (VuF 15), Sigmaringen 1972, S. 337-392)
Büttner 1963	Büttner, Heinrich: *Staufische Territorialpolitik im 12. Jahrhundert,* in: Württembergisch Franken 47 (Jahrbuch des historischen Vereins für Württembergisch Franken 47, N.F. 37), 1963, S. 5-27
Cardini 1985	Cardini, Franco: *Il Barbarossa. Vita, trionfi e illusioni di Friderico I imperatore,* Mailand 1985 (deutsche Ausgabe: ders.: *Friedrich I. Barbarossa. Kaiser des Abendlandes,* Graz/Wien/Köln 1990)
Crone 1982	Crone, Marie-L.: *Untersuchungen zur Reichskirchenpolitik Lothars III. (1125 bis 1137) zwischen reichskirchlicher Tradition und Reformkurie* (Europäische Hochschulschriften, Reihe 3: Geschichte und ihre Hilfswissenschaften 170), Frankfurt am Main/Bern 1982
Csendes 1993	Csendes, Peter: *Heinrich VI.* (Gestalten des Mittelalters und der Renaissance), Darmstadt 1993

Ehlers 1992	Ehlers, Joachim: *Heinrich der Löwe und der sächsische Episkopat*, in: Haverkamp, Alfred (hg.): *Friedrich Barbarossa. Handlungsspielräume und Wirkungsweisen des staufischen Kaisers* (VuF 40), Sigmaringen 1992, S. 435-466
Engels 1977	Engels, Odilo: *Neue Aspekte zur Geschichte Friedrichs I. und Heinrichs des Löwen*, in: *Selbstbewußtsein und Politik der Staufer. Vorträge der Göppinger Staufertage in den Jahren 1972, 1973 und 1975* (SSGK 3), 1977, S. 28-40
Engels 1982	Engels, Odilo: *Zur Entmachtung Heinrichs des Löwen*, in: *Festschrift für Andreas Kraus zum 60. Geburtstag*, hgg. Pankraz Fried und Walter Ziegler (Münchener Historische Studien. Abteilung Bayerische Geschichte 10, hg. Max Spindler), Kallmünz 1983, S. 45-59 (erneut in: ders.: *Stauferstudien. Beiträge zur Geschichte der Staufer im 12. Jahrhundert. Festgabe zu seinem 60. Geburtstag*, hgg. Erich Meuthen und Stefan Weinfurter, Sigmaringen 1988, S. 116-130)
Erdmann 1944	Erdmann Carl: *Der Prozeß Heinrichs des Löwen*, in: Mayer, Theodor, Konrad Heilig und Carl Erdmann: *Kaisertum und Herzogsgewalt im Zeitalter Friedrichs I. Studien zur politischen Verfassungsgeschichte des hohen Mittelalters* (Schriften des Reichsinstituts für ältere deutsche Geschichtskunde (MGH) 9), Leipzig 1944, S. 273-364 (erneut unverändert: [2]1958 und [3]1973)
Faußner 1973	Faußner, Hans C.: *Die Verfügungsgewalt des deutschen Königs über weltliches Reichsgut im Hochmittelalter,* in: DA 29, 1973, S. 345-449
Faußner 1981	Faußner, Hans C.: *Kuno von Öhningen und seine Sippe in ottonisch-salischer Zeit,* in: DA 37, 1981, S. 20-139
Faußner 1984	Faußner, Hans C.: *Königliches Designationsrecht und herzogliches Geblütsrecht. Zum Königtum und Herzogtum in Baiern im Hochmittelalter* (Österreichische Akademie der Wissenschaften. Philosophisch-historische Klasse. Sitzungsberichte 429), Wien 1984
Feldmann 1971	Feldmann, Karin: *Herzog Welf VI. und sein Sohn. Das Ende des süddeutschen Welfenhauses. Mit Regesten,* Tübingen 1971 (Diss.)

Feldmann 1973   Feldmann, Karin: *Herzog Welf VI., Schwaben und das Reich*, in: Zeitschrift für württembergische Landesgeschichte 30, 1973, S. 308-326

Fenske 1977   Fenske, Lutz: *Adelsopposition und kirchliche Reformbewegung im östlichen Sachsen. Entstehung und Wirkung des sächsischen Widerstandes gegen das salische Königtum während des Investiturstreits* (VMPIG 47), Göttingen 1977

Fichtenau 1965   Fichtenau, Heinrich: *Von der Mark zum Herzogtum. Grundlagen und Sinn des „Privilegium Minus" für Österreich* (Österreich Archiv [15]), München ²1965 (erstmals: 1958)

Fried 1973   Fried, Johannes: *Königsgedanken Heinrichs des Löwen*, in: Archiv für Kulturgeschichte 55, 1973, S. 312-351

Fuhrmann 1983   Fuhrmann, Horst: *Deutsche Geschichte im hohen Mittelalter. Von der Mitte des 11. bis zum Ende des 12. Jahrhunderts* (Deutsche Geschichte 2), 2., durchgesehen u. bibliographisch ergänzt 1983 (erstmals: 1978)

Geldner 1977   Geldner, Ferdinand: *Kaiserin Mathilde, die deutsche Königswahl von 1125 und das Gegenkönigtum Konrads III.*, in: ZBL 40.1, 1977, S. 3-22

Giese 1978   Giese, Wolfgang: *Das Gegenkönigtum des Staufers Konrad 1127-1135*, in: ZRG GA 95, 1978, S. 202-220

Glaeske 1962   Glaeske, Günter: *Die Erzbischöfe von Hamburg-Bremen als Reichsfürsten. 937-1258* (Quellen und Darstellungen zur Geschichte Niedersachsens 60), Hildesheim 1962

Goetz 1991   Goetz, Hans-W.: *Das Herzogtum im Spiegel der salierzeitlichen Geschichtsschreibung*, in: Weinfurter, Stefan (hg.): *Die Salier und das Reich, I*, Sigmaringen 1991 (3 Bdd.), S. 253-271

Grebe 1976   Grebe, Werner: *Rainald von Dassel im Urteil unserer und seiner Zeit*, in: Jahrbuch des Kölnischen Geschichtsvereins 47, 1976, S. 115-122

Grebe 1978   Grebe, Werner: *Rainald von Dassel als Reichskanzler Friedrich Barbarossas (1156-1159)*, in: Jahrbuch des Kölnischen Geschichtsvereins 49, 1978, S. 49-74

Haas 1983   Haas, Wolfdieter: *Friedrich Barbarossa und Heinrich der Löwe beim Tausch von Badenweiler gegen Reichsgut am Harz (1158)*, in: ZGO 131 (N.F. 92, Festgabe Gerd Tellenbach zum 80. Geburtstag), 1983, S. 253-269

Haider 1968   Haider, Siegfried: *Die Wahlversprechungen der römisch-deutschen Könige bis zum Ende des zwölften Jahrhunderts* (Wiener Dissertationen aus dem Gebiete der Geschichte 11), Wien 1968

Hausmann 1968   Hausmann, Friedrich: *Die Anfänge des staufischen Zeitalters unter Konrad III.*, in: Probleme des 12. Jahrhunderts. Reichenau-Vorträge 1965-1967 (VuF 12), Konstanz/Stuttgart 1968, S. 53-78

Haussherr 1980   Haussherr, Reiner: *Zur Datierung des Helmarshausener Evangeliars Heinrichs des Löwen*, in: Zeitschrift des deutschen Vereins für Kunstwissenschaft 34, 1980, S. 3-15

Hechberger 1996   Hechberger, Werner: *Staufer und Welfen 1125-1190. Zur Verwendung von Theorien in der Geschichtswissenschaft* (Passauer historische Forschungen 10), Köln 1996

Heinemeyer 1981   Heinemeyer, Karl: *Der Prozeß Heinrichs des Löwen*, in: BDL 117, 1981, S. 1-60

Heinemeyer 1986   Heinemeyer, Karl: *König und Reichsfürsten in der späten Salier- und frühen Stauferzeit*, in: BDL 122, 1986, S. 1-39

Heinemeyer 1990   Heinemeyer, Karl: *König und Reichsfürst. Die Absetzung Heinrichs des Löwen durch Friedrich Barbarossa (1180)*, in: Demandt, Alexander (hg.): *Macht und Recht. Große Prozesse in der Geschichte*, München 1990, S. 59-79

Herde 1991   Herde, Peter: *Die Katastrophe vor Rom im August 1167. Eine historisch-epidimilogische Studie zum vierten Italienzug Friedrich I. Barbarossa* (Sitzungsberichte der wissenschaftlichen Gesellschaft an der Johann Wolfgang Goethe-Universität Frankfurt am Main 27.4), Stuttgart 1991

Heuermann 1939   Heuermann, Hans: *Die Hausmachtpolitik der Staufer von Herzog Friedrich I. bis König Konrad III. (1079-1152)*, Leipzig 1939 (Diss. Berlin 1939)

Hucke 1956	Hucke, Richard G.: *Die Grafen von Stade 900-1144. Genealogie, politische Stellung, Comitat und Allodialbesitz der sächsischen Udonen* (Einzelschriften des Stader Geschichts- und Heimatsvereins 8), Stade 1956
Jordan 1970a	Jordan, Karl: *Investiturstreit und frühe Stauferzeit (1056-1197)*, in: Grundmann, Herbert (hg.): *Gebhardt. Handbuch der deutschen Geschichte 1*, Stuttgart [9., neu bearbeitet] 1970, S. 322-425 (Nachdruck unverändert: 1981)
Jordan 1970b	Jordan, Karl: *Heinrich der Löwe und das Schisma unter Alexander III.*, in: MIÖG 78, 1970, S. 224-235
Jordan 1980a	Jordan, Karl: *Heinrich der Löwe. Eine Biographie*, München [2., durchgesehen] 1980 (erstmals: 1979; erneut (Taschenbuch): 1993)
Jordan 1980b	Jordan, Karl: *Goslar und das Reich im 12. Jahrhundert*, in: ders.: *Ausgewählte Aufsätze zur Geschichte des Mittelalters* (Kieler Historische Studien 29), Stuttgart 1980, S. 279-307 (erstmals: Niedersächsisches Jahrbuch für Landesgeschichte 35, 1963, S. 49-77)
Jordan 1981	Jordan, Karl: *Friedrich Barbarossa und Heinrich der Löwe*, in: BDL 117, 1981, S. 61-71
Keller 1983	Keller, Hagen: *Schwäbische Herzöge als Thronbewerber. Hermann II. (1002), Rudolf von Rheinfelden (1077), Friedrich von Staufen (1125). Zur Entwicklung von Reichsidee und Fürstenverantwortung, Wahlverständnis und Wahlverfahren im 11. und 12. Jahrhundert*, in: ZGO 131 (N.F. 92, Festgabe Gerd Tellenbach zum 80. Geburtstag), 1983, S. 123-162
Kraus 1980	Kraus, Andreas: *Heinrich der Löwe und Bayern*, in: Mohrmann, Wolf-D. (hg.): *Heinrich der Löwe* (VNA 39), Göttingen 1980, S. 151-214
Kurze 1965	Kurze, Wilhelm: *Adalbert und Gottfried von Calw*, in: Zeitschrift für württembergische Landesgeschichte 24, 1965, S. 241-308
Maleczek 1990	Maleczek, Werner: *Abstimmungsarten. Wie kommt man zu einem vernünftigen Wahlergebnis?*, in: Schneider, Reinhard und Harald Zimmermann (hgg.): *Wahlen und Wählen im Mittelalter* (VuF 37), Sigmaringen 1990, S. 79-134

Meyer-Gebel 1992	Meyer-Gebel, Marlene: *Bischofsabsetzungen in der deutschen Reichskirche vom Wormser Konkordat (1122) bis zum Ausbruch des Alexandrinischen Schismas (1159)* (Bonner historische Forschungen 55), Siegburg 1992
Mitteis 1927	Mitteis, Heinrich: *Politische Prozesse des frühen Mittelalters in Deutschland und Frankreich* (Sitzungsberichte der Heidelberger Akademie für Wissenschaften. Philosophisch-historische Klasse, Jahrgang 1926/27, Nr. 3), Heidelberg 1927 (Neudruck: Darmstadt 1974)
Mitteis 1944	Mitteis, Heinrich: Die deutsche Königswahl. Ihre Rechtsgrundlage bis zur Goldenen Bulle, Brünn/ München/Wien $^{2., erweitert}$1944 (erstmals: Baden 1938; erneut unverändert nach 2. Auflage: 1969, Darmstadt 1987)
Niederkorn 1991	Niederkorn, Jan P.: *Der „Prozeß" Heinrichs des Stolzen,* in: Heinig, Paul-J. (hg.): *Diplomatische und chronologische Studien aus der Arbeit an den Regesta Imperii* (FKPM 8), Köln/Wien 1991, S. 67-82
Oexle 1968	Oexle, Otto G.: *Die „sächsische Welfenquelle" als Zeugnis der welfischen Hausüberlieferung,* in: DA 24, 1968, S. 435-497
Oexle 1993	Oexle, Otto G.: *Zur Kritik neuerer Forschungen über das Evangeliar Heinrichs des Löwen,* in: Göttingische Gelehrte Anzeigen 245, 1993, S. 70-109
Opll 1994	Opll, Ferdinand: *Friedrich Barbarossa* (Gestalten des Mittelalters und der Renaissance), Darmstadt $^{2., unverändert}$1994 (erstmals: 1990)
Oppermann 1922/51	Oppermann, Otto: *Rheinische Urkundenstudien.* *I. Die kölnisch-niederrheinischen Urkunden* (Publikationen der Gesellschaft für Rheinische Geschichtskunde 39), Bonn 1922 *II. Die trierisch-moselländischen Urkunden* (Bijdragen van het Instituut voor middeleeuwse Geschiedenis der Rijks-Universiteit te Utrecht 23), Groningen/Djakarta 1951
Patze 1981	Patze, Hans: *Die Wittelsbacher in der mittelalterlichen Politik Europas,* in: *Das Haus Wittelsbach und die euopäischen Dynastien* (ZBL 44.1), München 1981, S. 33-79

Pauler 1996	Pauler, Roland: *War König Konrads III. Wahl irregulär?*, in: DA 52, 1996, S. 135-159
Petke 1984	Petke, Wolfgang: *Lothar von Süpplingenburg (1125-1137)*, in: Beumann, Helmut (hg.): *Kaisergestalten des Mittelalters*, München 1984, S. 155-176
Rassow 1961	Rassow, Peter: *Honor imperii. Die neue Politik Friedrich Barbarossas 1152-1190*, München/Berlin 2., durch den Text des Konstanzer Vertrages ergänzt 1961 (erstmals: 1940)
Reuling 1979	Reuling, Ulrich: *Die Kur in Deutschland und Frankreich. Untersuchungen zur Entwicklung des rechtsförmigen Wahlaktes bei der Königserhebung im 11. und 12. Jahrhundert* (VMPIG 64), Göttingen 1979
Reuling 1990	Reuling, Ulrich: *Zur Entwicklung der Wahlformen bei den hochmittelalterlichen Königserhebungen im Reich*, in: Schneider, Reinhard und Harald Zimmermann (hgg.): *Wahlen und Wählen im Mittelalter* (VuF 37), Sigmaringen 1990, S. 227-270
Rill 1960	Rill, Gerhard: *Zur Geschichte der Würzburger Eide von 1165*, in: Würzburger Diözesangeschichtsblätter 22, 1960, S. 7-19
Scheibelreiter 1973	Scheibelreiter, Georg: *Der Regierungsantritt des römisch-deutschen Königs (1056-1138)*, in: MIÖG 81, 1973, S. 1-62
Schmale 1968	Schmale, Franz-J.: *Lothar III. und Friedrich I. als Könige und Kaiser*, in: *Probleme des 12. Jahrhunderts. Reichenau-Vorträge 1965-1967* (VuF 12), Konstanz/Stuttgart 1968, S. 33-52 (erneut in: Wolf, Gunther (hg.): *Friedrich Barbarossa* (WdF 390), Darmstadt 1975, S. 121-148)
Schmid 1954	Schmid, Karl: *Graf Rudolf von Pfullendorf und Kaiser Friedrich I.* (Forschungen zur oberrheinischen Landesgeschichte 1), Freiburg 1954
Schmid 1980	Schmid, Karl: *Staufer und Zähringer — Über Verwandtschaft und Rivalität zweier Geschlechter*, in: *Die Staufer in Schwaben und Europa. Vorträge der Göppinger Staufertage 1977 und 1978 sowie des Festaktes „ 900 Jahre Staufisches Herzogtum Schwaben" am 23.03.1979 in Göppingen* (SSGK 5), Göppingen 1980, S. 64-80
Schmidt 1987	Schmidt, Ulrich: *Königswahl und Thronfolge im 12. Jahrhundert* (FKPM 7), Köln/Wien 1987

Schneidmüller 1992	Schneidmüller, Bernd: *Landesherrschaft, welfische Identität und sächsische Geschichte*, in: Moraw, Peter (hg.): *Regionale Identität und soziale Gruppen im deutschen Mittelalter* (Zeitschrift für historische Forschung, Beiheft 14), Berlin 1992, S. 65-101
Schwarzmeier 1993	Schwarzmeier, Hansmartin: *Die Welfen und der schwäbische Adel im 11. und 12. Jahrhundert in ihren Beziehungen zum Vinschgau*, in: Loose, Rainer (hg.): *Der Vinschgau und seine Nachbarräume. Vorträge des landeskundlichen Symposiums veranstaltet vom Südtiroler Kulturinstitut in Verbindung mit dem Bildungshaus Schloß Goldrain. Schloß Goldrain, 27. bis 30. Juni 1991*, Bozen 1993, S. 83-98
Seiler 1994	Seiler, Peter: *Welfischer und königlicher furor? Zur Interpretation des Braunschweiger Burglöwen*, in: Ertzdorff, Xenja von (hg.): *Die Romane von dem Ritter mit dem Löwen* (Chloe. Beihefte zum Daphnis 20), Amsterdam 1994, S. 135-183
Servatius 1984	Servatius, Carlo: *Heinrich V. 1106-1125*, in: Beumann, Helmut (hg.): *Kaisergestalten des Mittelalters*, München 1984, S. 135-154
Speer 1983	Speer, Lothar: *Kaiser Lothar III. und Erzbischof Adalbert I. von Mainz. Eine Untersuchung zur Geschichte des deutschen Reiches im frühen zwölften Jahrhundert* (Dissertationen zur mittelalterlichen Geschichte 3), Köln/Wien 1983
Sproemberg 1960	Sproemberg, Heinrich: *Eine rheinische Königskandidatur im Jahre 1125*, in: *Aus Geschichte und Landeskunde. Forschungen und Darstellungen. Franz Steinbach zum 65. Geburtstag gewidmet von seinen Freunden und Schülern*, Bonn 1960, S. 50-70
Stälin 1847/56	Stälin, Christoph F. v.: *Wirtembergische Geschichte*, Stuttgart 1847/56 (nur II und III; I nicht erschienen) (Neudruck: Aalen 1975)
Starke 1955	Starke, Heinz-D.: *Die Pfalzgrafen von Sommerschenburg (1088-1179)*, in: Jahrbuch für die Geschichte Mittel- und Ostdeutschlands 4, 1955, S. 1-71
Stengel 1960a	Stengel, Edmund E.: *Zum Prozeß Heinrichs des Löwen*, in: ders.: *Abhandlungen und Untersuchungen zur mittelalterlichen Geschichte*, Köln/Graz 1960, S. 116-132 (erstmals: DA 5, 1942, S. 493-510)

Stengel 1960b	Stengel, Edmund E.: *Land- und lehnsrechtliche Grundlagen des Reichsfürstenstandes*, in: ders.: *Abhandlungen und Untersuchungen zur mittelalterlichen Geschichte*, Köln/Graz 1960, S. 133-173 (erstmals: ZRG GA 66, 1948, S. 294-342)
Stoob 1974	Stoob, Heinz: *Die Königswahl Lothars von Sachsen im Jahre 1125*, in: Beumann, Helmut (hg.): *Historische Forschungen für Walter Schlesinger*, Köln/Wien 1974, S. 438-461
Stoob 1982	Stoob, Heinz: *Westfalen und Niederlothringen in der Politik Lothars III.*, in: Kamp, Norbert und Joachim Wollasch (hgg.) *Tradition als historische Kraft. Interdisziplinäre Forschungen zur Geschichte des früheren Mittelalters. Karl Hauck zum 21.12.1981 gewidmet*, Berlin/New York 1982, S. 350-371
Störmer 1991	Störmer, Wilhelm: *Bayern und der bayerische Herzog im 11. Jahrhundert. Fragen der Herzogsgewalt un der königlichen Interessenpolitik*, in: Weinfurter, Stefan (hg.): *Die Salier und das Reich*, I, Sigmaringen 1991 (3 Bdd.), S. 503-547
Theuerkauf 1980	Theuerkauf, Gerhard: *Der Prozeß gegen Heinrich den Löwen. Über Landrecht und Lehnrecht im hohen Mittelalter*, in: Mohrmann, Wolf-D. (hg.): *Heinrich der Löwe* (VNA 39), Göttingen 1980, S. 217-248
Töpfer 1992	Töpfer, Bernhard: *Kaiser Friedrich I. Barbarossa und der deutsche Reichsepiskopat*, in: Haverkamp, Alfred (hg.): *Friedrich Barbarossa. Handlungsspielräume und Wirkungsweisen des staufischen Kaisers* (VuF 40), Sigmaringen 1992, S. 389-433
Treue 1989	Treue, Wilhelm: *Deutsche Geschichte. Von den Anfängen bis zur Gegenwart*, Augsburg 6., durchgesehen u. erweitert 1989
Vogt 1959	Vogt, Herbert W.: *Das Herzogtum Lothars von Süpplingenburg 1106-1125* (Quellen und Darstellungen zur Geschichte Niedersachsens 57), Hildesheim 1959

Vones- Liebenstein 1993	Vones-Liebenstein, Ursula: *Neue Aspekte zur Wahl Konrads III. (1138). Dietwin von Santa Rufina, Albero von Trier, Arnold von Köln,* in: Vollrath, Hanna und Stefan Weinfurter (hgg.): *Köln. Stadt und Bistum in Kirche und Reich des Mittelalters. Festschrift für Odilo Engels zum 65. Geburtstag* (Kölnische historische Abhandlungen 39), Köln/Weimar/Wien 1993, S. 323-348
Wadle 1969	Wadle, Elmar: *Reichsgut und Königsherrschaft unter Lothar III. (1125-1137). Ein Beitrag zur Verfassungsgeschichte des 12. Jahrhunderts* (Schriften zur Verfassungsgeschichte 12), Berlin 1969
Weinfurter 1993	Weinfurter, Stefan: *Erzbischof Philipp von Köln und der Sturz Heinrichs des Löwen,* in: Vollrath, Hanna und ders. (hgg.): *Köln. Stadt und Bistum in Kirche und Reich des Mittelalters. Festschrift für Odilo Engels zum 65. Geburtstag* (Kölnische historische Abhandlungen 39), Köln/Weimar/Wien 1993, S. 455-481
Werle 1959	Werle, Hans: *Die Aufgaben und die Bedeutung der Pfalzgrafschaft bei Rhein in der staufischen Hausmachtpolitik,* in: Mitteilungen des historischen Vereins der Pfalz 57, 1959, S. 137-153
Werle 1962	Werle, Hans: *Staufische Hausmachtpolitik am Rhein im 12. Jahrhundert,* in: ZGO 110 (N.F. 71), 1962, S. 241-370

www.ingramcontent.com/pod-product-compliance
Lightning Source LLC
Chambersburg PA
CBHW021950290426
44108CB00012B/1008